GW01451460

Le sommeil, le rêve et l'enfant

Autres ouvrages de Marie Thirion

D'amour et de lait, Cahiers du Nouveau-né,
ouvrage collectif, Éd. Stock, 1983.

Les Compétences du nouveau-né,
Ramsay, 1986 ; Albin Michel, 1999, 2002.

L'allaitement,
Ramsay, 1985 ; Albin Michel, 1994, 1999, 2004, 2014.

Pourquoi j'ai faim. De la peur
de manquer aux folies des régimes
Albin Michel, 2013.

Dr Marie Thirion
et Dr Marie-Josèphe Challamel

Le sommeil, le rêve et l'enfant

Nouvelle édition revue et corrigée

Albin Michel

Ce livre est dédié à Caroline, Nelly, Alice et Maëlle.

M.T.

À mes parents, à Françoise, Jean, Pierre, Étienne ; à Noé, Lilia et Anouk.

M.J.C.

À tous nos jeunes patients et à leurs parents qui nous ont accordé leur confiance pendant tant d'années.

M.T. et M.J.C.

Introduction

À tous ceux qui prennent le risque de s'endormir paisibles...

Il est couché. La main droite remue encore doucement. Les doigts caressent un pan de joue de manière répétitive, un peu machinale. La main gauche agrippe l'oreille à moitié arrachée d'un vieux lapin en peluche rose, tellement élimé qu'il en est émouvant. Le bruit de la respiration monte, régulier, un peu rapide, avec des accélérations brutales lorsqu'il hésite une dernière fois à appeler avant de se laisser glisser doucement dans le sommeil.

Ils ont lu l'histoire du petit ours. Avant d'éteindre la lampe, elle lui a suggéré doucement des vœux de paix pour ce long sommeil. Par la porte entrebâillée, un rai de lumière éclaire encore le visage penché, la main qui ralentit son mouvement. Lentement elle se redresse, s'immobilise quelques instants au pied du lit. Il soulève vaguement la main tenant le lapin (geste pour la retenir, geste d'adieu, elle ne sait), ouvre les yeux. Au moment où la porte se referme, il jette un rapide coup d'œil à la chambre obscure, marmonne un dernier câlin au lapin bien-aimé. Puis, béatement, voluptueusement, se laisse porter par les puissants et tendres remous d'un endormissement tranquille...

Image utopique, nous diront bien des parents harassés par les nuits blanches et les cris d'un enfant qui appelle trois ou six fois chaque nuit. Rêve inaccessible, penseront bien d'autres, terrorisés à l'idée qu'il va falloir affronter, comme chaque soir à l'approche du crépuscule, le dur et long combat, plein de cris et de larmes, qui prélude inexorablement au sommeil du cher bambin. « Balivernes », ont dit des parents dont aucun des trois enfants n'a jamais su dormir une nuit complète et qui avouent ne plus savoir depuis dix ans ce que c'est que dormir huit heures d'affilée. « Impossible », affirme une mère dont l'enfant ne dort qu'en lui tenant la main, hurlant dès qu'elle fait mine de se dégager et de s'éloigner. « Injuste », a dit le père d'un adolescent de 11 ans qui a pissé au lit toutes les nuits pendant dix ans et demi, et qui, depuis six mois, enfin continent, hurle de terreur au milieu de la nuit, et parcourt la maison violemment, sans se réveiller, au risque de se blesser. Pourquoi, s'est-on demandé, mais pourquoi cette délicieuse petite fille, calme et silencieuse dans la journée, crie-t-elle toutes les nuits, plusieurs fois par nuit, et ne se rendort-elle que dans les bras de ses parents ? Quand ? se demandent les parents d'un tout petit bébé, fatigués par la naissance et les soins des premiers mois, soucieux de retrouver le plus vite possible les longues nuits réparatrices dont ils ont la nostalgie. Et puis surtout, comment, comment peut-on faire dormir un enfant qui ne veut pas se coucher, comment apprendre à un nourrisson à bien dormir, comment ne plus se lever la nuit, comment retrouver le calme dans une famille où plus personne ne supporte rien à force de mal dormir... ?

Ces questions, lancinantes, répétées, parfois désespérées, chacun se les pose un jour ou l'autre. Elles sont devenues le pain quotidien des médecins de famille et des pédiatres. En dehors des urgences, près d'une consultation pédiatrique sur cinq est motivée par cette demande. Le problème de société est majeur, les drames familiaux qui en résultent parfois impressionnants. Les parents excédés, épuisés après des mois ou des années de patience, sont prêts à craquer. Ils ne supportent plus les nuits écourtées, gâchées. Souvent, ils ne se supportent plus entre eux, se rendant l'un l'autre responsables du comportement de l'enfant : « Tu as été trop faible, tu le laisses toujours faire... Oui mais toi tu cries toujours et tu lui fais peur... Oui mais toi... » La consultation médicale, demandée en plein « ras-le-bol », tourne au règlement de comptes conjugal auquel le médecin assiste silencieux, tandis que le sujet du drame (indifférent semble-t-il à toute cette agitation, mais qui ne perd pas une miette du dialogue !...) écoute le cœur de la poupée au stéthoscope ou démonte le camion-robot.

C'est déjà là, pour nous, un des points les plus étonnants : les consultations pour troubles du sommeil sont toujours demandées, plus ou moins en urgence, lorsque les parents en ont marre, lorsqu'ils sont, eux, en déséquilibre à cause de leurs mauvaises nuits. On pourrait presque dire que c'est leur état physique et nerveux à eux qui est le facteur déclenchant. C'est un cas très typique en pédiatrie où des adultes consultent en priorité pour eux-mêmes et non pour leur enfant... Selon leur patience, leur seuil de tolérance, ils viennent parfois dès le troisième ou le quatrième mois, lorsque le bébé cherche ses rythmes ; mais aussi, trop souvent, la demande n'est posée que beaucoup plus tard, pour un enfant de 3 ou 4 ans qui, depuis sa naissance, leur fait subir, apparemment sans aucun trouble pour lui, des nuits infernales.

Entre-temps, les parents désarçonnés ont sollicité, ou encaissé, des avis multiples, les conseils des grands-parents, de leurs amis, des voisins gênés par les cris nocturnes ; ils ont lu des articles contradictoires sur le bon comportement à adopter. Ils ont souvent tenté, sans conviction, de laisser pleurer l'enfant la nuit, mais le regard rivé sur la montre. Affolés de leur propre sévérité, ils se sont précipités dans la chambre au bout de quelques minutes pour le consoler et se faire pardonner bien vite ce moment d'autorité. D'autres ne peuvent imaginer que leur magnifique enfant de 6 mois et 8 kilos, tout rond tout dodu, ne meurt pas de faim, et lui offrent, puisqu'il pleure, trois grands biberons de lait chaque nuit, biberons que l'intéressé, bien sûr, avale d'un trait, ce qui conforte ses parents dans l'idée qu'il en avait réellement besoin. À l'inverse, nous avons tous rencontré des tout petits nouveau-nés hurlant la nuit pendant des heures, et là certainement de faim, devant une puéricultrice rigide ou des parents mal informés, qui tiennent à lui faire comprendre « tout de suite » comment on doit dormir.

Et puis il y a aussi les pensées alarmistes, l'idée toujours proche que l'enfant qui pleure la nuit est peut-être malade, qu'il a sans doute mal au ventre, ou mal aux dents, ou une otite qui se prépare, ou qu'il va s'étouffer avec son nez encombré... Et si les mauvaises nuits perdurent malgré les conseils de l'entourage, peut-être souffre-t-il d'une véritable maladie nerveuse, d'un trouble organique du sommeil, et pourquoi pas d'une anomalie héréditaire puisque le père ou la mère faisait la même chose dans son enfance, et la grand-mère se charge bien de le répéter comme une preuve de filiation... Au-delà de la crainte, il y a parfois l'évidence, la fausse évidence, que vivre avec un bébé, c'est accepter de telles nuits pendant des années. Les dires des visiteurs au-dessus des berceaux ont valeur d'oracle. N'avez-vous pas entendu dans une maternité une personne un peu brusque annoncer que « celui-ci, c'est un braillard » ou après la première nuit un peu chahutée, juste après la naissance, « celui-là, vous allez en baver pour le faire dormir », et bien d'autres petites phrases qui ne sont pas anodines, pour une jeune femme grande ouverte aux émotions dans la fragilité psychique post-accouchement. Certains parents croiront n'avoir plus qu'à tolérer le comportement nocturne de cet enfant que le ciel, le hasard ou la malchance leur a attribué.

Au gré de toutes ces raisons, de ces peurs ou de ces fausses informations, les parents laissent peu à peu, et croyant bien faire, les mauvaises habitudes de sommeil s'installer. Ils autorisent l'enfant à dormir peu ou mal. Il est catalogué « mauvais dormeur », les parents « font avec », jusqu'au jour où, excédés par leur manque de sommeil, ils viendront demander de l'aide chez leur médecin, aide dont ils ne doutent pas un seul instant qu'il va s'agir de la simple mais efficace prescription d'un somnifère.

Il nous paraît effarant de constater le décalage dans la notion d'urgence vécue par les parents suivant les fonctions primordiales de leurs enfants. Si un enfant mange moins, semble ralentir sa prise alimentaire, les parents réagissent très vite, et nous voyons chaque jour en consultation des enfants dits inquiétants, parce qu'ils ne mangent pas, ou peu, depuis 48 heures. En revanche, un bébé peut ne pas trouver son rythme de sommeil pendant plus de 10 mois sans alarmer personne, et il n'est pas rare de voir en consultation des enfants de 3 ou 4 ans qui n'ont jamais dormi correctement, sans que les parents aient jamais osé se plaindre ou pensé à demander de l'aide. D'ailleurs, les croyances populaires et les discours des médecins n'assurent-ils pas que ces troubles du sommeil sont transitoires, qu'il suffit d'un peu de patience, et que spontanément, vers 4 ans, tout rentrera dans l'ordre... ? C'est partiellement vrai, la plupart des enfants, même très insomniaques, connaissent une relative amélioration de leur comportement nocturne vers 4 ans. Mais pourquoi attendre un âge aussi tardif pour intervenir ? Pourquoi autoriser l'enfant à rester de longues années en déséquilibre sur l'un de ses rythmes essentiels, aussi fondamental à son épanouissement que l'alimentation ou la régulation de sa température ? Il en a besoin pour aller bien physiquement, il en a besoin pour son équilibre émotionnel, pour vivre en paix avec ses parents et son entourage, pour ne pas risquer de gâcher sa relation avec eux.

Le sommeil, le bon sommeil, est indispensable à la fabrication du cerveau, il est l'un des atouts d'une croissance staturo-pondérale normale, il est l'une des composantes de l'équilibre relationnel de l'enfant avec ses parents et de la cohabitation paisible de toute la maisonnée. Nous y reviendrons bien sûr. Tout ce livre sera un exposé sur le rôle du sommeil, sommeil lent et sommeil paradoxal, sommeil du rêve, dans la construction d'un petit homme et de son équilibre biologique et psychologique. Pourtant, d'emblée, nous pouvons affirmer trois points.

• **Le sommeil est une nécessité vitale absolue** : les expériences de privation de sommeil réalisées tant chez l'animal que chez l'être humain adulte sont formelles. Un animal qui ne peut dormir ou chez qui l'on empêche tout sommeil tombe malade et meurt rapidement. La suppression du sommeil chez l'humain entraîne en quelques jours des troubles graves du comportement, liés au simple fait de ne plus dormir. Si l'on poursuit l'expérience quelques jours de plus, la recherche devient impossible. Quelles que soient les conditions, l'individu échappe à l'expérimentation vers le dixième jour, arrive à s'endormir – malgré tout ce qui est tenté pour le tenir éveillé –, poussé par une régulation spontanée invincible qui a pour but de préserver sa vie.

• **Les troubles du sommeil sont exceptionnellement liés à une anomalie cérébrale, organique ou fonctionnelle.** Il s'agit presque toujours d'un équilibre à trouver, aussi simple à obtenir que la régulation de l'appétit (équilibre faim-satiété).

• **Les troubles du sommeil de l'enfant ne se traitent pas par des somnifères.** Cette évidence-là est bien dure à admettre pour des parents épuisés qui ne peuvent plus tolérer de nouvelles nuits hachées et qui voudraient bien se voir prescrire une « potion magique » qui résoudrait instantanément et définitivement le problème. Or les médicaments, nous aurons l'occasion d'en reparler en détail, ne règlent souvent rien et peuvent parfois aggraver les troubles présentés par l'enfant.

Nous allons donc tenter de répondre aux questions que se posent les parents, les éducateurs, les médecins et les personnels de santé sur le sommeil du nourrisson et de l'enfant : parents qui veulent réussir leur « éducation au sommeil », parents et soignants qui voudraient bien comprendre ce qui se passe dans un trouble du sommeil déjà constitué et cherchent les moyens d'y remédier.

Cet objectif nécessite une information extrêmement précise sur la physiologie du sommeil et du rêve, les différents rythmes au cours d'une même nuit et leurs modifications en fonction de l'âge de l'enfant, les rythmes circadiens de sommeil et de vigilance, les mécanismes biochimiques du sommeil et de l'éveil, les principales fonctions du sommeil et du rêve... Évidemment, un certain nombre de ces notions pourront paraître arides au premier abord pour des lecteurs non informés. Pourtant elles nous paraissent indispensables à la compréhension de toute la « pédiatrie du sommeil », et nous en avons tenté une synthèse aussi claire et complète que possible.

Une information scientifique extrêmement précise n'est-elle pas la condition préalable indispensable à tout débat sur la conduite à tenir devant un enfant qui dort mal ?

Lorsque ces bases auront été soigneusement exposées, nous parlerons de l'apprentissage du sommeil, des petits problèmes des premiers mois, des principaux troubles du sommeil observés chez le nourrisson, l'enfant et l'adolescent, et des moyens d'y remédier. Il sera donc question aussi bien des coliques du nouveau-né que des terreurs nocturnes, des pleurs de nuit lors des poussées dentaires que des accès de somnambulisme du grand enfant, des cauchemars répétés que des enfants bons dormeurs. Tous les problèmes minimes ou sévères pourront être abordés, avec leur solution. En effet, le sommeil, équilibre biologique fondamental, est un équilibre fragile, qui se construit progressivement dans les premiers mois de vie, selon un enchaînement programmé, corrélé à la maturation cérébrale. Il y aura des périodes optimales pour tel ou tel apprentissage, des troubles simplement liés à un retard d'acquisition, parce que les parents ne comprennent pas ce qui se joue, ou parce que l'enfant ne comprend pas ce que ses parents attendent de lui ; ou parce que ce n'est pas le moment puisque l'enfant est enrhumé ou a perdu son rythme du fait d'un changement extérieur (un voyage par exemple). Il y aura aussi, tout comme chez l'adulte, des troubles qui apparaîtront secondairement chez un enfant jusque-là sans problèmes, parce qu'il est confronté à un moment de crise ou de détresse, dont l'insomnie ou les cauchemars seront l'une des manifestations... Il est bien évident que le sommeil, comme tous les grands équilibres de la vie, est le reflet de tout l'équilibre de l'enfant, en particulier de sa sécurité affective et relationnelle. Un enfant qui ne dort pas a peut-être simplement quelque chose à dire à ses parents, et il le dit avec ses moyens à lui, avant même l'âge du langage ou au-delà du langage...

Dans une troisième partie, nous aborderons les véritables maladies du sommeil : les rares pathologies correspondant à un problème organique de l'enfant (les apnées du sommeil et la narcolepsie), et la pathologie pouvant survenir au cours du sommeil, avec, en premier lieu, la dramatique question de la mort subite inexpliquée du nourrisson. Bien sûr, ces cas sont exceptionnels, mais là encore, une information détaillée nous paraît utile pour les parents ou les soignants confrontés à ce terrible événement. Nous tenterons une synthèse sur les causes connues ou envisagées, nous insisterons surtout sur les moyens de prévenir ce drame.

Enfin, en annexe, nous reviendrons, pour nos lecteurs les plus curieux, sur les recherches en cours et les questionnements en suspens ainsi que sur les passionnantes questions posées sur la fonction du sommeil et du rêve... Pourquoi dormons-nous, pourquoi rêvons-nous, pourquoi nous réveillons-nous ? Vous verrez que décrire les connaissances de base sur le sommeil, c'est poser encore plus de questions qu'en résoudre et que nos interrogations sont loin d'être épuisées.

Le sommeil – sommeil lent et sommeil paradoxal, sommeil du rêve, aussi importants l'un que l'autre et en harmonie l'un avec l'autre – est l'une des bases d'organisation de toute notre vie. Un enfant qui dort bien est un enfant qui se réveille bien, qui vit bien, qui va bien. Un enfant qui dort bien est en paix dans sa famille, son milieu, son système de garde quotidien, son voisinage. Un enfant qui dort bien construit son cerveau pour sa vie entière avec un réglage judicieux de ses différentes horloges internes. Un enfant qui dort bien se prépare un sommeil d'adulte de qualité. L'équilibre s'acquiert, se joue, dans la **continuité**.

Il serait à l'évidence absurde d'inverser ces données et de voir d'emblée dans des troubles transitoires du sommeil une source d'angoisse injustifiée. L'organisme a toujours de remarquables moyens de compensation et de régulation. Mais ces moyens seront d'autant plus actifs que l'intervention adéquate des parents sera précoce, avant que l'enfant ait fixé son comportement, ou que toute la famille soit déjà en crise par manque de repos ou par déception devant la difficulté d'assumer un tel enfant.

Ce qui ressort de notre pratique quotidienne, c'est la certitude que les troubles qui paraissent les plus graves, les plus pénibles et déstabilisants pour toute la famille – en particulier l'enfant qui refuse de s'endormir et celui qui réveille ses parents plusieurs fois par nuit – sont les troubles qui se corrigent le plus vite et le plus facilement. Il suffit de comprendre ce qui se joue et d'y répondre de façon appropriée. Si ce livre vous en apporte les éléments, il aura atteint son but.

Chapitre 1

Comment étudie-t-on
le sommeil ?

Mais ce qui m'intéresse ici, c'est le mystère spécifique du sommeil goûté pour lui-même, l'inévitable plongée hasardée chaque soir par l'homme nu, seul, et désarmé, dans un océan où tout change, les couleurs, les densités, le rythme même du souffle, et où nous rencontrons les morts. Ce qui nous rassure du sommeil, c'est qu'on en sort, et qu'on en sort inchangé, puisqu'une interdiction bizarre nous empêche de rapporter avec nous l'exact résidu de nos songes. Ce qui nous rassure aussi, c'est qu'il guérit de la fatigue, mais il nous en guérit, temporairement, par le plus radical des procédés, en s'arrangeant pour que nous ne soyons plus...

M. Yourcenar, *Mémoires d'Hadrien*

Savez-vous pourquoi et comment vous dormez? Savez-vous combien de temps chaque nuit vous dormez profondément, combien de temps vous rêvez, à quels moments et pourquoi vous vous agitez, à quel rythme se produisent vos alternances de sommeil lent et de sommeil paradoxal, pourquoi au moment de vous endormir vous avez froid, et vous vous réveillez en ayant chaud, pourquoi le « coup de pompe » de fin de matinée, ou l'envie de sieste de début d'après-midi? Seriez-vous capable de dire de combien d'heures de sommeil vous avez besoin pour être en forme, à combien de cycles nocturnes, et surtout à des cycles de quelle durée ce besoin correspond? Quelle est votre heure « naturelle », physiologique, d'endormissement et quels sont les signes d'approche?

La manière de dormir, la durée nécessaire de sommeil, celles des cycles sont spécifiques à chacun, cérébralement programmées, sans doute génétiquement organisées. Elles évoluent toute la vie, de la période fœtale à la vieillesse. Or, à des questions aussi simples concernant l'un des équilibres les plus précieux de notre vie, personne ou presque ne sait répondre. On peut devenir bachelier, à l'heure actuelle en France, en ignorant totalement ce qui se passe dans notre organisme pendant plus d'un tiers du temps de notre vie...

Les enregistrements polygraphiques

En fait, les médecins et les pédiatres ignorent encore beaucoup du sommeil de l'enfant normal, sur lequel les recherches fondamentales sont récentes.

Rendez-vous compte : d'Aristote à Piéron, en 1913, seules quelques descriptions d'individus endormis avaient été possibles. Il a fallu attendre 1924, avec la découverte de l'électroencéphalographie par Hans Berger – EEG qui enregistre les faibles courants électriques émis par notre cerveau au cours de ses différentes activités –, pour s'apercevoir qu'il existait une corrélation entre nos différents états de vigilance et certaines modifications de notre activité électrique cérébrale. Loomis aux États-Unis réalise en 1937 le premier enregistrement EEG nocturne du sommeil, mais c'est seulement vingt ans plus tard que débuteront les véritables études scientifiques des différents états de vigilance chez l'homme. En 1953, Aserinski et Kleitman découvrent le sommeil paradoxal et sa traduction électrique ; puis les travaux se succèdent : Dement travaille en 1958 aux États-Unis sur le sommeil de l'adulte et Jouvet à Lyon en 1959 sur celui de l'animal.

Depuis les années 1960, de nombreux centres spécialisés dans l'étude du sommeil se sont ouverts, d'abord aux États-Unis, puis en Europe. Des milliers de polysomnographies ont été enregistrées, en très grande partie chez l'adulte jeune. Ces études ont permis de découvrir que notre sommeil était un état très complexe. Il ne s'agit pas du tout d'une mise en veilleuse de notre activité mentale et physique. Il s'agit d'un réel « état second », aussi varié et complexe à décrire que l'état de veille et où toutes nos fonctions biologiques sont modifiées. Bien sûr, l'activité électrique du cerveau est différente dans les différentes phases du sommeil. Nous les décrirons longuement. Mais le sommeil est aussi une période où toutes nos autres caractéristiques biologiques vont se modifier rythmiquement : la température, le rythme cardiaque et le rythme respiratoire, la pression artérielle, le tonus musculaire, les sécrétions hormonales ont une histoire, une périodicité nocturne, que l'on peut enregistrer, mesurer, doser.

Caractéristiques du sommeil enregistrées sur les tracés polygraphiques

CARACTÉRISTIQUES	ÉVEIL	S. LENT (adulte) S. CALME (nouveau-né)	S. PARADOXAL (adulte) S. AGITÉ (nouveau-né)
Activité cérébrale (électroencéphalogramme)	Activité rapide	S. lent léger (1 + 2) S. lent profond Activité de plus en plus lente et ample	Activité rapide
Mouvements oculaires (électro-oculogramme)	Yeux ouverts, mouvements oculaires rapides	Yeux fermés, pas de mouvements oculaires	Yeux fermés, mouvements oculaires rapides
Tonus musculaire (électromyogramme)	Tonus musculaire important	Tonus musculaire réduit	Tonus musculaire absent. Paralysie
Électrocardiogramme	Rapide, régulier	Lent, régulier	Rapide, irrégulier
Respirogramme	Rapide, irrégulière	Lente, régulière	Assez rapide, irrégulière
Capacité d'éveil		S. lent léger = réveil facile S. lent profond = réveil très difficile	Adulte = réveil difficile Nouveau-né = réveil facile

Pour ce faire, les **études du sommeil** sont donc maintenant **polygraphiques**, c'est-à-dire que l'on enregistre simultanément l'activité électrique du cerveau (EEG), les mouvements des yeux (électro-oculogramme, EOG), le tonus musculaire (électromyogramme, EMG) au niveau des muscles du menton, l'activité cardiaque (électrocardiogramme, ECG) et la respiration.

Un examen complexe

Tous ces éléments sont recueillis par des électrodes collées sur le cuir chevelu, de chaque côté des yeux, sur le menton et sur le thorax. Elles sont reliées par de longs fils à un appareil d'enregistrement sur l'écran duquel se déroule le tracé du sommeil. De plus, le sujet endormi est en permanence filmé par une caméra spéciale, même lorsque la chambre est éteinte, et tous les bruits sont captés par un système de micros. Le tracé est surveillé de façon permanente, tout au long de l'enregistrement, par une personne de l'équipe médicale.

Ces enregistrements sont peu gênants lorsqu'ils se limitent à ces paramètres. Mais l'étude de certaines pathologies du sommeil peut nécessiter des enregistrements et des prélèvements plus traumatisants.

~ L'étude des convulsions au cours du sommeil nécessite beaucoup plus d'électrodes au niveau du cuir chevelu pour enregistrer davantage de dérivations de l'EEG, ainsi qu'une vidéo continue.

~ L'étude des pauses respiratoires au cours du sommeil nécessite l'enregistrement de la respiration au niveau de l'abdomen, du thorax, du nez, de la bouche ; les différents tracés recueillis permettent de faire la différence entre les pauses respiratoires d'origine centrale, dues à un arrêt de la commande nerveuse située dans le cerveau, et celles dues à une obstruction mécanique au niveau des voies aériennes supérieures, par de grosses amygdales par exemple.

~ L'étude des difficultés respiratoires du sommeil nécessite également de doser les gaz du sang (oxygène, gaz carbonique).

~ De même, l'étude de certaines sécrétions hormonales, comme par exemple celle de l'hormone de croissance dans le bilan des retards de taille, de la mélatonine dans les troubles du rythme circadien nécessite des recueils sanguins toutes les 20 minutes pour établir une courbe de sécrétion. On le fait en plaçant avant l'endormissement un cathéter veineux, ce qui permettra des prélèvements répétés au cours de la nuit sans réveiller le sujet. Pour l'hormone de croissance, cette courbe a permis de déterminer, parmi tous les enfants petits, ceux qu'elle permettrait de traiter avec succès.

Tous ces enregistrements vont ensuite être lus, sur l'écran, par fragments de 30 secondes, période du tracé sur laquelle sera mis un code correspondant à un état de vigilance et à des événements particuliers. Actuellement, toutes ces données sont informatisées, ce qui permet, à partir de ces codes, d'obtenir très rapidement les caractéristiques de la nuit de sommeil et le dessin de l'hypnogramme, c'est-à-dire le déroulement temporel de la nuit de sommeil, avec les différents niveaux de vigilance en fonction du temps.

Les enregistrements polygraphiques de sommeil sont normalement réalisés dans des services spécialisés, en chambre-laboratoire dans un centre hospitalier. Le sujet étudié devra donc dormir à l'hôpital au moins une nuit, et parfois plusieurs, pour pouvoir s'adapter à l'environnement nouveau, aux électrodes (on parle de nuits d'« habituation »), pour permettre d'obtenir des enregistrements valables.

Les protocoles d'étude du sommeil d'un sujet normal portent généralement sur l'analyse de 3 à 5 nuits d'enregistrement, mais, par exemple, l'étude chez l'adulte des effets d'un nouvel hypnotique peut comporter jusqu'à 45 nuits d'enregistrement chez un seul sujet ! Les progrès actuels de l'informatique permettent depuis peu de réaliser des enregistrements de sommeil dans une chambre banale d'hôpital et même à domicile, grâce à des enregistreurs miniaturisés qui permettent d'obtenir, sur minidisque, 24 heures consécutives de tracés. Un système de lecture et de visualisation permet une lecture en temps différé et même une lecture rapide (24 minutes de lecture pour 24 heures d'enregistrement, par exemple). Une horloge permet une recherche rapide et une lecture en temps réel des événements intéressants.

Les progrès informatiques permettent une analyse semi-automatique des tracés polygraphiques. Ces analyses existent pour le rythme respiratoire et le rythme cardiaque, les différentes fréquences de l'EEG, les enregistrements de sommeils normaux d'adultes ; elles ne sont pas encore tout à fait au point pour l'étude du sommeil de l'enfant.

Les enregistrements polygraphiques de sommeil ont permis de connaître parfaitement notre sommeil d'adulte normal, puis progressivement d'adulte malade : malade de trop ou de ne pas assez dormir, souffrant de pauses respiratoires (apnées) au cours du sommeil, ou de maladies neurologiques dont les symptômes sont masqués le jour et n'apparaissent qu'au cours du sommeil.

Depuis 1968, toutes ces études polygraphiques de sommeil ont abouti à une codification internationale des états de vigilance en fonction des différents stades des tracés polygraphiques. Cette codification a été révisée en 2007 par l'Académie américaine de médecine du sommeil.

De plus, depuis 1979, les différentes pathologies du sommeil, troubles fonctionnels et maladies organiques, sont regroupées en une classification internationale qui permet aux médecins et chercheurs du monde entier de parler le même langage.

Cette classification a été revue en 2005 (voir p. 257, chapitre Parasomnies).

Chez l'enfant : une recherche en pleine évolution

L'étude du sommeil chez l'enfant est beaucoup plus récente, beaucoup moins abondante que chez l'adulte.

La lourdeur du protocole que nous venons de décrire explique à elle seule qu'en dehors des enfants hospitalisés ou malades, peu de jeunes enfants en bonne santé aient pu être enregistrés. Quels parents ont envie de confier leur bambin en pleine forme pour une ou plusieurs nuits d'enregistrement ?

Les premiers enregistrements électro-encéphalographiques du sommeil de l'enfant datent de 1966, faits par Nicole Monod et Colette Dreyfus-Brisac à l'hôpital de Port-Royal à Paris, mais ne concernent que des nouveau-nés prématurés ou des nouveau-nés à terme hospitalisés, donc dans les deux cas des enfants malades. L'étude du tracé électrique avait pour but de tenter d'évaluer le devenir neurologique après des souffrances néonatales plus ou moins sévères.

En 1972, Anders réalise les premiers enregistrements polygraphiques du sommeil (EEG, ECG, rythme respiratoire) de nouveau-nés à terme.

En 1975 commencent les enregistrements polygraphiques du nourrisson dans l'étude des causes de la mort subite inexpliquée.

Il faut attendre 1980 pour qu'apparaisse l'idée de filmer ou d'enregistrer des enfants en bonne santé pendant leur sommeil. Les deux premières études concernent l'une le nouveau-né (Anders), l'autre l'adolescent (Carskadon, à Stanford). Le comportement de sommeil d'enfants de 7 à 12 ans a ensuite été étudié par Cobble aux États-Unis, qui a enregistré pendant trois nuits consécutives le sommeil de deux copains en bonne santé qui venaient dormir ensemble dans son laboratoire. Pour l'instant, peu d'études concernent le sommeil d'enfants normaux de 3 à 6 ans. Alors que les parents savent bien que c'est une période riche en problèmes : peurs du soir, illusions hypnagogiques, terreurs nocturnes... Nous en parlerons longuement.

Après 6 ans, et surtout après 10 ans, les études sont plus nombreuses car il est plus facile d'« enrôler » des enfants plus grands pour participer à de telles nuits d'enregistrement. En pratique, l'enfant vient pour 12 à 24 heures.

S'il ne vient que pour la nuit, il arrive vers 16 heures de façon à s'habituer à sa nouvelle chambre, dans laquelle il installe ses jouets préférés, parfois son édredon ou son oreiller personnel. Une fois habitué et moins anxieux, et en présence de ses parents il est préparé pour être enregistré, préparation plus ou moins longue suivant l'âge de l'enfant et le nombre de paramètres que l'on veut enregistrer.

L'étude des pauses respiratoires au cours du sommeil nécessite aussi la mesure de l'oxygène et du gaz carbonique. Autrefois, ces mesures se faisaient en plaçant avant l'endormissement un cathéter artériel ou veineux, ce qui permettait des prélèvements de sang répétés au cours de la nuit. Ces mesures se font actuellement en continu par des capteurs externes non douloureux appliqués sur la peau pour la mesure de l'oxygène et au niveau d'une narine pour la mesure du CO_2 expiré.

Compte tenu de la lourdeur de telles études, peu d'équipes ont étudié le sommeil de l'enfant normal de façon longitudinale, c'est-à-dire ont enregistré le même enfant mois après mois ou année après année, au fur et à mesure qu'il grandit.

Une étude lyonnaise a permis l'étude du sommeil depuis la naissance jusqu'à l'âge de 24 mois sur des enregistrements de 15 enfants. D'autres enregistrements seront nécessaires pour confirmer et affiner ces études.

À l'heure actuelle, il existe encore peu de laboratoires spécialisés dans l'étude du sommeil de l'enfant et de ses troubles. Celui de Richard Ferber, à Boston, a ouvert aux environs de 1980. Il est une autorité mondiale en ce domaine, et ce livre se réfère beaucoup à son enseignement.

◇ **Des moyens d'étude plus légers**

Les enregistreurs portables miniaturisés vont permettre dans l'avenir de multiplier les études. Ils apportent de considérables facilités :

~ enregistrement continu possible sur 24 heures ou plus ;

~ l'enfant peut conserver une activité normale et se mouvoir tout à son aise ;

~ il peut rester dans son milieu naturel, sa chambre, avec sa famille, ce qui permet de minimiser le stress et rend inutiles les nuits d'« habituation ». Et l'effet « première nuit » devient négligeable ;

~ l'examen, se faisant à domicile, ne nécessite aucun personnel spécialisé pendant le temps de l'enregistrement. Il est donc infiniment moins onéreux que les études réalisées à l'hôpital en centre d'étude du sommeil.

En revanche, ils ont quelques inconvénients :

~ quelques tracés sont ininterprétables parce que l'enfant a arraché les électrodes, ou par défaut technique ;

~ si un événement anormal survient pendant l'enregistrement, il ne sera pas observé ;

~ le nombre de paramètres enregistrés est plus réduit que lors des enregistrements de laboratoire.

◇ **L'intérêt de ces études**

Ce qu'il faut bien comprendre, c'est que tous les moyens d'étude que nous venons de décrire n'ont d'intérêt que dans deux cadres.

• **La recherche fondamentale,** d'abord et avant tout : savoir – enfin ! –, au XXIᵉ siècle, comment dorment les enfants, comment et dans quel délai, avant et après la naissance, apparaissent les différents stades de sommeil, à quel stade de maturation cérébrale peut être corrélée telle ou telle acquisition. Nous avons encore beaucoup à apprendre.

• **Le diagnostic de certaines pathologies** peut également être facilité : les apnées (arrêts respiratoires) du sommeil, certaines épilepsies nocturnes, quelques terreurs nocturnes ou accès de somnambulisme qui pourraient prêter à confusion avec une épilepsie ou qui sont anormalement fréquents, et les très rares hypersomnies.

Dans tous les autres cas, dans la prise en charge des troubles du sommeil de l'enfant, ces enregistrements sont inutiles. Ils ne nous apprendraient rigoureusement rien, ni sur les difficultés du coucher d'un bambin de 2 ou 3 ans, ni sur des cauchemars ou un somnambulisme banal, ni sur les éveils nocturnes multiples, ni sur l'heure des siestes, etc. Ces problèmes si fréquents relèvent d'une prise en charge à un tout autre niveau, celui des consultations spécialisées.

Les consultations du sommeil

Dénouer les troubles du sommeil d'un enfant, résoudre en quelques entretiens des problèmes qui paraissaient insolubles n'est pas un rêve. Il s'agit d'une réalité à laquelle devraient être préparés tout médecin généraliste ou pédiatre, tout pédopsychiatre, mais d'abord et avant tout les parents.

En dehors de troubles psychologiques ou relationnels majeurs, de rares causes médicales, les conduites anormales de sommeil correspondent à des apprentissages ou conditionnements faciles à décoder, aisément reconnaissables, dont la solution ne demandera qu'une sérieuse dose de bon sens, quelques connaissances sur ce qui se joue au niveau tant neurophysiologique que psychologique et, de la part des parents, deux ou trois brins de fermeté.

Pourtant, une enquête récente réalisée auprès de médecins français semble prouver que la réponse apportée aux parents au cours de la plupart des consultations est encore **dans 40 %** des cas celle d'une prescription médicamenteuse, pour soulager... les parents. Responsabilité des parents dont la demande souvent très tardive exige une solution immédiate, responsabilité des médecins découragés par le manque de temps, le manque d'information, les conflits intrafamiliaux qui leur échappent, ou par des situations inextricables.

Des mesures assez simples, du bon sens et un peu de fermeté suffisent à résoudre la très grande majorité des troubles du sommeil de l'enfant car ils correspondent à des conditionnements.

Pour être efficace, une réelle consultation du sommeil demande, d'abord et avant tout, **du temps**. Il ne saurait être question de traiter un tel sujet à la fin d'une banale consultation pour un rhume ou un vaccin, ou pire, sur le pas de la porte car la famille n'a pas osé en parler dans le cabinet médical.

Deuxième évidence : plus la demande est posée tôt, moins les troubles auront pu s'enkyster pendant des mois ou des années et plus facile sera la solution.

Deux ou trois entretiens à quelques semaines d'intervalle permettront de dénouer le problème.

Au cours du premier entretien, l'histoire du trouble, racontée par les parents, est au centre du dialogue. Un interrogatoire détaillé permet d'en faire une description claire. Le plus souvent le médecin n'aura plus qu'à expliquer les caractéristiques du sommeil normal, ce qu'il comprend de l'enchaînement anormal qui a pu favoriser le trouble, et proposer quelques moyens simples d'y remédier. Il ne sera bien sûr à peu près jamais question de prescrire un sédatif ou un somnifère.

Nom et prénom :
Date de naissance :
Adresse :
Téléphone :

Date	0h	2h	4h	6h	8h	10h	12h	14h	16h	18h	20h	22h	24h – Observations

Exemple

Mercredi 04/10/04

↓ Coucher   Sommeil   ↑ Lever   B : Biberon   R : Repas   Éveil calme   Cris, pleurs

Modèle d'agenda que l'on demande aux parents de remplir dans les consultations de sommeil

Xavier, un exemple

L'analyse des troubles permet de proposer une modification d'horaire : cet enfant est infernal à l'heure du coucher et ne s'endort pas avant une heure ou une heure et demie. Une sieste trop longue aggrave les problèmes. Une sieste trop courte paraît préférable, mais le sommeil est ensuite trop profond, d'où l'apparition des terreurs nocturnes en première partie de nuit. S'il ne fait pas du tout de sieste, il est tellement fatigué et énervé qu'il présente une excitation anormale et des difficultés encore plus importantes au coucher. Devant tous ces signes, il est logique d'avancer la sieste vers 13 heures, de proposer un horaire de coucher vers 21 heures, si on veut conserver une sieste suffisamment longue qui allégera le sommeil de début de nuit.

Date	24 h 2 h 4 h 6 h 8 h 10 h 12 h 14 h 16 h 18 h 20 h 22 h	Observations
Lundi		Terreur nocturne
Mardi		Réveil de sieste : crie, hébété pendant 10 min. Coucher du soir : déchaîné
Mercredi		
Jeudi		Déchaîné pour le coucher du soir
Vendredi		
Samedi		
Dimanche		Coucher du soir très agité
Lundi		Très énervé toute la journée
Mardi		
Mercredi		Nuit agitée : réveil à 2 h, endormi normalement à 4 h. Journée : très calme
Jeudi		
Vendredi		Journée très calme
Samedi		Très déchaîné de 12 h à 22 h. Pas moyen de faire la sieste
Dimanche		Mauvais caractère toute la journée avec sa sœur et ses parents.
Lundi		N'obéit pas : crie et répond lors des remontrances

Agenda de sommeil de Xavier

Si les troubles sont anciens ou peu clairs, le médecin proposera une exploration complémentaire objectivant l'importance du trouble présenté par l'enfant et son horaire habituel. Pour cela, deux moyens sont à sa disposition : l'agenda de sommeil et l'actimétrie.

L'agenda de sommeil

C'est un tableau sur lequel les parents vont consigner, pendant une dizaine de jours environ, les heures du coucher et du lever, celles des siestes, la durée du sommeil de jour et de nuit, les heures des éveils nocturnes et leur durée, les événements particuliers du sommeil (terreurs, somnambulisme, cauchemars...) ou de l'éveil (agitation, mauvais caractère, somnolence...). Des parents informés, comme vous qui lisez ce livre, peuvent le remplir avant même le premier entretien. Vous gagnerez beaucoup de temps dans la résolution de votre problème.

Un regard attentif sur un agenda bien rempli permet de reconnaître l'importance du trouble, sa régularité ou son irrégularité, les moyens de compensation mis en place par l'enfant.

La lecture de ces agendas permettra au médecin de reconnaître chez le jeune enfant si les heures d'endormissement et d'éveil et le rythme des siestes sont normaux pour son âge. Chez l'enfant insomniaque plus âgé, il pourra repérer certaines anomalies de l'organisation jour-nuit par avance ou retard de phase, insomnies qui pourront être traitées par chronothérapie. Nous en reparlerons au chapitre 2 et dans les descriptions du sommeil de l'adolescent p. 94 et suivantes. Ces agendas permettent également de reconnaître et de suivre le traitement de certaines hypersomnies, ou de suivre le sevrage d'un hypnotique. Nous y reviendrons au chapitre 6.

Enfin, l'agenda est un excellent outil d'étude du développement du sommeil normal au cours des années, il permet aux médecins-chercheurs d'effectuer des études sur un très grand nombre d'enfants autorisant des recherches statistiques irremplaçables. Il est aussi pour les parents un excellent moyen de mieux comprendre leur bébé et son évolution.

L'évolution de Clément

Ainsi la maman de Clément, bébé en parfaite santé, a rempli une semaine par mois un agenda (dont deux jours typiques ont été représentés sur le schéma) qui décrit à lui seul tous ses horaires jour-nuit de la première année.

Agenda de sommeil de Clément
(deux jours par mois au cours de sa première année)

L'actimétrie

C'est un enregistrement en continu des mouvements de l'enfant, de son activité corporelle à partir d'une sorte de montre attachée à la cheville, au bras ou au poignet. Cet enregistrement peut être poursuivi pendant plusieurs jours, voire plusieurs semaines. L'impression des données en fonction des heures de la journée et de la nuit permet une analyse détaillée.

Enregistrement de trois jours chez un enfant présentant des rythmies du sommeil

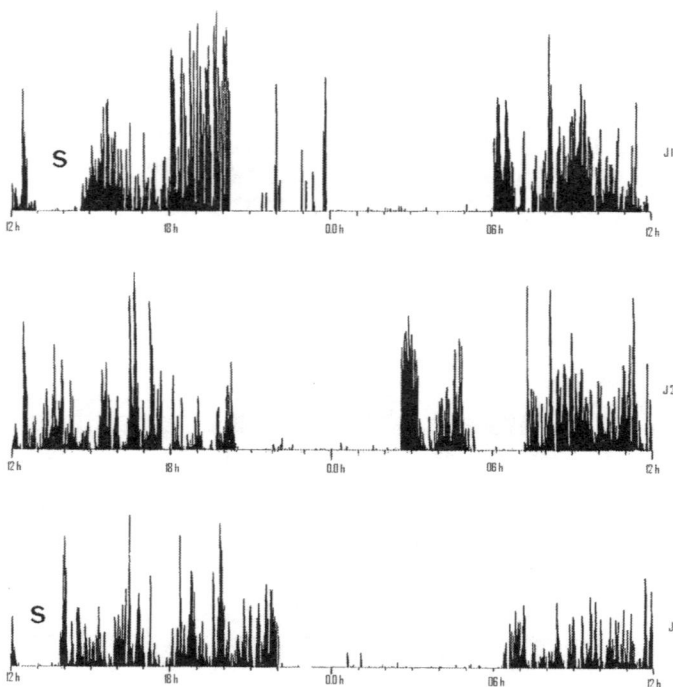

Les données recueillies sont, on le voit, très précises.

Le premier jour (J1), l'enfant fait une sieste de 13 h à 14 h 30. À partir de 18 h, il a une phase très longue d'agitation, d'hyperactivité, et s'endort aux environs de 20 h 15. Plusieurs mouvements brutaux marquent la première partie de nuit. Puis, de 0 h à 6 h, nuit calme.

Le deuxième jour (J2), pas de sieste, phase brève d'agitation vers 16 h 30, suivie d'un net ralentissement. Endormissement vers 20 h 30. Longue insomnie, très agitée, de 2 h 30 à 5 h 15. Réendormissement jusque vers 7 h.

Le troisième jour (J3), sieste de près de deux heures débutant à midi, après-midi normal, nuit calme après un coucher tardif vers 22 h.

Chez l'enfant, ces enregistrements sont très bien tolérés. Ils ne demandent aucune participation active des parents, et l'enfant d'âge scolaire est fier de montrer à ses camarades l'appareil à son poignet. Cet examen peut rendre de multiples services :

~ objectiver un trouble, sans que les parents aient à remplir un agenda précis ; terreurs nocturnes, décalage de phase, balancements nocturnes, insomnies (car chez l'enfant les insomnies sont **presque** toujours agitées), éveils multiples, déficit chronique en sommeil ou au contraire hypersomnie… ;

~ suivre le traitement de l'une de ces pathologies, ou le sevrage d'un somnifère ;

~ là encore, des études multiples sur de larges cohortes d'enfants de tous âges, et en différents points du globe, permettent de mieux connaître les rythmes veille-sommeil des enfants, la construction de ces rythmes dans la première enfance, les variations probables liées au mode de vie ou à la socialisation des enfants, peut-être aussi des variations ethniques ou génétiques. Nous avons encore beaucoup à découvrir.

Chapitre 2

Nous sommes
des êtres cycliques

Je suis dans la musique des choses, je suis dans les cycles de lune,
Dans le balancement des marées...
Je suis dans l'essentiel, dans la sagesse des déesses mères
Dans le secret des terres fécondes...

F. Marsaudon, *Lettres à l'enfant*

Tout ce qui vit alterne. Cycles de la naissance, de la maturation et de la mort, cycles des saisons, du jour et de la nuit, cycles de sommeil au cours d'une même nuit, cycles de la lune, cycles mensuels et menstruels des femmes, cycles longs, bisannuels ou annuels, alternant là encore des périodes actives et des périodes plus ralenties. Ne sommes-nous pas les enfants de paysans pauvres qui travaillaient l'été, se reposaient l'hiver, avec des bonnes années où la chaleur et l'alimentation étaient abondantes, et des années de disette et de repli ?

Tout ce qui vit alterne des périodes d'activité et des périodes de repos. Cette périodicité existe d'abord chez les végétaux : alternance saisonnière bien sûr, mais aussi alternance journalière bien visible chez certaines fleurs. Ainsi les belles-de-jour ouvrent leur corolle le matin et la referment le soir, tandis que les belles-de-nuit font le contraire.

Les insectes, les reptiles, ont nettement des moments d'activité et des moments de repos. Les poissons s'immobilisent sur le ventre ou sur le côté, à la surface ou au fond de l'eau. Pour tous ces animaux, on parle de « dormance ».

Le sommeil complexe, dans sa forme évoluée, est apparu il y a cent millions d'années avec les oiseaux, mais ce sommeil est encore très différent du sommeil humain. En revanche, plus haut dans l'échelle animale, les différents mammifères étudiés – chats, rats, singes – ont des états de vigilance très proches des nôtres. Les animaux chasseurs, les grands fauves, ont un sommeil plus profond que leurs proies, qui, elles, ont une plus large part de sommeil léger. Les animaux chassés ont très peu de sommeil paradoxal, dont la paralysie les rendrait très vulnérables. Les dauphins, eux, ne dorment systématiquement que d'un œil, ou plus exactement d'un cerveau, puisqu'ils alternent des éveils du cerveau droit pendant que le gauche dort, puis l'inverse.

Notre sommeil d'hommes adultes conserve l'empreinte de cette évolution. Nous en retrouverons la trace dans les études sur l'évolution phylogénétique des espèces, dans les recherches sur le sommeil des mammifères qui, tel le cochon d'Inde, naissent cérébralement adultes, dans celles sur le développement progressif du sommeil (études ontogénétiques) des espèces qui naissent, comme l'homme, très immatures : raton, chaton, bébé kangourou... Tous ces travaux nous permettent de mieux comprendre notre sommeil, son développement, certaines de ses anomalies. Ils permettent de lever un peu le mystère sur sa fonction. À quoi sert le sommeil, pourquoi dormons-nous ? Questions auxquelles nous n'avons pas encore de vraies réponses.

Dans tout ce chapitre, nous nous attacherons à décrire les différents états de vigilance et les cycles de **l'homme adulte**. Il peut sembler surprenant, dans un livre consacré à l'enfant, de rédiger un chapitre entier sur le sommeil de l'adulte, pourtant cela nous paraît indispensable.

~ Indispensable, car le sommeil de l'enfant n'est pas fondamentalement différent de celui de l'adulte et qu'il sera beaucoup plus facile de le décrire ensuite par comparaison.

~ Indispensable aussi, parce que le sommeil de l'adulte est l'aboutissement des modifications progressives des états de vigilance qui se construisent de la période fœtale à la fin de l'adolescence.

~ Indispensable enfin, car il n'est pas possible pour des parents de comprendre les éventuels problèmes de leur enfant sans être capables d'abord de comprendre leur propre sommeil et d'en analyser les difficultés.

Quelques définitions

Les rythmes

Ce sont des notions arides, mais utiles à la compréhension des chapitres qui vont suivre. Elles permettent de décrire toute la série de rythmes qui programment notre vie.

◇ Rythmes circadiens (*circa*, autour ; *dies*, jour)

Ce sont les alternances, aux environs de 24 heures, de certaines de nos fonctions biologiques, dont le rythme veille-sommeil est l'une des plus importantes. Dans les conditions normales, cette alternance est synchronisée sur 24 heures par l'alternance jour-nuit.

◇ Rythmes ultradiens

Ce sont des périodes plus courtes, de quelques minutes à quelques heures, qui régulent nos jours et nos nuits. Les cycles nocturnes de sommeil de 1 h 30 à 2 heures, les alternances de sommeil lent et de sommeil paradoxal en sont les témoins, la nuit. Dans la journée, nous alternons des cycles de repos et d'activité, de fatigue et de grande efficacité : phases d'éveil actif au cours desquelles nous sommes très vigilants, et phases d'éveil passif au cours desquelles nous sommes beaucoup moins vifs, beaucoup moins efficaces. Ces rythmes influencent la plupart de nos fonctions biologiques : rythme cardiaque, rythme respiratoire. Ils modulent nos sécrétions internes. Ils influencent nos performances physiques et mentales, et nous connaissons bien le creux très net de nos possibilités à 13 ou 14 heures, alors que nous sommes généralement en pleine forme vers 17 heures.

◇ Rythmes infradiens

Notre vie est aussi modulée par des rythmes lents, dits infradiens. Le plus classique est un rythme mensuel, lunaire. Souvenez-vous du très beau film d'Éric Rohmer *Les Nuits de la pleine lune*, et, dans *Kaos*, des frères Taviani, de la merveilleuse séquence sur le « mal de lune ».

D'autres rythmes, encore plus lents, saisonniers, bisannuels, annuels, voire tous les trois ou cinq ans, sont nettement repérables chez certains d'entre nous. Connaissez-vous les syndromes dépressifs minimes survenant pour une même personne chaque année à la même période ? Connaissez-vous l'évidente vulnérabilité des humains en hiver, leur besoin plus important de sommeil, la sensibilité aux infections, alors même que l'invention de l'éclairage artificiel et du chauffage central leur a désappris un besoin physiologique profond de repos ? Les longues vacances d'été des enfants, créées au début du XXe siècle, avaient pour but de leur donner le temps de participer au travail des champs. L'été est une bonne période de performances physiques et mentales. Dommage de peu en profiter.

Les états de vigilance

Encore quelques définitions, mais plus connues et beaucoup plus simples. Notre vie d'adulte est faite de la succession de trois états de vigilance, totalement différents les uns des autres, aussi bien dans notre comportement extérieur, visible, que dans leur traduction électroencéphalographique : l'éveil, le sommeil lent et le sommeil paradoxal (voir schéma p. 21).

◇ L'éveil ou état de veille

Il caractérise tous les moments conscients de notre vie et représente, chez l'adulte, près des deux tiers du temps. Cet état oscille de façon plus ou moins rapide entre des temps d'éveil actif et des temps d'éveil passif.

• Au cours de l'**éveil actif**, nos yeux sont grands ouverts, brillants, très mobiles, nos gestes fréquents, rapides, précis, notre temps de réaction à toutes les stimulations qui nous entourent est très court, les réflexes sont vifs, notre envie de communiquer et notre facilité pour apprendre sont importantes. Notre cerveau est en alerte et l'activité électrique cérébrale recueillie sur l'EEG est rapide, peu ample. Il nous sera difficile de nous endormir au cours de cette période de veille active.

• À ces états actifs succèdent de façon périodique des **états de veille passifs**. Éveils au cours desquels nos gestes sont plus lents, nos yeux moins vifs, notre temps de réaction à ce qui nous entoure beaucoup plus long. Nous sommes moins bavards, plus distants, plus rêveurs. À ce stade, nous avons envie de nous relaxer, de nous détendre, et il nous est facile de nous « laisser aller », de fermer les yeux et de nous endormir. Nos ondes électriques corticales, lorsque nous avons les yeux fermés, sont régulières, un peu plus amples et plus lentes que lors des états de veille actifs, de 8 à 13 ondes par seconde (activité de type « alpha »). Cet état de veille relaxé est une porte ouverte sur le sommeil.

◇ Le sommeil lent

Il est caractérisé par un ralentissement et une augmentation d'amplitude progressive des ondes électriques corticales.

Un adulte s'endort presque toujours en sommeil lent et ce sommeil représente chaque nuit environ 75 % à 80 % du sommeil total, soit environ 6 heures de sommeil lent pour une nuit de 8 heures.

Ce sommeil est subdivisé en trois stades de profondeur croissante :

• **Le stade I** correspond à l'endormissement ou à un état de préréveil, périodes au cours desquelles nous sommes « entre deux eaux », pas tout à fait endormis, ni complètement réveillés. Les mouvements corporels se font rares.

• **En stade II** nous dormons, mais ce sommeil est léger. Une porte qui claque chez le voisin nous réveillera. Il persiste une certaine activité mentale : rêves flous, plus proches d'une pensée d'éveil que d'images, rêves plus logiques, plus cohérents que ceux du sommeil paradoxal. L'activité électrique est de plus en plus lente. Les stades I et II représentent 50 % du sommeil total, soit en moyenne 4 heures par nuit.

• **Le stade III** correspond à un sommeil profond. La réactivité aux stimulations extérieures est faible, l'immobilité à peu près totale. Le visage est inexpressif, l'activité mentale probablement très faible. Les yeux sous les paupières fermées sont immobiles (sommeil sans mouvements oculaires des Anglo-Saxons ; *non-rapid eye movement sleep* : NREMS). Le pouls et le rythme respiratoire sont lents et réguliers. En revanche, le tonus musculaire est conservé, les muscles restent fermes, le corps à demi plié, les doigts serrés (« dormir à poings fermés »). S'il nous arrive de nous endormir debout, nous ne nous effondrerons pas. L'activité électrique cérébrale est lente et ample. Ce stade représente environ 25 % du sommeil total, soit 2 heures par nuit.

◇ **Le sommeil paradoxal, ou sommeil du rêve**

Il succède au sommeil lent. Il en est aussi différent que le sommeil lent est différent de l'éveil. Il a été nommé « paradoxal » par Michel Jouvet, devant le contraste entre un sujet complètement endormi, détendu, et l'enregistrement EEG d'une activité électrique corticale intense, avec des ondes rapides, peu amples, proches de celles de l'éveil. Ce sommeil représente 20 à 25 % du sommeil total, soit, lui aussi, près de 2 heures par nuit.

L'activité électrique est le reflet d'une **activité mentale intense**, d'un véritable éveil cérébral, qui correspond au rêve. Si l'on réveille un dormeur pendant cette période, dans 80 % des cas il raconte une histoire de rêve très précise, très détaillée. Ces rêves sont fugaces, vite effacés de notre mémoire, ce qui peut nous faire croire que nous n'avons pas rêvé. Les rêves dont on se souvient au matin sont ceux des dernières minutes du sommeil paradoxal, juste avant notre réveil. En effet, l'éveil spontané du matin survient souvent à la fin d'une phase de sommeil paradoxal.

En sommeil paradoxal, notre visage est le reflet de l'activité onirique. Il est mobile, expressif, plus « social » qu'en sommeil lent. Les paupières sont fermées, mais les yeux bougent très rapidement et ces mouvements sont visibles au travers des paupières (sommeil à mouvements oculaires rapides des Anglo-Saxons ; *rapid eye movement sleep* : REMS). Le pouls et la respiration sont aussi rapides qu'en phase d'éveil, mais plus irréguliers. Il peut de temps à autre exister quelques brefs mouvements corporels, mais, en pratique, la caractéristique de ce sommeil paradoxal est une hypotonie musculaire intense. Nous sommes complètement détendus, étalés, muscles relâchés, doigts ouverts. Endormis en position instable, la tête s'écroule, le corps se laisse tomber. Il existe une véritable **paralysie transitoire** qui, bien sûr, épargne le cœur et la respiration et disparaît dès que nous sommes réveillés ou dans une nouvelle période de sommeil lent. Cette paralysie nous empêche de « passer à l'acte » au cours de nos rêves.

En résumé

Sommeil lent : *visage inexpressif ;*
  respiration lente et régulière ;
  pouls lent et régulier ;   ˙
  pas de mouvements oculaires ;
  tonus musculaire conservé ;
  activité électrique cérébrale de plus en plus lente et ample.

Sommeil paradoxal : *visage expressif ;*
  respiration rapide et irrégulière ;
  pouls rapide ;
  mouvements oculaires rapides verticaux et horizontaux ;
  tonus musculaire aboli, paralysie ;
  activité électrique cérébrale rapide, intense.

Que se passe-t-il au cours d'une nuit de sommeil ?

Notre sommeil d'adulte est, dans les conditions habituelles (civilisation occidentale, travail de jour), essentiellement nocturne.

~ **Le besoin de sommeil survient généralement chaque soir à la même heure,** annoncé par une sensation de fatigue, de faible activité mentale, de froid.

~ Si l'on ne se couche pas au moment des premiers signes de somnolence et de fatigue du soir, on risque fort de ne pas s'endormir avant le cycle suivant, soit en moyenne 1 h 30 à 2 heures après. C'est aussi la durée moyenne d'une insomnie.

~ Si l'on se couche au moment où ces signes apparaissent, l'endormissement est rapide. La latence d'endormissement, temps qui s'écoule entre le moment où l'on a décidé de dormir, éteint la lumière, fermé les yeux et le moment où l'on s'endort vraiment, sera brève, généralement de moins de 10 minutes. Ce paramètre est très important. Il mesure notre capacité d'endormissement.

~ On s'endort en sommeil lent, lequel va durer en moyenne de 1 h 10 à 1 h 40. D'abord sommeil lent léger puis progressivement de plus en plus profond.

~ À la fin de cette phase, après une nouvelle phase de sommeil lent léger, on passe en sommeil paradoxal pour 10 à 15 minutes.

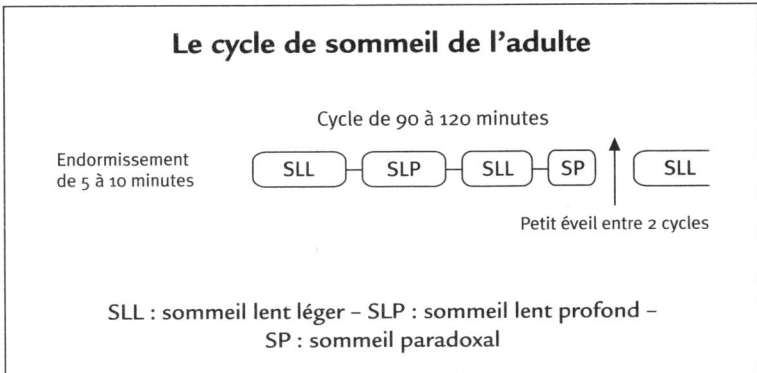

Le cycle de sommeil de l'adulte

Cycle de 90 à 120 minutes

Endormissement de 5 à 10 minutes

SLL — SLP — SLL — SP — SLL

Petit éveil entre 2 cycles

SLL : sommeil lent léger – SLP : sommeil lent profond – SP : sommeil paradoxal

~ Une nuit complète représente l'enchaînement de quatre, cinq ou six cycles de sommeil. La fin du sommeil paradoxal est marquée par une phase de préréveil très courte, insensible pour un dormeur normal, mais où l'éveil serait très facile. Puis, si aucune stimulation particulière ne le tire du sommeil, le dormeur enchaîne un nouveau cycle.

~ La durée d'un cycle est de 1 h 30 à 2 heures.

~ La durée exacte d'un cycle est constante pour chacun d'entre nous, remarquablement stable tout au long
de notre vie d'adulte.

~ Si l'enchaînement de sommeil ne se fait pas au cours
de la nuit, l'éveil pourra se prolonger pendant la durée
normale d'un cycle. Beaucoup d'entre nous connaissent l'éveil de 4 à 6 heures du matin, pour se rendormir
ensuite profondément.

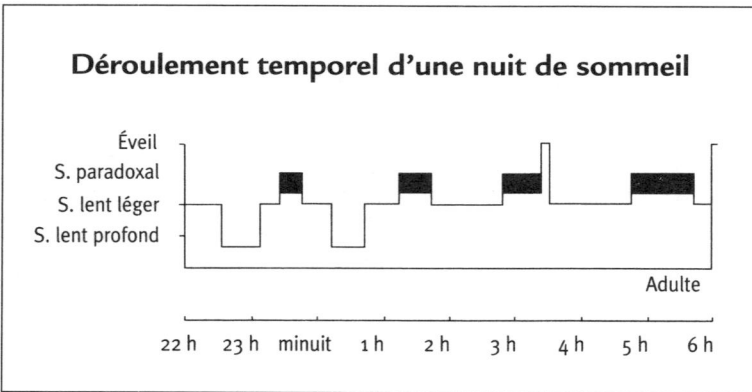

Déroulement temporel d'une nuit de sommeil

Éveil
S. paradoxal
S. lent léger
S. lent profond

Adulte

22 h   23 h   minuit   1 h   2 h   3 h   4 h   5 h   6 h

~ La qualité du sommeil se modifie au cours de la nuit.
Dans le premier tiers, le sommeil lent est plus profond,
plus prolongé: les deux premiers cycles comportent la
presque totalité du sommeil lent profond. Le sommeil
lent léger et le sommeil paradoxal sont proportionnelle-
ment plus importants en fin de nuit. La durée des périodes
de sommeil paradoxal s'allonge d'un cycle à l'autre, les
dernières phases étant aussi plus intenses, plus riches en
mouvements oculaires.

~ Même si nous dormons bien, nous nous réveillons la
nuit: nous bougeons environ 30 fois par nuit. Ces éveils
très courts surviennent généralement en fin de cycle, au
moment du passage d'une phase de sommeil paradoxal à
une nouvelle phase de sommeil lent. Si ces microéveils

durent moins de 3 minutes, nous n'en gardons en fait aucun souvenir. Ces éveils sont plus longs et plus fréquents après les deux premiers cycles de sommeil, d'où une plus grande fréquence des réveils nocturnes passé le premier tiers de la nuit.

Il n'existe en réalité qu'une seule définition du sommeil normal : c'est quand, le matin, nous nous réveillons non seulement avec l'impression d'avoir bien dormi, mais aussi avec celle d'être reposé et en pleine forme.

~ La quantité de sommeil lent profond est indépendante de la durée totale du sommeil. En revanche, elle est liée à la durée de **l'éveil** qui précède le sommeil, et à la qualité de cet éveil : une activité physique importante augmente la quantité de sommeil profond. Après une sieste d'après-midi, il y a relativement moins de sommeil lent profond, au bénéfice de plus de sommeil lent léger. En cas de privation de sommeil, nous rattrapons en priorité notre déficit en sommeil lent profond.

~ La durée du sommeil paradoxal est en revanche directement liée à la durée totale de notre nuit de sommeil : « Plus on dort, plus on rêve. » En cas de privation de sommeil, les temps de sommeil paradoxal ne se rattraperont que si l'on en a le temps, après que les phases de sommeil lent profond auront pu, elles, se rattraper.

Les besoins de sommeil sont probablement innés, en grande partie déterminés héréditairement. Ils évoluent pendant l'enfance, puis ils restent en général remarquablement constants après la fin de l'adolescence.

~ Enfin, le sommeil lent profond diminue avec l'âge, au bénéfice d'un sommeil beaucoup plus léger. De nombreuses insomnies des personnes âgées ne sont, en fait, que des « impressions de mauvais sommeil », de sommeil trop léger, alors même que la durée totale du sommeil est très bonne, voire augmentée.

Les besoins de sommeil

Qu'entend-on par « sommeil normal » ? Est-il assez profond, trop léger, trop long, à quelle heure doit-il commencer ? Voilà beaucoup de questions auxquelles on ne peut donner de réponse générale puisque chaque individu dort à son propre rythme.

Ces impressions d'avoir bien dormi seront obtenues après des temps différents de sommeil selon les sujets. Nous sommes très inégaux devant le sommeil.

~ La plupart d'entre nous ont besoin de 7 h 30 à 8 heures de sommeil, réparties par exemple en quatre cycles de 2 heures ou cinq cycles de 1 h 30.

~ Certains sujets, dits « courts dormeurs », auront besoin de moins de 6 heures par nuit (probablement quatre cycles de 1 h 30). D'autres, beaucoup plus rares, n'auront besoin que de 4 heures de sommeil pour être en forme. Ces « courts dormeurs » représentent environ 5 % de la population.

~ Les « longs dormeurs », en revanche, auront besoin d'une durée moyenne de plus de 9 heures de sommeil par jour. Ils représentent environ 10 à 15 % de la population.

Chronobiologie et rythmes circadiens

La chronobiologie est l'étude des rythmes biologiques auxquels sont soumis tous les êtres vivants.

Des algues unicellulaires aux mammifères, tout ce qui vit alterne des périodes d'activité et de repos. Chez l'homme, les différents pics et creux de ces rythmes ne sont pas distribués au hasard, mais relèvent d'une véritable programmation dans le temps de ses nombreuses activités – métaboliques, nerveuses, endocriniennes. La division de nos cellules et la réparation de notre ADN sont aussi

Variabilité, jour/nuit, de la vigilance et des principaux rythmes biologiques

Notre vigilance est directement corrélée à la courbe de notre température corporelle. Lorsque la température s'élève, notre organisme se prépare à une phase active, éveillée, efficace. Lorsque la température baisse nous n'allons pas trop tarder à nous endormir (1). La sécrétion de mélatonine qui est l'hormone du sommeil augmente en début de nuit elle est à son maximum entre 2 et 6 heures du matin (2a) ; celle du cortisol nécessaire à l'organisme en activité augmente en seconde partie de nuit et est à son maximum en début de journée (2b).

1

Sujet en phase

17 h

t°

2a

Mélatonine

2b

Cortisol

Heures   11 14 17 20 22 23 00 01 02 03 04 05 06 07 08   11 14 17 20 22 23 00 01 02 03 04 05 06 07 08

D'après Y. Touitou, 1984.

programmées dans le temps. Ces variations de nos rythmes biologiques sont une réponse aux variations rythmiques de notre environnement. Elles permettent un ajustement de notre organisme à notre mode de vie. Cette adaptation n'est pas individuelle, mais **spécifique de l'espèce**. Ainsi l'humain, *Homo sapiens*, est un « animal » à activité diurne, tous ses rythmes biologiques, son organisation temporelle, répondent à la nécessité de faire face, physiquement et intellectuellement, à son activité diurne. Ainsi la vigilance, l'humeur, les performances intellectuelles (attention, mémoire), la force musculaire, la température, la fréquence cardiaque et respiratoire atteignent leur maximum au cours de la journée. En revanche, d'autres variations biologiques, comme la sécrétion de mélatonine, le taux de lymphocytes – cellules blanches du sang qui participent à la défense anti-infectieuse de l'organisme –, sont à leur maximum au milieu de la nuit. La sécrétion de cortisol (nécessaire à l'organisme en activité) augmente dans la seconde partie de la nuit.

Deux conséquences très concrètes

◇ L'heure où les potentialités humaines sont les plus basses

Cette notion d'organisation temporelle a une réelle importance, non seulement théorique, mais aussi pratique. Les accidents de voiture ou d'avion dus à une « erreur humaine » se produisent souvent vers 2 ou 3 heures du matin, heure où les potentialités physiques, psychiques et intellectuelles des humains sont au plus bas. C'est le moment où les réponses, les réflexes, sont les plus lents et les moins adéquats. Le chronobiologiste américain Charles Ehret, de Chicago, a même rapporté que la gravité de l'accident à la centrale nucléaire de Three Mile

Island était en grande partie due au fait que celle-ci s'était emballée à 3 heures du matin. Les ingénieurs et techniciens de garde ont été incapables de prendre en temps voulu les décisions qui s'imposaient. La catastrophe de Tchernobyl, l'échouage de l'*Exxon Valdez* sont aussi survenus entre 2 et 5 heures du matin.

◇ **Les médicaments n'ont pas la même efficacité selon leur heure d'administration**

Autre utilité pratique essentielle de la chronobiologie, la chronothérapeutique : notre organisme réagit aux médicaments selon leur heure d'administration. Ainsi, la prise des médicaments de l'hypertension artérielle repose sur la variation sur 24 heures du risque d'infarctus, plus important dans la nuit, la chimiothérapie des cancers sur le rythme de toxicité des antimitotiques (qui peut varier de 2 à 10, selon l'heure d'injection). Pour certaines thérapeutiques hormonales, comme la stimulation du cortisol par l'ACTH, la même dose peut être strictement inefficace à 6 heures du soir et parfaitement adaptée à 7 heures du matin. Autre exemple : la stimulation hypophyso-ovarienne par la LH-RH n'a aucune efficacité en perfusion continue, même à très fortes doses, et ne marche que si l'on effectue une stimulation de quelques minutes toutes les heures. Cette découverte, utilisée maintenant dans le traitement de certaines stérilités, prouve bien que les effets qualitatifs et quantitatifs d'un traitement hormonal dépendent plus du rythme de sa biodisponibilité que de la dose théoriquement utile.

Les rythmes quotidiens de vigilance

Au cours des 24 heures d'une journée, notre vigilance passe par des hauts et des bas, réalisant un véritable tracé sinusoïdal repérable à la même heure ou presque chez tous les humains, dans tous les coins de la planète, et corrélé à l'heure du soleil.

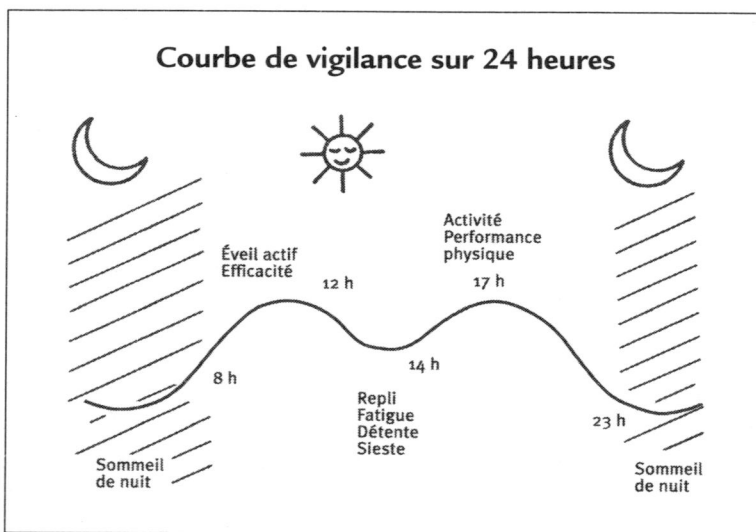

Courbe de vigilance sur 24 heures

Éveil actif
Efficacité
12 h

Activité
Performance
physique
17 h

8 h

14 h

Repli
Fatigue
Détente
Sieste

23 h

Sommeil
de nuit

Sommeil
de nuit

Cette vigilance est directement corrélée à une autre courbe qui est celle de notre température corporelle. Lorsque la température s'élève, notre organisme se prépare à une phase active, éveillée, efficace. Lorsque la température baisse, la vigilance ne tarde pas à diminuer. Le minimum circadien de la température entre 2 et 4 heures du matin est voisin du minimum des capacités d'éveil.

Nous verrons que toutes ces notions conduisent à un bon nombre de réflexions sur les rythmes scolaires imposés à nos enfants : l'heure des siestes à l'école maternelle, l'heure habituelle des cours qui ne correspond guère aux meilleurs moments d'activité intellectuelle. Nous nous reposons et nous travaillons souvent à contretemps de nos besoins physiologiques.

◇ **Le rythme fondamental**

En heures solaires, le rythme fondamental est formé de :

~ une phase active, entre 9 heures et 11 h 30 du matin ;

~ une phase de repli, de fatigue, de faibles performances physiques entre 12 et 14 heures ;

~ une nouvelle phase de haute vigilance entre 17 et 20 heures ;

~ une phase de fatigue et de très faible vigilance entre 23 heures et 5 heures du matin ;

~ la phase la moins active se situe entre 2 et 5 heures du matin.

~ Le matin, nous sommes en pleine forme, actifs, efficaces, prêts à apprendre, à mémoriser, à effectuer un travail physique important.

~ En milieu de journée survient une phase moins efficace, marquée sans doute pour beaucoup d'entre nous par le « coup de pompe de fin de matinée ». Malgré la célèbre publicité de Banania, il ne s'agit pas de fatigue hypoglycémique, mais bien d'un moment de ralentissement biologique fondamental. C'est, d'ailleurs, souvent le moment de la sieste et beaucoup de jeunes enfants s'endorment **avant** leur repas de midi.

~ Vers 17 heures, nous commençons une nouvelle phase de grandes performances physiques et intellectuelles. Les enfants sont excités. Les bébés pleurent. Nous avons chaud, nous pouvons faire du sport, étudier très efficacement, apprendre très vite... Le champion mondial de saut à la perche améliorant, le 11 juillet 1988, pour la neuvième fois son propre record en sautant 6,06 mètres à 18 heures (heure du soleil) a déclaré aux journalistes de la télévision : « C'étaient des conditions météo idéales, et, surtout, la meilleure heure pour sauter. »

C'est le moment où les enfants, juste après le goûter, devraient s'atteler à leurs devoirs. Quant à nous, adultes, ce devrait être le moment des études, des recherches, au lieu de perdre des heures en voiture dans les embouteillages ou à préparer le repas du soir.

~ Vers 23 heures, nouvelle période de faible vigilance : nous commençons par sentir le froid, nous nous étirons, nous bâillons, écoutons avec moins de lucidité les conversations environnantes, et sommes proches de l'endormissement. Si nous dormons, c'est en sommeil lent profond. Si nous continuons à veiller, nous serons « ivres de sommeil », instables sur nos jambes, peu réactifs, nous aurons froid, envie de fermer les yeux. Notre force physique sera très diminuée.

On dit d'un individu qu'il est en phase lorsqu'il vit et travaille aux moments de meilleure performance, et se repose ou dort dans les moments de faible performance.

Pourtant, même si nous n'avons pas dormi, tout ira mieux après 5 heures du matin, et si nous tardons encore à nous coucher, nous ne pourrons plus nous endormir. Pour ceux qui ont dormi une nuit normale, vers 4 ou 5 heures le sommeil devient plus léger, plus fragile, plus riche en sommeil lent léger et en sommeil paradoxal. Les éveils sont plus fréquents et parfois perceptibles.

~ Environ 2 heures avant le réveil spontané, la température remonte, les modifications métaboliques liées à la sécrétion de cortisol sont stimulées, et nous nous réveillons en pleine forme.

La notion de phase est du plus haut intérêt pour comprendre certaines pathologies du sommeil (voir p. 49).

◇ **Des variations individuelles**

Il existe, par rapport à cette courbe moyenne, des variations possibles d'une à trois heures, fixes pour un même individu tout au long de sa vie. Nous pouvons donc définir des humains « couche-tôt » et d'autres « couche-tard », selon la position de leur propre périodicité horaire.

Cette courbe, ce rythme fondamental sont retrouvés chez tous les sujets dans les conditions normales : travail de jour, vie à la lumière extérieure, vie sociale régulière. Mais tout n'est pas si simple. Les expériences de vie « hors du temps », en dehors de tout repère temporel et social (pas d'alternance de jour et de nuit, pas de montre, pas d'horaires de repas réguliers, pas d'activité sociale), nous permettent d'aborder les mécanismes très compliqués qui règlent nos différents rythmes : rythmes biologiques et rythmes de sommeil.

Les expériences « hors du temps »

Plusieurs études de vie « hors du temps », chez des sujets volontaires isolés dans des grottes ou dans des bunkers, ont été réalisées. La plus connue est celle de Michel Siffre, enfermé dans une grotte pendant plusieurs mois sans aucun repère temporel, ni communication avec l'extérieur.

◇ Des découvertes passionnantes

L'étude des rythmes profonds dans de telles conditions a fait découvrir que :

• Le rythme biologique circadien profond, inné, n'est pas synchronisé sur 24 heures. Si curieux que cela puisse paraître, en l'absence des donneurs de temps (synchroniseurs ou *Zeitgebers* en allemand) que sont les alternances jour-nuit et les rythmes sociaux, le rythme spontané, inné, de notre horloge biologique s'installe sur un rythme d'une durée un peu différente de 24 heures. Cette durée est en moyenne de 24,2 heures avec des périodes allant, pour 95 % d'entre nous, de 23 h 30 à 24 h 30 (75 % des individus ont une période de plus de 24 heures, 25 % une période de moins de 24 heures). En d'autres termes, tout comme une horloge mécanique qui ne serait pas remise à l'heure tous les jours, l'horloge biologique circadienne prend tous les jours, en l'absence de donneurs de temps, un peu de retard ou plus rarement un peu d'avance. **On dit que l'horloge est « en libre cours ».** La durée de la période de cette horloge est une caractéristique de chaque individu. Les individus qui ont une période courte, de moins de 24 heures (une horloge rapide), sont généralement des « couche-tôt », alors que les « couche-tard » ont plutôt une période longue, de plus de 24 heures (une horloge plus lente). Dans l'enfance et l'adolescence, cette horloge pourrait être plus instable, à l'adolescence un allongement de sa période pourrait expliquer la tendance « couche-tard ».

• **Au début de l'expérimentation, la périodicité du rythme veille-sommeil suit celle du rythme circadien inné.** Le sujet se lève et se couche en se décalant tous les jours par rapport à ses horaires habituels de 24 heures.

• **Au bout de quelques semaines d'expérience, on voit apparaître des anomalies du rythme veille-sommeil.** L'horloge veille-sommeil se détraque. Alors que le rythme de la température et celui du cortisol restent très proches de 24 heures, celui du rythme veille-sommeil alterne des périodes très différentes du rythme de 24 heures, plus longues ou plus courtes. Les rythmes veille-sommeil deviennent irréguliers. Il n'existe plus de relation de phase stable entre, d'une part, la température, la sécrétion du cortisol et d'autres constantes biologiques, et, d'autre part, les rythmes éveil-sommeil. Le sujet vit donc souvent à contretemps de ses rythmes profonds. Il dort parfois en phase chaude, s'active, travaille et mange en phase froide. On parle alors de **syndrome de désynchronisation interne.**

◇ **Que dire de ces données ?**

~ Le rythme circadien inné est différent de 24 heures.

~ Ce sont les donneurs de temps extérieurs, l'alternance jour-nuit, les horaires sociaux, qui règlent chaque jour notre horloge biologique sur 24 heures, envoyant à notre corps et à notre cerveau des signaux qui leur permettent d'adapter nos rythmes internes à notre environnement.

Les horloges biologiques

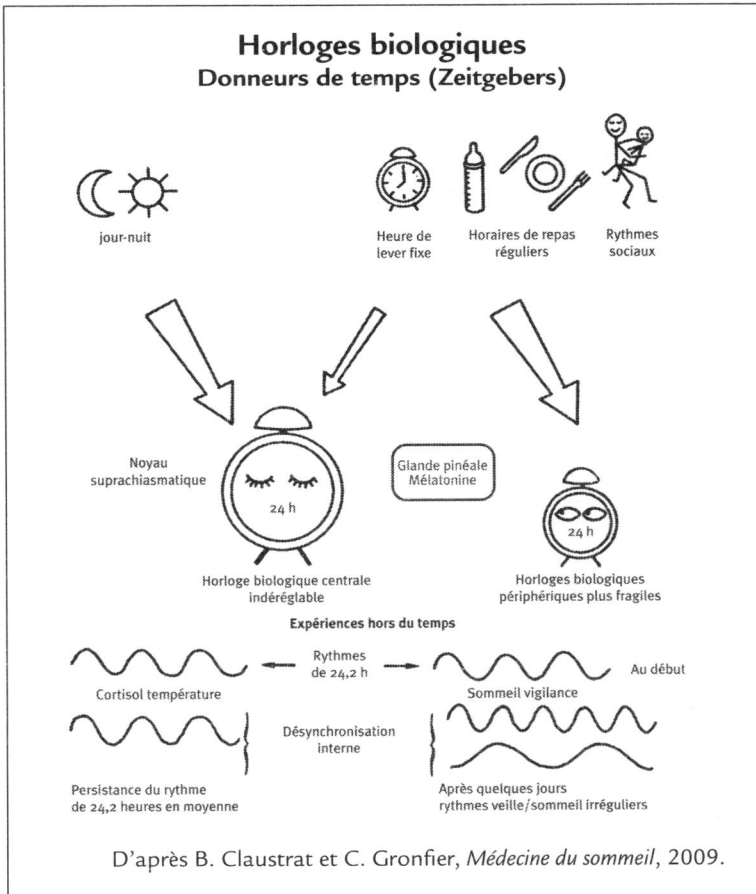

Horloges biologiques
Donneurs de temps (Zeitgebers)

jour-nuit

Heure de lever fixe

Horaires de repas réguliers

Rythmes sociaux

Noyau suprachiasmatique

24 h

Glande pinéale
Mélatonine

24 h

Horloge biologique centrale indéréglable

Horloges biologiques périphériques plus fragiles

Expériences hors du temps

Rythmes de 24,2 h

Cortisol température

Sommeil vigilance

Au début

Désynchronisation interne

Persistance du rythme de 24,2 heures en moyenne

Après quelques jours rythmes veille/sommeil irréguliers

D'après B. Claustrat et C. Gronfier, *Médecine du sommeil*, 2009.

◇ **Une horloge biologique centrale,
des horloges périphériques**

Pour expliquer ces faits d'expérimentation, il semble que l'on ne puisse parler d'une horloge biologique unique des rythmes circadiens ; mais de multiples horloges.

◇ **Une horloge circadienne centrale**

Elle se situe dans les noyaux suprachiasmatiques (NSC), petites masses de neurones situées dans l'hypothalamus, juste au-dessus du croisement des nerfs optiques.

La destruction expérimentale des NSC rend les animaux complètement arythmiques, leur comportement ne manifeste plus aucune oscillation nette entre activité et repos, leurs niveaux d'hormones ne présentent plus les variations typiques de leur horloge circadienne.

Cette horloge circadienne centrale est très stable, elle peut tourner pendant des semaines et même des mois sans être remontée. Les neurones des NSC continuent à osciller, même quand ils sont en culture cellulaire, complètement séparés du cerveau. Leurs oscillations, dont la période est chez l'homme en moyenne de 24,2 heures, sont autoentretenues par une dizaine de « gènes d'horloges » libérant alternativement des protéines excitatrices et inhibitrices.

Des rythmes circadiens aux 24 heures du rythme jour-nuit

Les yeux sont indispensables à la synchronisation de l'horloge circadienne centrale sur les 24 heures du rythme jour-nuit. Il existe en effet dans la rétine des cellules photoréceptrices à mélanopsine, différentes des cellules visuelles, sensibles à la luminosité. Ces cellules quittent le nerf optique pour innerver les NSC, elles innervent aussi les zones du cerveau impliquées dans le sommeil et la vigilance. Elles permettent de remettre notre horloge centrale à l'heure tous les jours, grâce à l'alternance lumière-obscurité.

Les NSC contrôlent la glande pinéale et surtout la production par cette glande de la sécrétion de la mélatonine. La destruction des NSC supprime tout effet de la lumière sur la production de la mélatonine, dont la sécrétion, normalement uniquement nocturne, est bloquée par la lumière. Cette hormone du « noir » favorise l'endormissement et le maintien du sommeil nocturne. Elle a un très grand intérêt thérapeutique, c'est actuellement le traitement le plus approprié pour synchroniser, sur le rythme jour-nuit, le sommeil des enfants porteurs d'une pathologie cérébrale.

Notre horloge principale module les rythmes de la température, de la sécrétion du cortisol, et aussi, vraisemblablement, du sommeil paradoxal. Elle est très stable mais elle oppose, de ce fait, une certaine inertie aux changements extérieurs. Ainsi, en cas de vol transméridien, de nouveaux horaires de travail, de décalage horaire saisonnier, l'organisme mettra souvent plusieurs semaines pour s'adapter. C'est ce que l'on appelle la désynchronisation externe, entre le rythme biologique profond et les donneurs de temps extérieurs.

◇ Les horloges périphériques

On pourrait presque affirmer que chacun de nos organes, et même chacune de nos cellules, fonctionne comme une horloge.

Ces horloges périphériques sont beaucoup moins performantes que l'horloge centrale. Elles ne sont pas sensibles à la lumière ; leur mécanisme, en l'absence de signaux de synchronisation, se détraque rapidement. L'horloge circadienne centrale joue le « chef d'orchestre », elle permet d'harmoniser le tempo de toutes ces horloges secondaires, de les synchroniser sur l'alternance jour-nuit.

Les altérations de rythme

Ces études chronobiologiques permettent de comprendre certaines anomalies de coordination des rythmes et les difficultés d'adaptation physique et intellectuelle de l'organisme qui peuvent en résulter.

◊ Les altérations de phase d'origine externe

Ce sont les difficultés rencontrées par les personnes soumises à de nombreux changements d'horaires : vols transméridiens des personnels navigants, horaires de travail variables (les trois-huit), et aussi, tout simplement, par toute la population lors du changement d'horaire saisonnier – horaire d'hiver et horaire d'été.

Au cours de ces changements, le cycle veille-sommeil se trouve brutalement déphasé par rapport à l'environnement habituel. Le sujet va rapidement adapter son rythme veille-sommeil : en deux ou trois jours, il se réveillera et s'endormira en fonction du rythme de soleil du nouveau lieu. En revanche, la température corporelle, la sécrétion du cortisol, moins dépendantes de l'environnement, vont mettre beaucoup plus longtemps pour s'adapter aux nouvelles conditions de vie. Et donc, pendant plusieurs jours, voire plusieurs semaines, il y aura désynchronisation interne, responsable d'une impression de malaise, d'une fatigue, de difficultés d'endormissement – l'humeur, la fatigue et certaines performances continuant à osciller sur le rythme de la température.

Cette adaptation sera plus longue pour les vols transatlantiques ouest-est, par exemple un vol de retour États-Unis-France, car ils mènent à une **avance** de l'horaire habituel du sommeil, ce qui est beaucoup plus difficile que de retarder son heure d'endormissement. Il est ainsi plus difficile de s'adapter à l'horaire d'été puisqu'il correspond à une avance du coucher de 2 heures sur l'heure solaire.

La sensibilité des individus à ces modifications extérieures de rythme est très variable. Certains mettent quelques jours à s'adapter, d'autres plusieurs semaines. Cette adaptation est plus difficile après 35 ans, chez les sujets dépressifs ou ayant des problèmes psychologiques.

◊ **Les altérations de phase d'origine interne**

On peut en décrire deux grands types : les altérations de phase par retard ou avance sur l'horaire, ou des périodicités circadiennes anormales.

• **Les retards de phase** simulent une « insomnie d'endormissement ». C'est un peu le cas extrême des sujets « du soir » ou « couche-tard », qui restent en pleine forme très avant dans la soirée, mais qui ont beaucoup de difficultés pour se lever le matin. La courbe de température de ces sujets est parfois retardée par rapport à celle des gens vivant selon un horaire veille-sommeil classique. Il ne s'agit pas d'un trouble du sommeil, puisque le sommeil est de bonne qualité après l'endormissement, et que sa durée sera normale, d'environ 8 heures si le sujet n'est pas obligé de se lever tôt le lendemain. En revanche, ce retard d'endormissement, l'incapacité quotidienne de se coucher avant 2 ou 3 heures du matin, s'accompagne souvent d'une privation chronique de sommeil, car les horaires de travail ou de scolarité ne permettent pas au sujet de se lever chaque jour vers 13 heures.
• **Les avances de phase** correspondent à des horaires anormalement précoces d'endormissement et de réveil. Les cas modérés représentent les sujets dits « couche-tôt », sujets « du matin ». Ces avances de phase sont rares, se voyant plus fréquemment chez les sujets dépressifs et les personnes âgées.

Les altérations de phase d'origine interne

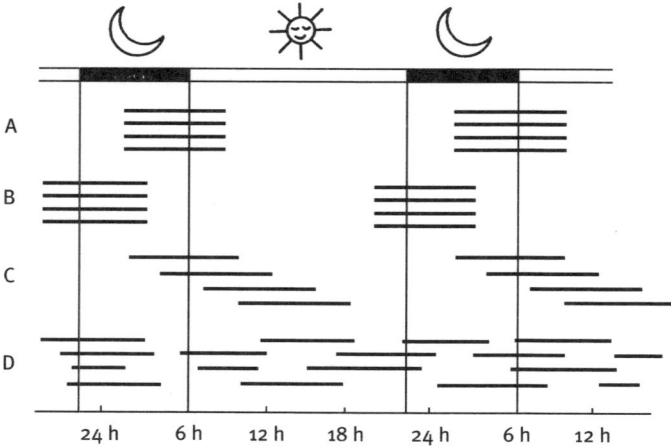

A. Retard de phase : *le rythme a une période de 24 heures mais le sommeil, d'une durée de 8 heures, est retardé de 3 heures ou plus par rapport aux horaires habituels (22 heures - 6 heures).*
B. Avance de phase : *le rythme a une période de 24 heures, mais le sommeil, d'une durée de 8 heures, est avancé de 3 heures ou plus par rapport aux horaires habituels.*
C. Périodicité de plus de 24 heures : *le rythme veille-sommeil n'est plus entraîné sur 24 heures. Il a une période spontanée de plus de 24 heures pour une périodicité de 27 heures, il se décale tous les jours de 3 heures sur l'horaire standard.*
D. Rythme veille-sommeil irrégulier : *il n'existe plus aucun rythme veille-sommeil reconnaissable.*

• **Les périodicités circadiennes anormales** sont beaucoup plus exceptionnelles. Elles correspondent à un cycle jour-nuit ou un cycle repos-activité de périodicité plus longue que 24 heures, par exemple pour un individu qui a une périodicité de 27 heures. Ce sujet aura envie de dormir chaque soir 3 heures plus tard que la veille, et aura souvent de grandes difficultés à se lever le matin. Il s'ensuit un trouble du sommeil très particulier, avec difficultés d'endormissement et de réveil, somnolence au cours de la journée s'il ne peut suivre son rythme propre pour des raisons de travail ou de vie sociale. Il présentera alors un tableau complexe d'hypersomnie dans la journée, d'insomnies nocturnes, avec des périodes très troublées, entrecoupées de phases d'amélioration quand l'horaire spontané cadre à peu près avec l'horaire habituel.

◇ **Les rythmes veille-sommeil irréguliers**

Il n'existe plus de rythme, le sujet s'endort ou se réveille à une heure imprévisible de la journée ou de la nuit.

En résumé

• *Nos fonctions biologiques et notre rythme veille-sommeil, synchronisés sur 24 heures avec l'alternance du jour et de la nuit et nos rythmes sociaux, ont, en fait, une périodicité innée différente de 24 heures, dépendant d'une horloge centrale située au niveau du noyau suprachiasmatique, véritable chef d'orchestre de tous nos rythmes biologiques.*

• *De la bonne harmonie entre notre horloge centrale et nos horloges secondaires dépendront la qualité de notre sommeil nocturne et celle de notre vigilance diurne.*

• *L'horloge qui règle les plus importantes de nos fonctions biologiques (température, fréquence cardiaque et respiratoire, tension artérielle, sécrétion de cortisol et de mélatonine) est modulée par l'alternance du rythme jour-nuit, par l'alternance lumière-obscurité. Elle a une inertie importante, elle s'adaptera lentement, parfois sur plusieurs semaines, aux modifications brutales de l'environnement. L'horloge régulant notre rythme veille-sommeil s'adapte plus vite aux modifications, même brutales, de l'environnement; mais elle sera aussi beaucoup plus fragile et se déréglera facilement en l'absence de donneurs de temps.*

• *Ainsi nos rythmes veille-sommeil pourront être à contretemps de nos principaux rythmes biologiques. Il en résultera une sensation de malaise, une fatigue importante, une impression de n'être ni réveillé ni endormi. On parle de désynchronisation interne, syndrome dont on ne connaît pas encore toutes les conséquences.*

• *Les rythmes veille-sommeil peuvent aussi être à contretemps de l'alternance du jour et de la nuit. Notre sommeil nocturne sera troublé, notre vigilance diurne perturbée.*

Chapitre 3

Construction et organisation du sommeil

De la vie fœtale à l'adolescence

Le futur m'intéresse, parce que c'est là que j'ai l'intention de passer mes prochaines années.

Graffiti sur les murs
du campus américain de Berkeley

arler du sommeil des premiers temps de la vie, du sommeil avant la naissance, de celui des premières semaines après la naissance en allant jusqu'à l'adolescence, c'est décrire toute une évolution, une maturation, directement liées au développement du cerveau. Il n'y a pas de rupture, de changement brutal d'un stade à l'autre, mais un rythme cérébral qui, peu à peu, s'installe et se manifeste.

Schématiquement, il serait presque possible de dire que « **tout se joue avant 6 mois** », et que les différents stades repérables ne sont pas ceux que l'on aurait pu imaginer. Nous pouvons, en simplifiant à l'extrême, décrire trois périodes fondamentales de construction, puis trois périodes moins visibles de maturation.

◇ **Des étapes de construction**

~ la « dormance » fœtale entre 20 et 24 semaines ;

~ de 24 semaines à la fin du premier mois de vie extra-utérine, le rythme cérébral « fœtal », indépendant de l'environnement ;

~ de 1 mois de vie jusque vers 6 mois, l'acquisition progressive des rythmes circadiens de température, des rythmes cardiaque et respiratoire, et d'un sommeil de type « adulte ».

◊ **Des étapes de maturation**

~ de 6 mois à 4 ans, la réduction progressive du temps de sommeil;

~ de 6 ans à 12 ans environ, la période de haute vigilance;

~ l'adolescence et son sommeil.

Nous allons tenter de décrire chacune de ces étapes, avec ses caractéristiques neurophysiologiques, mais il nous faut d'abord définir les états de vigilance du nouveau-né, car ce ne sont pas les mêmes que ceux de l'adulte. Nous reviendrons sur chacune des périodes.

Les états de vigilance du nouveau-né

La vigilance d'un tout-petit se compose de quatre stades:

~ le sommeil calme;

~ le sommeil agité;

~ l'éveil calme;

~ l'éveil agité.

Ces différents stades ont été décrits de façon très précise par les professeurs A. Parmelee et P.H. Wolff, aux États-Unis, par les docteurs Colette Dreyfus-Brisac et Nicole Monod, à Paris, en 1965 et 1966, puis par le professeur H.F.R Prechtl en Hollande en 1974. Prechtl a proposé une classification en cinq stades (nommés stades I à V) allant du sommeil calme à l'excitation maximale de l'éveil avec pleurs.

Le sommeil calme (stade I)

Le nouveau-né est immobile au cours de ce sommeil. Il ne présente aucun mouvement, en dehors de quelques sursauts, mais son tonus musculaire reste important. Il peut dormir parfois avec les bras ramenés sur le visage, très légèrement au-dessus de celui-ci. Bras et jambes sont fléchis.

Le visage est souvent pâle, peu expressif. Il n'existe aucune mimique, aucun mouvement, en dehors de petits mouvements de succion périodiques, à peine perceptibles, visibles surtout lorsque le nouveau-né commence à avoir faim.

Les yeux sont fermés, ne bougent pas. La respiration est très régulière, souvent peu ample, lente pour un tout-petit, aux environs de 30 ou 40 mouvements par minute. Le cœur est calme, régulier, entre 100 et 140 battements par minute.

Ce sommeil, très stable, n'est interrompu par aucun éveil. Sa durée est presque toujours la même, de 20 minutes environ. Ses caractéristiques sont donc, en dehors de la durée plus courte, tout à fait **comparables à celles du sommeil lent profond de l'adulte**.

Le sommeil agité (stade II)

Ce sommeil est caractérisé par l'apparition de toute une série de mouvements corporels : mouvements fins au niveau des doigts et des orteils, mouvements un peu plus amples au niveau d'un bras ou d'une jambe, mouvements corporels plus globaux d'étirement ou de flexion. Tous ces mouvements sont très stéréotypés : le nouveau-né s'étire, grogne, devient rouge, bâille puis ramène ses bras au niveau du visage. Ces mouvements sont très fréquents, et se répètent parfois toutes les 3 à 5 minutes. Le visage du nouveau-né en sommeil agité est souvent plus coloré qu'en sommeil calme, et peut devenir, de façon très transitoire, subitement plus pâle ou plus rouge.

Les yeux bougent, remuent sous les paupières fermées, puis les paupières elles-mêmes peuvent s'entrouvrir à plusieurs reprises. Parfois, les yeux sont carrément ouverts pendant de longues secondes, mais le regard est lointain, flottant, absent.

Le visage est très expressif, avec de multiples mimiques très fines, mimiques parmi lesquelles nous avons reconnu les expressions des six émotions fondamentales, expressions innées, présentes dans toutes les cultures humaines : la peur, la colère, la surprise, parfois le dégoût, la tristesse, et surtout la joie, avec de magnifiques sourires « aux anges », repérables dès les premières heures de la vie. Ces mimiques peuvent être observées chez le bébé *in utero*.

En dehors de ces mouvements, de ces périodes d'agitation, le tonus d'un enfant en sommeil agité est extrêmement bas. Le bébé est très mou, ses bras retombent, les doigts s'ouvrent, les membres se déplient.

La respiration est plus rapide, plus irrégulière qu'en sommeil calme. Elle est parfois haletante, voire entrecoupée de réelles pauses respiratoires physiologiques, qui peuvent atteindre 10, 12 ou même 15 secondes sans être inquiétantes. Le rythme cardiaque est aussi plus rapide, entre 120 et 160 pulsations par minute.

Ce sommeil est **l'équivalent du sommeil paradoxal de l'adulte**. Il est simplement plus actif, plus mobile, plus agité.

Il est aussi beaucoup moins stable, beaucoup plus léger, avec de nombreux microéveils. Au maximum, l'enfant **semble** s'éveiller, ces petits éveils durant de quelques secondes à près d'une minute. C'est d'ailleurs à peu près toujours pendant une phase de sommeil agité que l'enfant se réveille. Cette instabilité conduit à des durées de sommeil agité variables, de 10 à 45 minutes, la durée moyenne étant d'environ 25 minutes.

Il est évident que ce sommeil agité peut facilement être confondu avec un éveil ou un préréveil. Un enfant qui s'étire, qui bâille, qui ouvre les yeux, qui pleure ou gémit un peu peut-il vraiment être en train de dormir ? L'erreur d'interprétation est classique. Nous y reviendrons longuement au chapitre 4.

Petite information complémentaire : entre les périodes de sommeil agité et celles de sommeil calme, **il existe des périodes dites de sommeil indéterminé ou de transition,** périodes ambiguës où il est difficile de savoir d'un coup d'œil si le bébé est en sommeil calme ou en sommeil agité. Ces périodes représentent environ 10 % du temps de sommeil.

L'état de veille calme (stade III)

Il s'agit des moments d'éveil tranquille, attentif. Le nouveau-né a les yeux grands ouverts, brillants. Il regarde activement le visage qui lui sourit ou lui parle, et peut même suivre des yeux un objet coloré dès les premières heures de vie. L'enfant est conscient de son environnement : il bouge peu, mais il est attentif aux bruits, aux paroles, aux mouvements autour de lui. Il est sensible aux odeurs, reconnaît le visage de sa mère qu'il regarde de façon très intense, son visage devenant très expressif. S'il est très détendu, et doucement stimulé par une demande chaleureuse de communication, il lui arrive même de sourire, vrai sourire-réponse conscient et volontaire. Il peut imiter une mimique, tirer la langue ou arrondir la bouche, comme le lui montre sa mère ou un examinateur.

Cet éveil calme est, dans les premiers jours de vie, limité à quelques minutes, 3 à 5 en moyenne, et pas plus de deux ou trois fois par 24 heures. Puis le nouveau-né se fatigue, ne peut plus fixer son attention. Il va alors soit s'endormir, soit, plus souvent, passer en état de veille agitée et manifester malaises et pleurs. Au fil des jours, il sera de plus en plus capable de prolonger ces périodes calmes, qui peuvent atteindre près de 30 minutes vers la fin du premier mois, et près de 2 heures consécutives vers 3 mois.

Le tracé électroencéphalographique est un tracé d'éveil, avec des ondes corticales relativement rapides, mais ces ondes sont plus lentes que celles d'un éveil de type adulte.

Les états de veille agitée et avec pleurs (stades IV et V)

Ce sont des moments de veille beaucoup moins conscients, beaucoup moins attentifs que l'état de veille calme. L'enfant se renferme en lui-même, suce son pouce ou sa langue, laisse flotter son regard, réagit peu et lentement si on lui parle. Ses paupières sont parfois à demi fermées. La respiration est irrégulière, le cœur rapide. Il retourne à son activité réflexe. Il donne souvent une impression de malaise, gémit un peu, grimace, bouge fébrilement bras et jambes. Et même, souvent, il pleure, carrément, violemment, insensible à toute consolation.

Dans les premiers jours de vie, ces états de veille agitée sont beaucoup plus fréquents et prolongés que les états de veille calme. Puis peu à peu, au long des semaines, ils vont se réduire, avec de grandes variations d'un tout-petit à un autre. Pour certains enfants, ils ne sont presque plus repérables vers 3 mois, sauf dans les minutes qui précèdent l'endormissement. Pour d'autres, ils restent une part importante de l'activité d'éveil. Moins bonne adaptation relationnelle à l'environnement, malaise persistant ou conditionnement génétique différent ? Il serait bien hasardeux de trancher...

À partir de ces définitions des différents états de vigilance du tout-petit, il nous est possible de décrire les principales étapes de développement du sommeil et de l'éveil. Une étude chronologique n'est peut-être pas la plus pertinente. Elle a pourtant l'avantage de la clarté et de bien schématiser l'évolution et la maturation.

Le fœtus

On savait depuis longtemps que le fœtus présentait des périodes d'immobilité et des périodes d'agitation, périodes indépendantes du rythme de sa mère. Il n'est pas possible de prouver une corrélation entre les phases d'éveil de la mère et les mouvements de l'enfant non né.

Comment étudie-t-on le sommeil d'un fœtus ?

Deux méthodes permettent d'étudier le bébé fœtal et ses états de vigilance.

◇ L'enregistrement du rythme cardiaque

Il est obtenu par monitorage obstétrical, depuis les années 1970. Ce rythme cardiaque n'a maintenant plus de secrets pour les obstétriciens, qui savent reconnaître sur un tracé non seulement si l'enfant souffre ou va bien, mais aussi s'il dort, ou s'il est éveillé et s'il entend. (L'étude de l'audition se fait en sommeil calme.)

Au cours des éveils avec mouvements corporels, le rythme cardiaque est très variable, avec des accélérations et des décélérations de la fréquence cardiaque. Au cours du sommeil agité, les variations sont moins amples. Au cours du sommeil calme, le rythme cardiaque est très régulier, les variations sont donc peu importantes.

L'étude des modifications de la fréquence du rythme cardiaque fœtal, qui s'accélère après une stimulation sonore, faite lors du sommeil calme, a permis aux chercheurs d'étudier l'audition fœtale : ils ont montré que le fœtus réagissait aux bruits à partir du cinquième mois de grossesse et qu'il entendait et reconnaissait très vite la voix de ses parents.

◊ L'échographie abdominale

De pratique courante depuis 1975, elle permet de regarder un futur bébé dans sa bulle amniotique, d'observer même les mouvements fins comme les mouvements oculaires, les mimiques, les mouvements respiratoires, et, bien sûr, les mouvements corporels plus amples. Il est possible de filmer ces images échographiques pendant des heures, donc d'avoir une véritable observation clinique.

Il n'est en revanche pas possible, puisqu'on ne peut pas mettre d'électrodes sur sa tête, d'enregistrer l'électro-encéphalogramme d'un bébé fœtal. Seuls les enfants prématurés nous permettront d'approcher la réalité électrique du sommeil fœtal.

L'apparition des activités du fœtus

ÂGE D'APPARITION DES ACTIVITÉS FŒTALES	
Battements cardiaques :	6-9 semaines
Mouvements du tronc (sursaut) :	8 semaines
Mouvements isolés des membres :	9-13 semaines
Mouvements respiratoires :	9-12 semaines
Mouvements de succion :	15 semaines
Mouvements coordonnés des 4 membres :	16 semaines
Mouvements oculaires lents :	16 semaines
Mouvements oculaires rapides :	19 semaines
Mouvements fins des doigts et des paupières :	20 semaines

L'étude échographique des mouvements fœtaux, réalisée par de nombreuses équipes obstétricales européennes, permet de dater l'apparition des différentes activités de façon extrêmement précise. Tous les mouvements corporels sont donc présents dès la vingtième semaine de gestation, même les mouvements délicats de succion, d'ouverture et de fermeture des yeux.

Les caractéristiques du sommeil fœtal

L'étude simultanée de trois paramètres du sommeil – mouvements oculaires, mouvements corporels et rythme cardiaque – permet de donner les grandes lignes du sommeil de l'enfant fœtal.

~ **Le bébé fœtal est un long dormeur.** Il dort presque sans arrêt jusqu'aux dernières semaines de la grossesse, rien ne le réveille, et il dort même pendant l'accouchement. Les états de veille sont pratiquement absents.

~ **Dès la vingtième semaine, il existe déjà une alternance d'activité et d'immobilité** dont la périodicité, aux environs de 50 minutes, est pratiquement identique à celle du futur cycle de sommeil. On ne peut pas parler encore de sommeil, au sens strict du terme, mais plutôt d'une sorte de sommeil indifférencié, presque une dormance, terme dont nous avons vu la signification dans l'évolution des espèces.

~ **Les premières périodes de sommeil agité et de sommeil calme** apparaissent vers 27 semaines de gestation (5 mois 3 semaines).

~ **Ces deux sommeils alternent régulièrement à 36 semaines** de gestation (8 mois).

~ **Le sommeil de l'enfant est totalement indépendant de celui de la mère.**

~ **Il existe déjà une certaine organisation circadienne chez le fœtus.** Elle commence à être connue mais on sait encore très peu de chose. Elle apparaît dès la 22ᵉ semaine de grossesse pour la fréquence cardiaque et respiratoire et les périodes d'activité (plus importantes

dans la soirée). Cette rythmicité circadienne est probablement contrôlée par les noyaux suprachiasmatiques
(NSC) du fœtus. Les facteurs humoraux maternels (le pic
de sécrétion de la mélatonine la nuit, celui du cortisol le
matin) et son rythme veille-sommeil sont probablement
des donneurs de temps importants pour synchroniser ce
rythme sur 24 heures. Ce rythme est perdu à la naissance.

Le nouveau-né prématuré

C'est l'équipe de Colette Dreyfus-Brisac, à l'hôpital de
Port-Royal à Paris, qui réalisa les premières études à partir de 1956. Le sommeil du bébé prématuré est maintenant bien connu. Tous les centres de prématurés
réalisent de façon presque systématique des électro-
encéphalogrammes. Ils permettent, en effet, non seulement de dépister d'éventuelles anomalies neurologiques, mais ils permettaient surtout, avant l'existence
de l'échographie fœtale, d'évaluer l'âge de gestation du
bébé prématuré, à une semaine près. Cette évaluation
repose essentiellement sur l'analyse des ondes corticales
au cours des différents états de vigilance.

L'étude des états de vigilance du prématuré repose sur
trois paramètres :

~ l'étude du comportement dans la couveuse, par l'observation visuelle ou par vidéo ;

~ l'électroencéphalogramme, possible actuellement
sur les plus petits prématurés viables, c'est-à-dire à partir de 22-24 semaines (5 mois), bébés qui pèsent souvent
moins de 800 grammes ;

~ l'enregistrement polygraphique, possible vers
30 semaines, lorsque le prématuré est moins fragile.

Ce que l'on peut dire d'emblée, c'est que **le développement du sommeil et de l'activité électrique du**

cerveau ne dépend ni du poids ni de l'âge légal de l'enfant (âge de vie extra-utérine, donc depuis la naissance du bébé). **Il ne dépend que de son âge conceptionnel.** Si un petit prématuré va bien, son sommeil va évoluer de la même façon que s'il était resté *in utero*. À titre d'exemple, un nouveau-né prématuré de 28 semaines (né à 6 mois de gestation) aura à 3 mois d'âge légal un électroencéphalogramme et une organisation de sommeil pratiquement identiques à ceux d'un nouveau-né à terme de quelques jours, donc conçu au même moment que lui. Sa vieille expérience de vie extra-utérine n'aura presque pas influencé la maturation de ses neurones et l'organisation de ses états de vigilance.

Les principales étapes

◇ 24 semaines

Le tout-petit prématuré dort. Il alterne de brèves périodes d'immobilité avec des phases d'agitation plus ou moins intenses, faites de mouvements brusques, de sursauts. Les yeux sont constamment fermés, les mouvements oculaires épisodiques. La respiration est irrégulière et souvent insuffisante, ce qui nécessite une ventilation artificielle.

À ce stade, l'EEG est souvent complètement silencieux pendant plusieurs secondes, parfois même pendant 1 à 2 minutes, pratiquement plat, avec quelques bouffées d'activité.

◇ Entre 24 et 26 semaines

Toutes les caractéristiques comportementales du sommeil sont présentes, mais elles ne concordent pas. Il est impossible de décrire un état de sommeil calme, et un état de sommeil agité.

Sur le tracé EEG, les bouffées d'activité deviennent plus longues.

◇ Vers 27 semaines

Les premières périodes de sommeil agité et de sommeil calme apparaissent. L'activité électrique cérébrale, jusque-là discontinue (entrecoupée de tracés plats), va devenir plus permanente au cours des périodes de sommeil agité.

◇ À partir de 32 semaines

Le pourcentage de sommeil agité et de sommeil calme par rapport au sommeil indifférencié va augmenter rapidement, et l'activité électrique corticale devient de plus en plus continue, permanente, mais le tracé reste peu actif pendant les rares moments d'éveil.

◇ Vers 36 semaines

Le bébé proche du terme présente de très petites périodes d'état de veille calme, les premières ! Il ouvre plus souvent les yeux, devient plus conscient. Pendant ces dernières semaines avant le terme, la quantité de sommeil agité va être un peu plus importante que celle du nouveau-né à terme, aux environs de 65 %.

Le tracé EEG montre enfin une activité continue au cours des éveils calmes.

Toute cette évolution, repérable de semaine en semaine, dépend de la maturation des neurones corticaux, de l'établissement des connexions qui les relient entre eux, et surtout qui les relient au cerveau profond. Elle est donc le reflet direct de la construction cérébrale du bébé.

Les états de vigilance pendant l'accouchement

La surveillance du rythme cardiaque fœtal pendant l'accouchement est de pratique systématique dans la plupart des maternités de France depuis 1975 environ. Soit par capteur ultrasonique externe, soit, après l'ouverture de la poche des eaux, directement par une électrode sur l'enfant. Il est également possible, quand l'enfant se présente normalement tête en bas et dès que les membranes amniotiques sont rompues, d'enregistrer l'EEG à l'aide d'électrodes-ventouses posées directement sur le cuir chevelu.

Plusieurs études de l'électroencéphalogramme pendant l'accouchement ont ainsi été réalisées entre 1970 et 1980 aux États-Unis et en France. Nous avons participé, avec une équipe obstétricale lyonnaise, à l'une de ces études, fondée sur l'analyse de plus de 100 tracés EEG recueillis en cours d'accouchement.

Ce travail nous a permis d'affirmer que **le bébé dort pendant l'accouchement et ne se réveille qu'au moment des contractions utérines les plus fortes et de l'expulsion. S'il dort, c'est qu'il va bien, c'est le signe d'un bien-être évident.**

Cette étude nous a également montré que le premier signe de souffrance de l'enfant au cours de l'accouchement est son réveil. Tant qu'il est bien, il dort ; s'il a un problème, il se réveille.

Enfin, et c'est là un point essentiel, cette étude a montré que les sédatifs donnés à la mère pendant l'accouchement déprimaient très vite le système nerveux central du futur nouveau-né, avec des modifications évidentes de l'électroencéphalogramme.

Le nouveau-né
et le premier mois de vie

Schématiquement, le nouveau-né ne diffère de son *alter ego* fœtal de la veille que par deux transformations :

• **L'apparition de nombreux éveils** au cours des 24 heures, probablement modulés par le rythme nouveau de la faim et de la satiété, mais pas uniquement, puisque ces éveils existent aussi chez les nouveau-nés malades alimentés en perfusion ou en gavage continu.

• **La disparition pour quelques semaines de l'ébauche du cycle de 24 heures fœtal,** qui ne commencera à réapparaître que vers la fin du premier mois.

Nous ne reviendrons pas sur la description des états de vigilance de cette période. Nous allons plutôt tenter d'en donner les principales caractéristiques.

• **Un nouveau-né dort beaucoup,** en moyenne 16 heures sur 24, mais il existe d'emblée des différences importantes. Certains bébés longs dormeurs dorment près de 20 heures, d'autres, courts dormeurs, auront besoin de moins de 14 heures sur 24, sans que cela soit anormal. D'ailleurs ces appellations de longs et courts dormeurs ne laissent en rien présager de l'avenir.

• **Les éveils sont essentiellement les premiers jours des états de veille agitée,** et rarement quelques brefs épisodes de veille calme (quelques minutes 3 ou 4 fois par jour). En d'autres termes, un nouveau-né qui dort peu est souvent un bébé qui pleure beaucoup, ce qui n'est pas toujours facile à tolérer pour les parents et l'entourage.

• **Le nouveau-né ne différencie pas le jour de la nuit.** Il dort presque autant le jour que la nuit. Il est encore insensible à l'environnement lumineux, et ses éveils se produisent indifféremment à n'importe quel moment. Le sommeil est morcelé en périodes ultradiennes de 3 à 4 heures, les premières périodes de sommeil un peu plus longues survenant au hasard, aussi bien le jour que la nuit.

• **Le nouveau-né s'endort presque toujours en sommeil agité.** C'est l'une des caractéristiques fondamentales de cette période puisque, nous l'avons dit, le sommeil de l'adulte commence, lui, toujours en sommeil lent. Ce sommeil agité suit généralement une phase d'éveil calme, et, bien souvent, une tétée. Les rares endormissements en sommeil calme se produisent après une longue et violente période de pleurs, pleurs qui n'ont pas permis le passage vers l'hypotonie et la détente du sommeil agité.

• **Les cycles de sommeil sont courts,** constitués d'une phase de sommeil agité, suivie d'une phase de sommeil calme. **Un cycle dure en moyenne 50 à 60 minutes** (rappelez-vous, le double chez l'adulte : 90 à 120 minutes). L'enchaînement de 3 ou 4 cycles permet un sommeil de 3 à 4 heures consécutives, rarement plus, pendant le premier mois. Il existe donc 18 à 20 cycles de sommeil par 24 heures, inégalement répartis en phases de sommeil plus ou moins longues, et sans périodicité diurne ou nocturne.

• **Le sommeil agité représente 50 à 60 % du sommeil total** et peut atteindre 8 à 10 heures par jour chez le nouveau-né à terme, alors que le sommeil paradoxal n'occupera plus que 20 à 25 % du temps, 2 heures environ, de notre sommeil d'adulte.

LE SOMMEIL DU NOUVEAU-NÉ À TERME		
	Pourcentage	Durée
Sommeil agité	50 %	10-45 minutes
Sommeil calme	40 %	20 minutes
Sommeil indéterminé	10 %	

Une telle part relative de sommeil paradoxal chez le tout-petit, moment de construction cérébrale majeure, est à l'origine des plus grandes hypothèses concernant la fonction du sommeil paradoxal et du rêve. Nous y reviendrons.

L'enfant de 1 à 6 mois

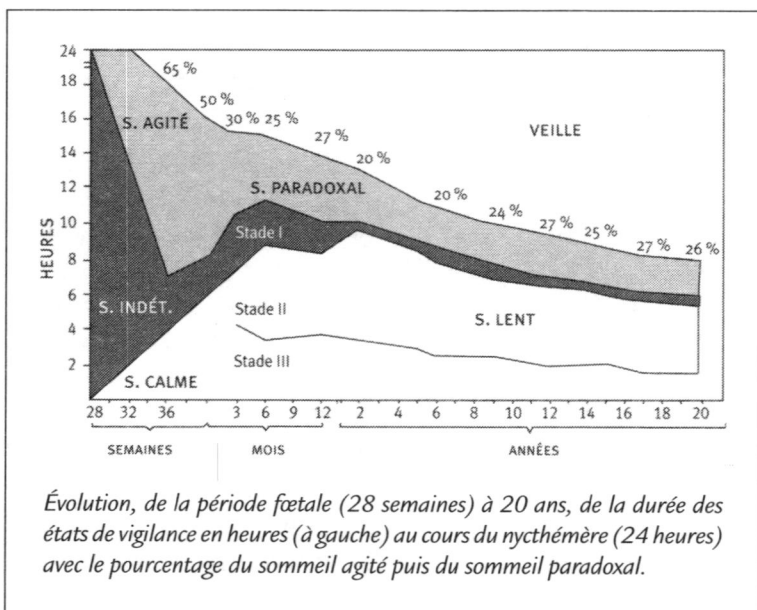

Évolution, de la période fœtale (28 semaines) à 20 ans, de la durée des états de vigilance en heures (à gauche) au cours du nychtémère (24 heures) avec le pourcentage du sommeil agité puis du sommeil paradoxal.

C'est certainement le moment de la vie où le sommeil évolue le plus rapidement, période de transition importante entre le sommeil du nouveau-né et celui de l'adulte, avec trois composantes fondamentales :

~ l'apparition d'une périodicité jour-nuit ;

~ la maturation électroencéphalographique des ondes de sommeil ;

~ l'apparition de rythmes circadiens de la température, du pouls, de la respiration et des sécrétions hormonales.

Développement du premier cycle de sommeil nocturne

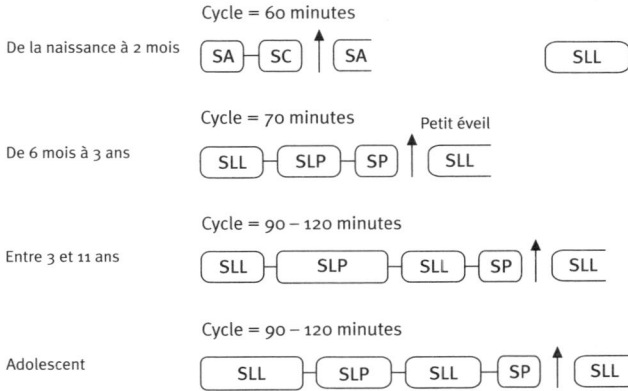

Cycle = 60 minutes

De la naissance à 2 mois

$$\boxed{SA} \!-\! \boxed{SC} \uparrow \boxed{SA} \qquad\qquad \boxed{SLL}$$

Cycle = 70 minutes   Petit éveil

De 6 mois à 3 ans

$$\boxed{SLL} \!-\! \boxed{SLP} \!-\! \boxed{SP} \uparrow \boxed{SLL}$$

Cycle = 90 – 120 minutes

Entre 3 et 11 ans

$$\boxed{SLL} \!-\! \boxed{SLP} \!-\! \boxed{SLL} \!-\! \boxed{SP} \uparrow \boxed{SLL}$$

Cycle = 90 – 120 minutes

Adolescent

$$\boxed{SLL} \!-\! \boxed{SLP} \!-\! \boxed{SLL} \!-\! \boxed{SP} \uparrow \boxed{SLL}$$

SA : sommeil agité – SC : sommeil calme – SLL : sommeil lent léger – SLP : sommeil lent profond – SP : sommeil paradoxal.

Les flèches représentent les petits éveils qui surviennent à chaque changement de cycle.

La durée du cycle et la composition du premier cycle de sommeil évoluent avec l'âge. Le cycle de sommeil est court, aux environs de 1 heure, jusqu'à la disparition de la sieste entre 3 et 6 ans. Il existe dès 9 mois un sommeil plus profond en début de nuit. L'allongement du cycle de sommeil et l'augmentation de la quantité du sommeil lent profond en première partie de nuit vont expliquer que les éveils spontanés (qui surviennent à chaque changement de cycle) aux environs de 8 par nuit à 3 mois, vont progressivement survenir surtout en seconde partie de nuit et devenir moins nombreux.

L'apparition d'une périodicité jour-nuit

Elle survient spontanément vers la fin du premier mois. Quelques périodes de sommeil plus longues, pouvant atteindre 6 heures consécutives, se manifestent la nuit ; les éveils journaliers s'allongent un peu. Progressivement, cette tendance s'améliore, l'enfant devenant capable d'un sommeil nocturne de 9 heures vers l'âge de 3 mois et de 12 heures entre 6 mois et 1 an. Évidemment, il y a là encore de grandes variations individuelles, et ces chiffres n'ont valeur que d'information moyenne, pas de recette.

L'évolution de la qualité du sommeil

Le sommeil agité des premiers jours, très instable, léger, vulnérable, entrecoupé de fréquents éveils et de mouvements corporels, va progressivement laisser la place à plus de sommeil stable. Le sommeil agité, qui représentait 50 à 60 % du sommeil total à la naissance, ne représente plus que 30 % à 6 mois, donc un chiffre proche de celui de l'adulte.

Entre 2 et 4 mois, le sommeil devient transitoirement plus profond, avec une diminution temporaire des possibilités d'éveil. Puis il s'allégera à partir de 3-4 mois, et il va être possible d'individualiser, sur le tracé électroencéphalographique, les équivalents électriques déjà en place du sommeil lent léger et du sommeil lent profond de l'adulte.

L'apparition progressive des rythmes de 24 heures synchronisés sur le rythme jour-nuit

C'est l'élément capital de toute cette période. Nous en savons encore peu de chose. P. Hellbrugge en a étudié la genèse sur les principaux rythmes de température, de fréquence cardiaque et des diverses fonctions du rein. Il a pu montrer que des différences nettes de ces fonctions entre les valeurs maximales et minimales, diurnes et nocturnes, apparaissaient progressivement à partir de 4 semaines. L'amplitude de ces rythmes de même que ceux du cortisol et de la mélatonine augmente beaucoup à partir de 3 mois.

Les études de cette maturation des rythmes circadiens, par l'analyse minutieuse des comportements quotidiens de veille et de sommeil, n'ont concerné jusqu'à maintenant qu'un petit nombre de nourrissons, normaux, et en bonne santé. En revanche, les services de réanimation d'enfants nous apportent des renseignements importants sur ce qui se passe dans des conditions presque expérimentales : enfants nourris par sonde gastrique continue (pour des troubles digestifs graves), enfants vivant en éclairage constant (dans les services de soins intensifs).

◇ **Qu'apprenons-nous de ces études ?**

• L'alternance lumière-obscurité est le premier donneur de temps, les prématurés y seraient sensibles dès l'âge de 35 semaines.

• Le premier signe d'apparition d'un rythme circadien veille-sommeil est la survenue, entre 3 et 4 semaines de vie, d'une longue phase quotidienne d'éveil, éveil qui se situe très souvent entre 17 et 22 heures. Le plus souvent, c'est un moment d'**éveil agité**, très agité même, avec des pleurs incoercibles pouvant durer plusieurs heures. Ce point est capital à connaître, car presque toujours ces signes sont interprétés à tort comme des signes de faim ou de douleur abdominale. Nous y reviendrons longuement p. 129 et suivantes. Nous ne pouvons, en revanche, pas encore dire si les bébés dont le malaise du soir se situe plutôt vers 17 heures seront des « couche-tôt », et si les futurs « couche-tard » hurlent plutôt en fin de soirée.

• Dans le premier mois, les rythmes qui s'installent sont encore presque **indépendants de l'environnement**. Ils sont peu influencés par le rythme, libre ou non, de l'alimentation, et par l'alternance du jour et de la nuit, puisqu'ils surviennent même chez les enfants élevés en éclairage artificiel constant.

• Ce rythme circadien, indépendant de l'environnement, est un **rythme endogène**, **inné**, régulé par une horloge interne. Il n'est donc pas étonnant, si vous avez compris ce que nous avons dit au chapitre précédent, qu'**il s'installe sur une période différente de 24 heures**.

L'enfant de moins de 1 mois va garder son rythme ultradien de 3-4 heures de nouveau-né ou vivre en «libre cours», tout comme le chercheur, dans sa grotte, vit sur son rythme endogène. Ce rythme est différent du rythme jour-nuit de 24 heures ; il peut être plus long, de 25 heures, ou plus court, de 23 heures, par exemple. Les périodes de veille et de sommeil se décalent donc régulièrement tous les jours d'une heure sur l'horaire extérieur. L'installation d'un rythme veille-sommeil stable de 24 heures (c'est-à-dire où les plus longues périodes de veille et les plus longues périodes de sommeil vont apparaître à des horaires réguliers, le jour pour les premières, la nuit pour les secondes), va se faire très vite dès la fin du premier mois. 75 % des 84 enfants étudiés par Shimada *et al.* ont un rythme veille-sommeil de 24 heures à 4 semaines après le terme. 44 de ces enfants étaient prématurés ; le rythme de 24 heures s'est installé pour ces nouveau-nés à un âge postconceptionnel moyen de 45 semaines, identique à celui des enfants nés à terme ; ce qui permet de penser que le développement des rythmes de 24 heures au cours de la période postnatale dépend surtout de la maturation cérébrale.

Après 1 mois, l'alternance du jour et de la nuit, la régularité des repas, celle des moments de jeux et de promenade, ou d'échange avec l'entourage, ainsi que des horaires stables de coucher vont aider le nourrisson dans l'installation et la synchronisation de tous ses rythmes. Ces donneurs de temps vont permettre l'apparition d'éveils de plus en plus longs dans la journée, puis la disparition des éveils nocturnes prolongés.

La conclusion logique de toutes ces données nous paraît évidente. Cette période est un moment charnière de transformation, de synchronisation des rythmes, de maturation électrophysiologique. Toutes ces évolutions en font une période vulnérable, fragile. Dans la mesure du possible, il serait souhaitable d'éviter les manques de sommeil, les réveils intempestifs, les horaires perturbés et, bien sûr, les décalages horaires...

Développement des rythmes circadiens veille-sommeil

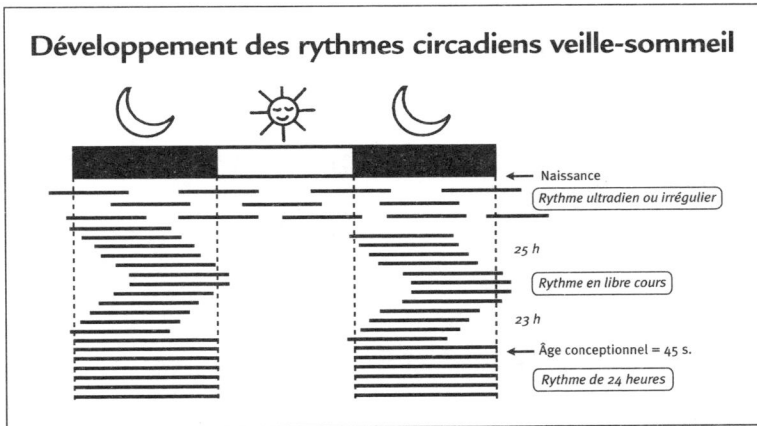

Naissance
Rythme ultradien ou irrégulier

25 h

Rythme en libre cours

23 h

Âge conceptionnel = 45 s.

Rythme de 24 heures

L'enfant de 6 mois à 4 ans

La réduction progressive du sommeil diurne

Il passe de trois à quatre siestes journalières vers 6 mois à deux vers 12 mois, puis à une seule vers 18 mois, moment où disparaît celle du matin, tandis que s'allonge un peu celle de l'après-midi.

Il dort en moyenne 15 heures vers 6 mois et ne diminuera cette quantité globale de sommeil que très lentement, au fil des années. Elle sera encore fréquemment de 13 ou 14 heures vers 4 ans.

Les endormissements se font, comme pour l'adulte, en sommeil lent, avec l'apparition de la rythmicité déjà décrite, de plus de sommeil lent profond en début de nuit, et de plus de sommeil lent léger et de sommeil paradoxal en fin de nuit.

Les difficultés du coucher

C'est une des caractéristiques de cette période. L'enfant, plus conscient de lui-même et de son environnement, commence à redouter la séparation, teste les réponses et «volontés» de son entourage, cherche ses limites en s'opposant. Il a aussi peur, parfois, de s'abandonner au sommeil qui représente l'éventualité de mauvais rêves, cauchemars ou hallucinations hypnagogiques. Bien sûr, nous retrouverons toutes ces données dans les chapitres suivants.

Les éveils multiples de seconde partie de nuit

C'est l'autre caractéristique de cet âge. Ils sont fréquents, parfois après chaque cycle au-delà de minuit. Des études estiment aux environs de 40 % les enfants qui se réveillent à 18 mois, et 20 % d'entre eux se réveillent plusieurs fois chaque nuit.

Ces éveils peuvent être longs, surtout vers l'âge de 7 à 8 mois. L'enfant reste calme dans son lit, les yeux ouverts, joue avec son ours et sa couverture, puis se rendort.

Ces éveils nocturnes sont une composante normale du sommeil de cet âge-là. Ils ne posent problème que si l'enfant réveille ses parents, exige un biberon ou d'être bercé, donc s'il a besoin de l'intervention de quelqu'un d'autre pour se rendormir.

L'enfant de 4 à 12 ans

Cette période est habituellement une période simple. **L'enfant, très vigilant dans la journée**, est en pleine forme, ne cherche pas à dormir; il est souvent considéré comme «increvable» par les parents ou les animateurs de colonies de vacances. Il s'endort très vite le soir, a un sommeil calme, très profond. La durée de chaque cycle de sommeil atteint la durée des cycles d'adulte.

La réduction du temps total de sommeil

Pour la première fois dans l'histoire de l'enfant, la durée totale de sommeil par 24 heures devient inférieure à 12 heures. Cette réduction est, initialement, presque entièrement liée à la disparition du sommeil de jour, donc de la sieste.

Durée moyenne de sommeil par 24 heures	
Nouveau-né	16-17 heures
1 an	14-15 heures
3-4 ans	12-13 heures
6 ans	11 heures
16 ans	8-9 heures
Heure habituelle du coucher	
5-6 ans	20 heures
Vers 8 ans	21 heures
Début de l'adolescence	22 heures

Après 6 ans, on observe un retard progressif de l'heure du coucher, qui est aux environs de 20 heures vers 5 à 6 ans, 21 heures vers 8 ans, et 22 heures au début de l'adolescence. L'heure du lever, en revanche, reste assez fixe.

Ces chiffres sont assez stables pour un même enfant, mais il existe d'un enfant à l'autre des variations importantes, certains dormant 2 heures de plus ou de moins par nuit par rapport au temps de sommeil moyen pour leur âge.

Le sommeil devient uniquement nocturne

Certains enfants arrêtent la sieste dès 3 ans, d'autres en ont besoin jusque vers 5-6 ans, mais tous ont encore besoin d'un moment de repos entre 12 heures et 14 heures. La disparition de la sieste, qui se faisait en sommeil lent profond, entraîne un déficit relatif de ce sommeil, qui va se compenser par **l'augmentation du sommeil lent profond en début de nuit**. Du coup, le premier cycle de sommeil ne comporte souvent pas de phase de sommeil paradoxal, et l'enfant enchaîne deux cycles successifs de sommeil lent, représentant 140 à 180 minutes continues, alors que l'enfant plus jeune ou l'adulte ne dépasse pas 70 à 90 minutes.

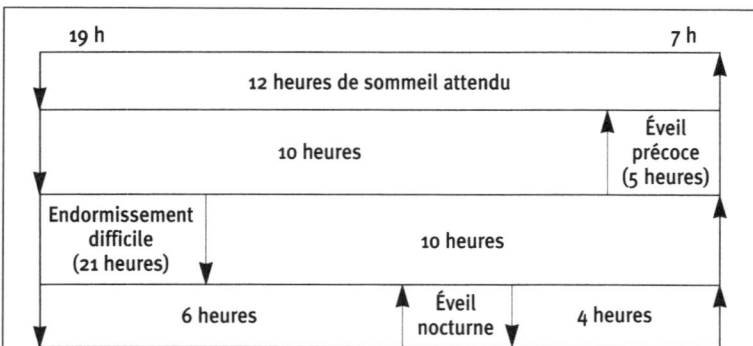

19 h		7 h
12 heures de sommeil attendu		
10 heures		Éveil précoce (5 heures)
Endormissement difficile (21 heures)	10 heures	
6 heures	Éveil nocturne	4 heures

Un enfant qui reste au lit plus qu'il n'en a besoin peut :
— se réveiller trop tôt ;
— avoir du mal à s'endormir ;
— présenter une insomnie de milieu de nuit.

D'après Richard Ferber, *Solve your Child's Sleep Problems.*

Évolution des durées de sommeil en fonction de l'âge

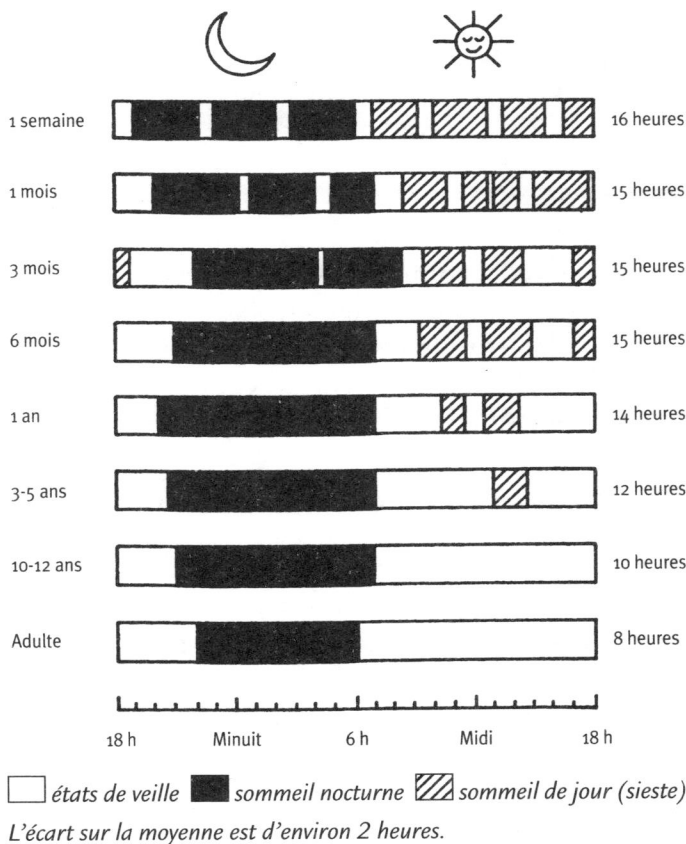

1 semaine	16 heures
1 mois	15 heures
3 mois	15 heures
6 mois	15 heures
1 an	14 heures
3-5 ans	12 heures
10-12 ans	10 heures
Adulte	8 heures

18 h   Minuit   6 h   Midi   18 h

☐ *états de veille* ■ *sommeil nocturne* ▨ *sommeil de jour (sieste)*
L'écart sur la moyenne est d'environ 2 heures.

Cela peut entraîner un certain nombre de troubles : terreurs nocturnes, accès de somnambulisme. Tous ces signes sont des manifestations banales liées à la prépondérance du sommeil lent profond en début de nuit, au fait que ce sommeil n'arrive pas à s'alléger, et que l'enfant « rate » son passage en sommeil paradoxal. Ce qui produit des manifestations motrices involontaires, inconscientes, impressionnantes pour l'entourage, mais dont l'enfant ne gardera aucune trace, aucun souvenir (si on ne le réveille pas), puisque son cerveau était profondément endormi. Il s'agit d'**emballements moteurs ou neurovégétatifs**, sans composante psychologique pas inquiétants dans cette tranche d'âge si les accès ne sont pas anormalement fréquents.

L'adolescent

Les rythmes veille-sommeil de l'adolescent sont soumis à de nombreuses contraintes : scolaires, environnementales... L'adolescent aime sortir, il aime regarder la télévision, surfer sur Internet, il aime se coucher tard et bavarder toute une nuit.

L'allégement du sommeil profond

À ce stade, c'est le premier phénomène essentiel. Le début de nuit est plus instable, le sommeil plus léger. Il entend pour la première fois depuis des années ses parents venir lui dire bonsoir au moment de leur coucher. Ce sommeil plus léger s'accompagne souvent de **difficultés d'endormissement**. Celles-ci sont favorisées par de nouvelles habitudes sociales, mais surtout par une **tendance naturelle au retard de phase**, c'est-à-dire au décalage des heures d'endormissements et d'éveil. Cette tendance aux couchers et levers tardifs est partiellement liée aux modifications biologiques qui accompagnent la puberté : l'allongement de la période circadienne et peut-être aussi l'existence d'une sensibilité plus importante à la lumière du soir qui va retarder le début de la sécrétion de mélatonine.

En période scolaire, il s'ensuit fréquemment une réduction importante du sommeil nocturne, réduction qui atteint presque 2 heures entre 12 et 18 ans. Or les besoins de sommeil de l'adolescent ne diminuent pas.

Des besoins de sommeil plus importants que ceux du préadolescent

Il semble même qu'ils soient plus importants chez l'adolescent que chez le préadolescent. Pour compenser son déficit chronique de sommeil, l'adolescent aura donc tendance à faire des grasses matinées le week-end et pendant les vacances. D'après une enquête de l'INSERM effectuée par J.-L. Valatx auprès de 27 700 lycéens français âgés de 15 à 20 ans, les trois quarts des adolescents ont en semaine une durée de sommeil inférieure de 1 à 5 heures à celle des vacances.

Autre point intéressant : la diminution du sommeil lent profond se fait au profit du sommeil lent léger, puisque **le sommeil paradoxal reste constant** entre 10 et 20 ans.

La réapparition épisodique des siestes

C'est le deuxième point caractéristique de l'adolescence. Dans la tranche d'âge précédente, elles avaient, nous l'avons dit, totalement disparu. Ces siestes ne sont pas seulement liées à un déficit social en sommeil. Pour Simonds, 22,7 % des jeunes entre 15 et 18 ans font la sieste, et ce besoin de sieste persiste même quand ils ont pu dormir aussi longtemps qu'ils le voulaient.

Les modifications de la structure du sommeil à l'adolescence sont importantes à comprendre car elles expliquent certains troubles du sommeil. C'est le moment où débutent certaines insomnies d'endormissement, où apparaissent certains retards de phase, en particulier chez les adolescents phobiques scolaires qui ne s'endorment pas avant 2 ou 3 heures du matin et dont le sommeil se décale progressivement au cours de la journée. C'est également à cet âge qu'apparaissent les somnolences diurnes et certaines hypersomnies pathologiques, dont nous parlerons p. 331.

En revanche, l'allégement du sommeil lent s'accompagnera de la disparition des énurésies de la première partie de la nuit, des terreurs nocturnes et, après 14 ans, du somnambulisme.

Horaire des manifestations apparaissant au cours du sommeil

Les terreurs nocturnes, le somnambulisme, certaines énurésies surviennent au cours du sommeil lent profond en première partie de nuit, 1 h 30 à 2 heures après l'endormissement. Ils apparaissent surtout entre 4 et 8 ans, lorsque le sommeil lent de première partie de nuit est profond.

Les énurésies plus tardives dans la nuit surviennent en sommeil lent et léger et en sommeil paradoxal, elles peuvent survenir aussi au cours d'un éveil nocturne, elles seront moins transitoires et pourront se voir chez les enfants plus âgés.

Les éveils nocturnes sont plus fréquents en seconde partie de nuit, ils caractérisent le sommeil de l'enfant de 6 mois à 4 ans.

Les cauchemars et les paralysies du réveil surviennent au cours du sommeil paradoxal, entre 2 et 5 heures du matin surtout. Les paralysies du réveil apparaissent lorsqu'il existe un éveil dissocié au cours d'une phase de sommeil paradoxal. Le corps du dormeur reste encore endormi pendant quelques secondes, encore paralysé, alors que le cerveau est lui tout à fait réveillé et conscient. Cette paralysie s'accompagne d'une angoisse importante. Ces manifestations sont bénignes chez l'enfant si elles ne sont pas fréquentes.

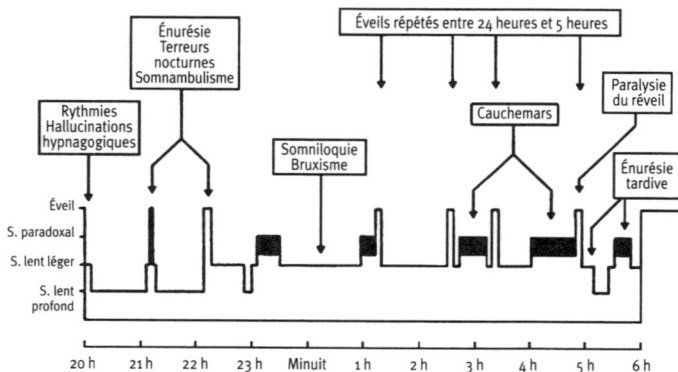

Quelques tableaux permettent de résumer toutes les données capitales de ce chapitre. Nous vous conseillons de vous y reporter aussi souvent que nécessaire au cours de la lecture de la deuxième partie de ce livre, concernant la pédiatrie du sommeil. Si toutes les informations de neurophysiologie que nous venons de décrire sont bien comprises, vous verrez que la conduite pratique qui en découle est extrêmement simple, logique, et que la « guidance du sommeil » ne devrait pas être la source de difficultés relationnelles majeures entre un enfant et ses parents.

ORGANISATION DU SOMMEIL : COMPARAISON ENTRE ADULTE ET NOUVEAU-NÉ

	Adulte	Nouveau-né
Temps de sommeil par 24 heures	Moyenne 8 heures	Moyenne 16 heures
Organisation des états de vigilance	Circadienne nocturne 4 à 6 cycles	Ultradienne diurne et nocturne 18 à 20 cycles/24 h 9 à 10 cycles nocturnes
Endormissement	Sommeil lent	Sommeil agité
Durée du cycle de sommeil	S. lent + S. paradoxal = 90 à 120 min	S. agité + S. calme = 50 à 60 min
Pourcentage S. paradoxal/S. agité	20-25 %	50-60 %
Organisation des différents stades du sommeil	Trois stades de S. lent. Le S. lent profond prédomine dans le 1er tiers de la nuit ; le S. paradoxal prédomine dans le 3e tiers de la nuit	Un seul stade de S. calme. Pas de différence entre 1re et 2e partie de la nuit

Chapitre 4

L'itinéraire-sommeil des 6 à 8 premiers mois de vie

Avant d'aborder l'itinéraire-sommeil, il serait bon de préciser trois points essentiels à la juste compréhension, à la bonne utilisation de tout ce que nous détaillerons ensuite ; trois points qui devront rester à l'esprit tout au long de ces chapitres, car ils en sont les modérateurs, les antirecettes, les fondements absolus, évitant – et c'est indispensable – toute interprétation simpliste, raccourcie, de ce que nous tentons de dire.

Les bases de la compréhension

La simplicité

Accompagner le sommeil d'un enfant, c'est très simple. Le regarder au long des semaines chercher ses moments d'éveil, de faim, de repos, son alternance jour-nuit, puis des nuits complètes, puis un horaire quotidien de repos équilibré, est l'une des composantes tranquilles du bonheur de vivre avec lui. C'est au moins aussi simple que de lui apprendre à manger, ou de le regarder évoluer dans sa découverte de lui-même et de son environnement. Un enfant découvre son sommeil tout naturellement, comme il découvre l'équilibre alimentaire, l'idée de se tenir assis, de se mettre à quatre pattes, ou d'ébaucher ses premiers sourires ou ses premiers mots.

Il y faudra, comme pour n'importe quel autre aspect du rôle parental, beaucoup de tendresse, un brin de fermeté, des moments spécifiques de disponibilité, le moins d'angoisse possible, un sacré bon sens et, probablement, pas mal d'humour. Il faudra aussi, parfois, éviter des erreurs, transiger, trouver le meilleur compromis entre ce que l'on sent bon pour l'enfant, adapté à ses rythmes, et les nécessités impérieuses du quotidien, les horaires de travail des parents, les modes de garde, les voyages indispensables, l'entrée à l'école, le bruit dans la rue, ou le partage de la chambre avec d'autres enfants... Bien sûr, certains parents sont plus angoissés que d'autres, dorment moins bien que d'autres et auront plus de peine pour faire confiance à leur petit dans l'acquisition de ses rythmes fondamentaux. Il y a des familles où règnent en maître les histoires d'insomnies et de peurs, d'autres où les parents n'auraient même pas eu l'idée de se poser la question. Apprendre à se situer soi-même dans cette problématique, se reconnaître comme parent-panique ou comme parent-peinard aidera utilement à faire la part des choses !

Suivre au plus près l'évolution de l'enfant

Puisque l'acquisition des équilibres fondamentaux est corrélée à la construction cérébrale, il y a nécessairement **une progression des acquis, une évolution des possibilités et des performances, un calendrier optimal** pour intervenir si nécessaire. La progression dans la qualité des nuits d'un bébé s'effectue au fur et à mesure que sa maturation cérébrale organise mieux son « horloge intérieure », et au fur et à mesure que l'enfant devient moins dépendant de ses horaires alimentaires, parce qu'il se constitue ses propres réserves alimentaires, donc énergétiques, et peut ainsi rester 8 à 12 heures sans manger. Apprenons à en tenir compte, à choisir le meilleur moment avant de solliciter de l'enfant un changement de comportement.

Il est tout aussi aberrant, nous le verrons, de laisser pleurer toute une nuit un nouveau-né de trois jours pour qu'il trouve son sommeil que de se lever six fois par nuit pour répondre aux appels réitérés d'un nourrisson de 8 mois. Dans le premier cas, on intervient trop tôt, demandant à l'enfant un exploit dont il n'est pas encore capable. Dans le second, on aurait plutôt oublié d'intervenir, et il est grand temps de s'en préoccuper...

La souplesse

Les enfants ne sont pas tous pareils. Aucune recette, aucun calendrier, aucune échelle de développement ne peut être valable pour tous. Chaque enfant est unique, évolue à sa vitesse, manifeste ses désirs ou son bien-être à sa manière, réagit plus ou moins fortement aux sollicitations. Bref, chaque enfant dort à sa façon.

Certains parents n'auront jamais à se poser la moindre question. Ce sont les superprivilégiés, dont les enfants savent dormir une nuit complète dès le retour de maternité et ne les dérangeront que deux ou trois fois dans leur vie, au moment d'une grosse fièvre ou d'une indigestion !... Cela existe, mais ce n'est, bien sûr, pas le plus fréquent.

Dans la grande majorité des cas, il y aura un temps plus ou moins long de réveils nocturnes pendant lequel les parents chercheront à s'adapter au rythme de leur enfant.

Il y a des enfants qui, indiscutablement, mettront plus longtemps que d'autres pour se vivre en paix dans leur équilibre de repos et d'activités.

Et puis, qui dit vivant dit changeant. Pour chaque enfant il y aura les bons moments et les moins bons, les périodes idylliques et celles où rien ne va plus, les malaises de l'enfant et les moments difficiles des parents, les vacances sereines et le quotidien infernal, le manque de sommeil à en être nauséeux, et les réveils en chantant... Apprendre à dormir, apprendre à vivre, n'est-ce pas un peu synonyme?

Toutes ces données, cette mouvance, ne peuvent que tempérer l'attente et l'impatience des parents pendant les premiers mois de vie, mais vont ensuite stimuler, avec calme et décision, les modalités éducatives de leurs interventions. L'enfant ira à son rythme, mais trouvera d'autant mieux son équilibre qu'il se sentira soutenu, guidé, encouragé par les demandes chaleureuses, aimantes, de ses parents. Demandes qui sont pour lui de véritables preuves d'amour, des marques d'attention et de sécurité, et non des exigences insurmontables. Voici donc les principales étapes théoriques des premières années, connues depuis longtemps par la simple observation des enfants. Ces étapes sont confirmées par les découvertes de neurophysiologie et de chronobiologie.

Le temps de la naissance

Naître, arriver à la vie aérienne, sont des moments d'une grande intensité pour le nouveau-né. Pendant quelques heures puis quelques jours, il va traverser une phase d'adaptation tout à fait spéciale. Le personnel de maternité connaît bien ce déroulement, très similaire d'un bébé à l'autre, lorsque l'enfant est à terme et n'a pas souffert pendant l'accouchement.

Juste après la naissance, un moment d'éveil exceptionnel

Le corps du bébé est inondé par les catécholamines, hormones surrénaliennes sécrétées en très grande quantité pendant les contractions et la descente de la tête dans la filière vaginale. Ces hormones sont celles du stress, mais aussi celles de la puissance, des efforts majeurs. Elles vont donner au bébé des moyens exceptionnels d'adaptation : pour respirer à l'air libre, pour réguler sa température, pour regarder intensément, sentir, flairer, palper sa mère, pour chercher activement sa nourriture. C'est un moment pour découvrir où il est, prendre ses repères sensoriels, découvrir qui va le prendre en charge, et comment. Après un moment bref de détente, qui suit son arrivée à l'air, le nouveau-né sera, pendant parfois une à deux heures, extraordinairement réveillé, extraordinairement actif, extraordinairement efficace. Il cherche le regard, passe de longs moments à sentir et à lécher, à écouter le bruit du cœur de sa mère sur laquelle il est posé. Il va alors bien souvent soulever seul sa tête, chercher à suivre le chemin d'odeurs qui le conduit à l'aréole du sein, et avec un minimum d'aide se mettre à téter.

Il a été démontré que l'enfant posé nu, en peau à peau sur sa mère, et bien couvert, non seulement ne prend pas froid, mais régule plus vite et plus durablement sa température.

Il a été aussi démontré que les bébés en peau à peau pleurent beaucoup moins que ceux éloignés sur des matelas inconnus. Leur niveau de stress se régule. Ils pleureront moins ensuite.

Il a été démontré, enfin, que le déroulement optimal de cette séquence de découverte active est la meilleure garantie d'un allaitement au sein réussi pour les mères qui ont choisi d'allaiter. Il a su faire, il saura recommencer.

Il conviendrait donc, comme le préconisent toutes les recherches sur la physiologie de l'adaptation néonatale, d'offrir aux nouveau-nés, chaque fois que c'est médicalement acceptable, un long temps de peau à peau paisible sur le ventre de la mère, en intervenant le moins possible pour ne pas perturber leur séquence active de découverte-apprentissage. Si la mère n'est pas disponible, une autre personne, en particulier le père, peut offrir ce même temps à l'enfant en le mettant en peau à peau dans sa chemise.

Et si, pour n'importe quelle raison, cette séquence ne peut se dérouler dans les premières heures, il suffira de recréer les conditions de ce contact tranquille avec la mère ou le père dès que ce sera possible...

Les 12 à 36 heures qui suivent, le nouveau-né dort beaucoup

Il avait été exceptionnellement réveillé, il va compenser par un moment de sommeil exceptionnel. Pendant que la mère surexcitée par l'accouchement ne peut dormir et voudrait le faire admirer à la terre entière, lui, paisiblement, calmement, dort. Il récupère ! Pour les nouveau-nés à terme en bonne santé, c'est un moment à respecter le plus possible. Ils dorment, ils économisent l'énergie, ils ne risquent rien.

Le problème sera d'arriver à faire manger quand c'est nécessaire les nouveau-nés qui ont besoin d'un apport énergétique régulier. Au biberon, c'est facile, puisqu'un enfant peut téter en dormant si on lui fourre une tétine dans la bouche. Mais comment arriver à faire prendre le sein à un enfant fatigué, somnolent, ou, pire, qui a commencé à hurler, alors que l'apprentissage de la succion au sein ne peut se faire qu'en éveil calme, pas pendant les moments de stress ? Une seule solution : lui proposer le sein immédiatement à son réveil, sans attendre qu'il pleure. Et si l'on doit le réveiller, il convient de le faire en douceur pour l'amener au stade d'éveil calme, efficace, surtout ne pas le faire pleurer en le changeant, en le remuant, en le refroidissant... Il ne faudrait pas se poser la moindre question ni d'heure, ni de fréquence, ni de quantité, ni... Il se réveille, il a besoin de retrouver sa mère, sa sécurité sensorielle, ses repères de sa vie « d'avant ». Il a besoin de s'entraîner, de reprendre souvent, très souvent, la séquence de comportements actifs qui lui apprennent à téter. Il lui faudra parfois plusieurs jours pour réussir cette acquisition. Il n'y a jamais d'essais inutiles... sauf si on cherche à le forcer pendant qu'il pleure !

La deuxième nuit et les suivantes

Passé les premières heures, le nouveau-né va commencer à se réveiller. Mais pas n'importe quand : à l'heure prévue par sa chronobiologie, c'est-à-dire en fin de journée et en début de nuit, heure à laquelle il bougeait le plus dans le ventre de sa mère. Il va se réveiller et s'il ne trouve pas rapidement et ses repères sensoriels, et le lien avec sa mère (ou son père, ou toute autre personne qui berce, câline et sent l'« humain... » !), il va pleurer, longtemps, intensément, désespérément [1]. Seuls le contact chaleureux avec sa mère et l'apaisement apporté par la nourriture pourront le sortir de là. Cela ne signifie pas qu'il avait faim, au sens énergétique du terme, mais qu'il avait faim de présence, de contact, de réassurance, de plaisir. Quand tout est si nouveau, il n'y a jamais trop de réassurance. Il est donc important de le **nourrir dès l'éveil, sans attendre qu'il pleure...**

---

1. La recherche a montré que lors de ces pleurs intenses, les enfants sont dans une situation biologique sévère, proche de l'accès de panique : hypertension, tachycardie, inondation par les hormones de stress... Une situation à tenter d'éviter ou à apaiser dans les plus courts délais.

À l'inverse, la fin de nuit et la journée sont généralement des périodes paisibles de sommeil souvent prolongé, entrecoupées de quelques éveils «alimentaires».

Où dort le nouveau-né ?

Le nouveau-né savait dormir au rythme propre de ses neurones, il doit s'adapter au nouvel environnement, apprendre les nouveaux lieux, les nouveaux moments où il peut, et doit, dormir, découvrir la faim et la satiété.

Il connaissait l'utérus rond et mobile, il doit apprendre le berceau plat. Il connaissait le mouvement incessant et les bruits tamisés constants, il va découvrir l'immobilité, le silence ou les bruits stridents et hachés de l'extérieur.

Il entendait battre le cœur de sa mère, il va découvrir la solitude. Il ne connaissait pas la faim. Il va découvrir cette sensation angoissante, plusieurs fois par jour, et découvrir aussi l'immense plaisir provoqué par son apaisement.

Pendant cette période tellement nouvelle pour lui, il serait bon que le bébé soit toujours juste à portée de quelqu'un pour le rassurer lorsqu'il se réveille. Quelqu'un dont il sent la main sur son dos, dont il perçoit la respiration et la chaleur, quelqu'un qui le berce et le promène dans les moments où il se désorganise. Quelqu'un qui l'aide à se recentrer sur ses repères sensoriels connus. L'idéal serait de lui épargner à tout prix les moments de pleurs et d'angoisse.

L'idéal serait donc que le berceau soit juste à côté du lit de sa mère, contre elle. L'idéal serait de ne pas laisser la jeune mère, fatiguée par la naissance, seule avec l'enfant aux heures les plus difficiles. L'idéal serait de mobiliser quelque personne très proche pour prendre le relais de chaleur humaine lorsque la mère n'en peut plus...

Le temps d'installation :
le sommeil des 4 à 8 premières semaines

Il tète vigoureusement, les yeux grands ouverts, ses lèvres aspirent goulûment le lait chaud qui perle aux coins de sa bouche. Il la regarde avec intensité, ses mains s'élèvent lentement comme pour caresser le sein. Les doigts se crispent, s'agrippent. On entend le bruit doux de sa déglutition et des petits ronronnements de plaisir. Pendant plusieurs minutes, son regard ne la quitte pas, il s'applique à téter, activement concentré sur sa recherche du lait et le désir de calmer sa faim. De courts instants, ses yeux se ferment, le mouvement des lèvres ralentit, devient plus léger, les bruits du lait avalé s'espacent. Elle lui parle doucement, l'encourage à poursuivre. Il la regarde, réaccélère son mouvement avec un grognement de plaisir. Il remue, cale ses bras et ses jambes, redresse son dos, cherche son regard avec la plus grande attention, puis, à nouveau, se laisser aller contre elle, pesant de tout son poids dans ses bras. Les paupières retombent, la bouche s'arrête, les lèvres en corolle autour du sein ébauchent encore de minuscules mouvements.

Elle se redresse, étire son dos endolori par l'immobilité. Il ouvre les yeux, la regarde béatement, resuce goulûment quelques gorgées de chaleur et de lait, puis laisse ses paupières retomber lentement. La bouche ralentit à nouveau, s'immobilise. Les bras retombent, mains grandes ouvertes, doigts déliés, totalement abandonnés dans une merveilleuse impression de bien-être, de détente. Son dos s'est arrondi dans les bras qui le bercent, la tête bascule sur le côté, enserrant toujours le bout de sein que, par instants, les lèvres effleurent d'une caresse. Fascinée par une telle paix, elle n'ose plus bouger. L'enfant se laisse glisser dans une détente satisfaite. Son petit corps est immobile, totalement étalé sur elle.

Il semble parti dans un profond sommeil que rien ne pourrait interrompre. Mais, soudain, il ouvre les yeux, les agite en tous sens, les bascule tellement haut que les globes blancs apparaissent. Inquiète, toujours immobile, elle se demande ce qui se passe, pourquoi il est si mou dans ses bras, et pourquoi ce drôle de regard qui plafonne.

Elle hésite à intervenir, n'ose le déranger. Mais les yeux, à nouveau, se ferment. Les lèvres cherchent le sein, ébauchent quelques gestes de succion, cette fois presque imperceptibles. Et soudain, immense, inattendu, jaillit un extraordinaire sourire qui illumine un court instant le visage endormi. Il est plus pâle que tout à l'heure, très profondément immobile, et, pourtant, en le surveillant attentivement, elle voit encore ses yeux bouger derrière les paupières baissées. À plusieurs reprises, il s'agite, ouvre et ferme les yeux sans jamais toutefois fixer son regard, totalement concentré sur son rêve intérieur. Des petits sourires, une moue de dégoût, quelques mouvements de sa langue et de ses lèvres, une détente extasiée, une immobilité étonnante de tout son corps alors que son visage s'anime, un instant fugitif de peur puis une mimique de colère puis, à nouveau, ce fulgurant sourire. Le corps est immobile, relâché. Les bras pendent vers le sol, toujours doigts détendus.

Soudain, il semble moins bien. Il respire plus vite, se replie sur lui-même. Il paraît souffrir. Il pleure, bras et jambes brusquement repliés, crispés. Pendant plusieurs secondes, un sourd gémissement sort de ses lèvres. Il serre les poings, raidit son dos, fait de vigoureux mouvements de succion, comme s'il se rappelait que son repas n'est pas encore terminé. Cette douleur, cet inconfort inexplicables paraissent presque le réveiller. Pourtant, sous les paupières closes, les yeux continuent à remuer, mouvement tout à fait perceptible pour elle qui le regarde. Ensuite, comme si rien ne s'était passé, il se détend, relâche ses doigts, sourit vaguement, suçote avec ravissement, ouvre les yeux, le regard si loin, absent, ailleurs.

Il y a plus d'une demi-heure qu'il est là dans ses bras, agité, actif. Elle n'a pas osé bouger, sentant confusément que le moindre mouvement peut le réveiller, ou l'empêcher de s'endormir, elle ne sait pas trop... Peu à peu, sa respiration ralentit, le petit corps se reprend, la tête, le cou semblent se redresser légèrement, les poings se ferment, les bras et les jambes reprennent leur position habituelle repliée. Le visage est enfin figé, immobile, inexpressif. Il dort à poings fermés. N'est-ce pas là l'expression consacrée ?

Toute cette histoire longuement racontée suffit à illustrer les bases essentielles du sommeil d'un enfant nouveau-né. Tout est clairement visible dans ce scénario. Ceux d'entre vous qui ont vécu les premiers jours d'un enfant, qui ont pris le temps de regarder, ont sûrement assisté à des scènes tout à fait similaires. Essayons ensemble, en reprenant les notions explicitées dans la première partie de ce livre, de comprendre ce que cela signifie.

Le sommeil du tout-petit

Cet enfant **dort** depuis le moment où il a arrêté de téter activement. **L'enfant nouveau-né s'endort d'emblée en sommeil paradoxal, en sommeil du rêve.** Il ne commence pas, comme l'adulte ou l'enfant plus âgé, par une phase de sommeil lent, calme, mais par une longue phase de sommeil agité. Malgré l'apparente agitation du visage, des yeux, malgré les pleurs, il s'agit d'un authentique moment de sommeil, indispensable à l'équilibre du bébé, et qui doit donc être respecté, autant que les moments de sommeil lent, calme, apparemment plus reposants.

• **Le sommeil du rêve s'accompagne d'une perte du tonus corporel.** Sa détente musculaire est importante, on l'a vu au chapitre 2. Le corps est mou, la tête tombe sur le côté, les doigts sont étalés, mains ouvertes dans le vide. Seuls les yeux sont très actifs (sommeil à mouvements oculaires rapides ou REMS), et le visage reste expressif avec de nombreuses mimiques retraçant toutes les émotions primaires des humains : la joie, la peur, le dégoût, la tristesse, la surprise, la colère...

• **Le sommeil paradoxal du tout-petit est particulièrement expressif.** Son visage est actif avec de multiples mimiques, et même d'authentiques périodes proches de l'éveil. Il ne paraît pas réellement endormi, mais plutôt traversé de moments de malaise, de douleur, et puis aussi d'extase. Il peut carrément pleurer, ou ouvrir les yeux. Parfois même – et c'est l'une des composantes exceptionnelles de ce sommeil agité des premières semaines de vie – le corps, les membres peuvent remuer, dans un geste de douleur ou de repli. (Vous avez peut-être pu observer le même phénomène chez un animal qui « rêve ». On peut voir bouger le bout des pattes et l'entendre gémir, comme s'il rêvait d'un événement violent auquel il voudrait échapper.) L'erreur classique serait de prendre ces mimiques pour des signes d'appel ou de détresse. Si agités soient-ils, ces moments sont des moments de sommeil, sans douleur ni panique réelles. C'est absolument fondamental de le comprendre.

Ce sont nos expériences d'adultes, nos souvenirs d'émotions qui nous poussent à interpréter ces mimiques en essayant de les faire cadrer avec les émotions que nous croyons reconnaître. Nul ne peut dire à quoi rêve un nouveau-né, c'est son jardin secret, rigoureusement inexplorable... et tant mieux ! La seule chose que nous puissions affirmer à l'heure actuelle, c'est que le sommeil paradoxal joue dans les premières années de la vie un rôle majeur dans la construction cérébrale et son organisation, et que le rêve n'acquiert une fonction symbolique que très tard dans l'enfance, vers 6 ou 7 ans.

Pendant une période de sommeil de deux à trois heures, le nouveau-né va alterner deux à trois phases de sommeil agité et deux à trois phases de sommeil calme.

Toutes ces mimiques, ces phases changeantes du sommeil agité ne devraient donc susciter en nous qu'un tendre regard paisible.

• **Le sommeil lent, qui suit, est un sommeil calme.** La respiration est lente, le corps a repris du tonus, s'est replié sur lui-même. Les yeux sont immobiles, le visage est inexpressif, les poings fermés.

• **L'éveil peut survenir à n'importe quel moment du sommeil agité,** spontanément, ou lors d'une stimulation extérieure.

• **L'enfant nouveau-né peut dormir près de 20 heures par jour.** Entre 16 heures et 20 heures à la fin du premier mois. Chaque fois il s'endort en sommeil paradoxal et dort environ 50 % du temps en sommeil du rêve, 40 % en sommeil lent et 10 % en sommeil indifférencié. Il dort indifféremment le jour et la nuit sans manifester encore de changement en fonction des heures de nos pendules.

La sécurité : le cadeau d'un bon accueil

Le cycle de sommeil, alternant périodes agitées et moments de sommeil calme, se déroule d'autant mieux que l'enfant est en parfaite sécurité. Or **que savons-nous de la sécurité d'un tout-petit ?**

• Nous l'avons dit, la sécurité, et cela d'autant plus que l'enfant est plus jeune, proche encore de sa vie utérine, c'est d'abord de **retrouver les composantes de base de**

sa «vie antérieure» : dos arrondi, tête tenue, chaleur, bruits connus d'un cœur contre son oreille, odeur maternelle, mouvements lents de bercement... tout ce qui, pendant neuf mois, a représenté son environnement permanent de vie, les conditions de son endormissement.

• **La sécurité, c'est bien sûr la satisfaction des besoins fondamentaux.** Lorsque la faim a cessé, que l'inconfort des couches mouillées a disparu, que plus rien, dans son corps, ne lui parvient comme sensation douloureuse ou désagréable.

• La sécurité, c'est aussi et surtout de se sentir en paix avec les adultes qui l'entourent, et donc de **les** sentir en paix. Un tout-petit perçoit les sensations, les angoisses, les désirs de ceux qui le prennent en charge. Il vit en **résonance émotionnelle** avec eux. Le calme serein autour de lui induit sa propre tranquillité, les vibrations d'inquiétude le perturbent. Bien sûr, tout cela ne fonctionne pas de façon mathématique, au quart de tour. Il y a des parents paisibles, heureux, dont les nouveau-nés pleurent désespérément, et des parents énervés, excités, angoissés, dont les bébés dorment sans problème. Des exceptions pour confirmer la règle ! En pratique, si un nouveau-né ne peut trouver le sommeil, il ne suffit pas de le bercer, de lui parler doucement pour le rassurer, mais de rechercher aussi pour soi l'apaisement et la tranquillité.

• Il est bon de rappeler que certains bébés dits «aux besoins intenses» ont beaucoup plus de difficultés que les autres pour trouver leur apaisement. Le moindre bruit, un mouvement inapproprié, une sensation interne, un sursaut, suffisent à déclencher des pleurs incoercibles. Ils auront besoin de se sentir tenus et contenus. L'emmaillotage[1] comme le faisaient nos

---

1. «Wrapping» dans les publications scientifiques récentes.

grands-mères, bras et jambes serrés dans un lange chaud, peut les aider à se réorganiser. Une sucette dans la bouche a aussi un effet apaisant, très efficace. Le plus dur sera alors de l'enlever au bout de quelques semaines, avant de créer une dépendance.

Compte tenu de toutes ces données, quelle attitude logique pouvons-nous adopter, vers quelles conduites pratiques devons-nous tendre, pour aider un nouveau-né dès les **premières semaines de vie** à bien dormir, ce qui favorisera évidemment ses acquisitions et modulations ultérieures de sommeil équilibré ? Il convient de se rappeler que les premières semaines de vie sont une période de transition. Elles sont un moment d'adaptation progressive du bébé à sa nouvelle vie extra-utérine ; un temps d'apprentissage pour se faire, petit à petit, des habitudes. Il y a tout un équilibre à trouver pour que cette transition soit la plus paisible possible. Cela veut dire passer tout en douceur, dans les premiers mois, des conditions utérines d'endormissement spontané au sommeil dans les bras après une alimentation satisfaisante, puis passer du sommeil dans les bras à l'endormissement tranquille dans un berceau. Il n'y a pas de calendrier valable pour tous, de recettes pour réussir au mieux cette transition. **Chaque famille inventera à son rythme les moyens et les moments de cette évolution,** en sachant toutefois qu'il y a une évolution nécessaire.

Pour éviter les premières erreurs

◇ Laisser l'enfant trouver son rythme

Il avait son rythme utérin de sommeil, programmé par toute une organisation neuronale, rythme presque indépendant de celui de sa mère. Il va, en naissant, découvrir la faim, la solitude, le besoin douloureux, impérieux d'être pris en charge, qui, à intervalles variables, va bousculer son rythme cérébral primaire. Pendant tout le premier mois de vie, l'idéal serait de laisser l'enfant, sans jamais intervenir de façon inconsidérée, trouver son propre rythme d'enfant-né, ajustant à sa manière les moments d'appel et les phases encore fœtales de sommeil.

> *Le rythme de sommeil d'un nouveau-né lui est spécifique. Il est régulé par deux composantes fondamentales : la faim-satiété d'une part, l'horloge cérébrale de la vie fœtale d'autre part.*

• **Il ne connaît pas le rythme jour-nuit.** Cela signifie que ses appels peuvent se produire indifféremment à n'importe quelle heure, et plutôt le soir...! Malgré la fatigue des parents, il faudrait l'accepter. L'accepter car l'organisation cérébrale du rythme jour-nuit se fera spontanément, vous l'avez vu, entre la quatrième et la huitième semaine de vie. Un moyen pour passer ce cap : que les parents, ou au moins la mère, se mettent au même rythme que l'enfant, dormant le jour entre chaque tétée, vivant à ses côtés, avec le minimum d'activités extérieures.

Autrefois, les femmes des milieux privilégiés restaient couchées trois semaines auprès de leur bébé. Ces prescriptions à l'objectif tout autre (on croyait, à tort, que cela évitait les phlébites et embolies après l'accouchement), avaient un remarquable effet positif sur les premiers jours du bébé, favorisant l'allaitement à la demande et le sommeil spontané. Nous retrouvons les mêmes types de pratiques dans un certain nombre de pays d'Afrique et d'Asie, où la mère, bien entourée par la communauté villageoise, reste au repos de longues semaines, voire plusieurs mois, se consacrant entièrement aux rythmes du bébé. Est-ce un pur hasard si les troubles du sommeil de l'enfant dans nos pays ont décuplé ces dernières décennies, au fur et à mesure que nous nous éloignions de ces comportements que nous osons appeler « primitifs » ?

Il faudrait « inventer » un temps de récupération pour la mère : temps de fatigue, d'écoute, de soins attentifs, quand le bébé en manifeste le besoin. Une jeune femme à l'heure actuelle devrait oser rester au lit avec son bébé, refusant les visites, refusant de participer aux soins de la maison, au ménage, aux repas, s'offrant des petites siestes lorsque l'enfant s'est endormi, se ménageant les moyens d'un réel repos et d'une vraie disponibilité. Regardez autour de vous toutes ces jeunes mères qui, huit jours après leur accouchement, font les vitres, les courses, partent en voyage, invitent des amis ou toute la famille, étonnées de leur propre fatigue et de la demande pressante et désespérée de l'enfant. Refuser le rythme de toute notre société pour se mettre à celui de l'enfant pendant quelques semaines est la chance de réussir paisiblement cette adaptation. Combien de pères ont réfléchi avant la naissance à ce temps de récupération, dont toute la famille va avoir besoin, et se sont préoccupés des moyens à mettre en œuvre pour offrir à leur compagne, à l'enfant nouveau-né ces moments irremplaçables ?

• Pendant les premières semaines de vie, en théorie, il ne faudrait pas réveiller un nouveau-né. Ni pour le faire manger, ni pour le changer, ni pour voir si tout va bien, ni pour la visite du pédiatre, ni pour lui faire connaître ses grands-parents ou le reste de la famille, ni pour l'heure du bain, l'heure du thermomètre, l'heure du biberon, l'heure de la promenade, l'heure des copains ou l'heure des câlins. N'est-ce pas à mille lieues de ce qui se pratique partout, tout le temps, dans l'univers des tout-petits, en maternité autant qu'après le retour à la maison ?

• **Le cas des enfants fragiles** est le seul pouvant justifier quelques modifications à ce que nous venons d'affirmer. C'est celui des enfants nés prématurément, ou trop petits pour le terme, ou nés dans des conditions obstétricales difficiles, donc les enfants malades ou réellement fragiles. Dans ce cas, bien sûr, la sécurité prime, il peut être justifié de les réveiller parce qu'ils sont trop fatigués pour émerger d'eux-mêmes, réagiront moins clairement à la faim, risquent de se mettre plus vite en déficit énergétique. Mais ces enfants-là, bien moins nombreux que les autres, sont bien connus des médecins et du personnel soignant. Nous en reparlerons au chapitre suivant.

• **Pour la majorité des enfants,** tous les autres, les enfants qui vont bien, nés à terme, de poids normal, sans souffrance fœtale ou néonatale, ceux qui dorment dans leur berceau près de leur mère, ou contre elle dans ses bras, ceux-là méritent le respect le plus total. Rien – aucune incidence extérieure de nos horaires et de nos nécessités d'adultes – ne devrait systématiquement les déranger. C'est un **respect fondamental** dû à l'enfant et, là, nous avons tout à réapprendre.

◇ Respecter les phases de sommeil agité

Respecter le sommeil d'un tout-petit, c'est apprendre à respecter les phases de sommeil agité. Il faut donc savoir les reconnaître. Très peu de personnes dans l'entourage des nouveau-nés connaissent bien cette réalité du sommeil agité, et il est courant de tout interpréter comme des signes d'éveil, des signes de souffrance, des signes d'appel. Résultat direct, pour consoler l'enfant, pour le rassurer, on le réveille brutalement! Cela casse son rythme, l'empêche de découvrir l'alternance spontanée de sommeil paradoxal et de sommeil lent. Ainsi l'enfant désapprend qu'à la fin d'un rêve il peut enchaîner par une période de sommeil lent ; il fait l'apprentissage régulier, fréquent, que les périodes de sommeil paradoxal se terminent par un éveil et non par un passage en sommeil lent. Cela risque de créer un conditionnement anormal, un enchaînement sur lequel il sera ensuite difficile de revenir.

• **Ces réveils intempestifs répétés,** provoqués par un adulte qui croit, à tort, nécessaire d'intervenir, **gênent le repos normal de l'enfant,** le fatiguent, l'empêchent de se retrouver en paix dans ses rythmes propres. Il pleure, ne sait plus où il en est, réclame violemment. Il est tellement fatigué, perdu, qu'il ne sait même plus pourquoi il pleure. Les parents inquiets essaient n'importe quoi, sur n'importe quel horaire. On nourrit l'enfant à contretemps. Il avale tout car il ne sait plus s'il a faim ou non. Un nouveau-né qui « se sent mal » réagit toujours comme s'il avait faim. Ses pleurs désespérés affolent les parents qui le prennent, lui parlent, tentent de l'apaiser, et, ce faisant, l'empêchent encore de s'endormir. Il se crée là un véritable cercle vicieux, où les parents, croyant bien faire et pour rassurer leur bébé, nuisent directement à son endormissement. Cette incompréhension aggrave les pleurs du petit, et par contrecoup les réactions des parents, qui vont le déshabiller, le changer, le manipuler dans tous les sens pour essayer de comprendre ce qui ne va pas... et l'enchaînement anormal est en piste !

• **Intervenir n'est pas toujours l'aider.** Les **phénomènes d'hyperexcitation** d'un tout-petit, parce que l'on ne comprend pas sa demande de repos, son besoin de dormir, l'agitation de son sommeil du rêve, sont **extrêmement fréquents.** Savoir se taire, savoir ne pas bouger, résister au désir de le nourrir encore, attendre calmement que l'enfant s'apaise dans son rêve ou se rendorme s'il s'est éveillé n'est pas le plus facile... Beaucoup de parents interviennent très vite, trop vite, pour se rassurer eux-mêmes sur le bon état de leur enfant. C'est leur peur à eux qui fausse le fonctionnement du tout-petit. Comprendre ce point est l'une des clés de l'équilibre de toute la famille.

• Éviter cet enchaînement de réveils intempestifs, de difficultés d'endormissement, cela veut dire **éviter l'escalade de l'angoisse et des réassurances.** Être parent, c'est apporter la sécurité à l'enfant, donc comprendre son fonctionnement, ne pas culpabiliser au moindre cri, ne pas se précipiter, affolé, au moindre mouvement. C'est peut-être aussi accepter que l'enfant, qui cherche à s'organiser au sortir de sa vie utérine, puisse avoir quelques difficultés à trouver son rythme et lui laisser le temps, les moyens de s'y retrouver. Lui donner le droit de pleurer un peu ! Et trouver les moyens de son apaisement : tétée, bercement, promenade...

• Il est bon que la nuit soit différente du jour, **que les tétées de nuit soient plus silencieuses, dans un lieu peu éclairé.** Même pour le changer, éviter de le réveiller totalement, de le manipuler en pleine lumière, de lui « faire froid » sur le ventre. D'ailleurs, il n'est peut-être pas indispensable de mettre des couches sèches plusieurs fois au cours de la nuit. Il est facile de réserver les moments d'intense communication de regard et de dialogue aux repas de plein jour, après lesquels il pourra s'endormir dans les bras et jouir longuement de la présence de ses parents, et de faire des tétées de nuit de courts épisodes strictement alimentaires dans le silence et l'obscurité.

De multiples petits détails dans la façon dont on s'occupe de lui vont servir à l'enfant de repères. Par exemple, dans la journée, le porter souvent « face à la route », ouvert sur le monde extérieur, les fesses bien calées dans les mains, le dos contre le ventre de l'adulte qui le tient, le visage tourné vers l'univers qui l'entoure, et réserver aux moments du soir le chaud arrondi du dos dans les bras câlins. L'enfant percevra très bien la différence. Il saura qu'il y a des moments pour l'éveil et la rencontre, d'autres pour le repos et le silence. **Il a besoin de comprendre cette alternance le plus tôt possible,** de la sentir dans son environnement avant même que ses horloges internes de température, de rythme cardiaque, de pression artérielle la lui apprennent dans son corps. La cohérence entre ce que l'enfant perçoit, en lui, de ses variations biologiques et, en dehors de lui, des variations de son environnement est la base de son équilibre naturel de sommeil.

• **Accompagner les transitions :** il serait aberrant pour l'apprentissage d'un tout-petit de ne jamais lui permettre d'être dans les bras, de le poser dans son berceau à la fin de chaque tétée et en l'ayant bien réveillé juste avant pour le changer. Il lui faudrait chaque fois trouver l'apaisement en lui-même, ce qui est bien difficile et insécurisant en arrivant au monde. Ce comportement ne lui permettrait pas de découvrir l'immense plaisir extatique de glisser dans son sommeil du rêve, en plein bonheur d'une tétée, en pleine sécurité de la tendresse de ses parents. La jouissance, le bonheur, cela s'apprend sans doute d'abord comme cela.

• En d'autres termes, il convient de lui procurer des moments de plaisir où il s'endort dans les bras de ses parents, et où il pourra rester toute une période de sommeil, et, d'autres fois, de le poser dans son berceau au moment où il ralentit sa succion pour qu'il apprenne à s'endormir seul, dans son lit. L'idéal serait de différencier les deux scénarios, de ne pas le replacer dans son lit lorsqu'il s'est endormi dans les bras. D'abord parce qu'on risque de le réveiller ; ensuite, et nous le verrons à plusieurs reprises, parce que se réveiller dans un lieu et des conditions différents de ceux de l'endormissement, c'est très désagréable (avez-vous essayé ? même pour un adulte, c'est très angoissant), et peut devenir une cause de troubles du sommeil. Nous en reparlerons.

Quelques aspects pratiques

◇ Où dort le bébé ?

Un enfant tout petit qui dort lové contre ses parents est en sécurité. Ce n'est pas le gâter de façon scandaleuse que de lui offrir ce plaisir et cette sécurité. Dans de nombreux pays de la planète, les bébés dorment avec leur mère, pendant de nombreux mois. Et ils vont bien, ils dorment bien ! Les habitudes de couchage sont des données hautement culturelles : ce qui fait peur, c'est toujours ce dont on n'a pas l'habitude... Or en France, comme aux États-Unis, la puériculture des années 1920 avait posé un interdit absolu de cette pratique, préconisé deux solutions totalement inadaptées (mais toujours conseillées par certaines grands-mères et certains médecins non informés !) : le biberon bourré de farine le soir et le dressage à s'endormir seul quels que soient les pleurs.

Il est donc nécessaire de faire le point. D'autant que l'on retrouve dans les publications scientifiques deux prises de position contradictoires, selon que les écrits sont ceux de neurophysiologistes qui travaillent sur la prévention de la mort subite inexpliquée du nourrisson (MSIN), ou ceux de défenseurs du maternage rapproché (allaitement maternel, portage continu, co-dodo...).

Pour les militants d'associations proallaitement, une seule solution préconisée : couchage avec la mère la nuit, portage permanent dans la journée, dans une écharpe serrée contre elle. Longtemps, totalement. Cette nouvelle culture qui nous vient des femmes des classes moyennes nord-américaines[1] et des ligues de protection de l'allaitement est présentée comme la nouvelle norme à suivre. C'est une position trop caricaturale. Toutes les femmes ne sont pas prêtes à une telle disponibilité pendant des mois. Beaucoup devront reprendre le travail après de courtes semaines de congés. Pour certaines mères fragiles, cette proximité absolue est terrifiante et peut conduire à des dépressions sévères ou à des comportements maternels inadaptés : surprotection, réaction au moindre geste de l'enfant, ou à l'inverse délaissement affectif. Et l'enfant, pour évoluer, doit pouvoir découvrir d'autres univers, son père, son environnement familial. C'est dans l'attente, dans l'espace psychique où il rêve la venue de sa mère qu'il se découvre différent d'elle et peut construire petit à petit son « moi ».

Il est aussi utile de rappeler qu'il existe des contre-indications **absolues** au partage du lit, unanimement reconnues. Ce sont tous les cas où :

~ la mère risquerait de ne pas se rendre compte qu'elle peut étouffer son bébé (prise de somnifères, d'alcool ou de drogues, sommeil particulièrement profond, fatigue extrême, état neurologique anormal...) ;

~ le lit est particulièrement non adapté (matelas très mou, couette trop chaude...) ;

~ quelque chose pourrait directement déprimer le rythme respiratoire du bébé : tabagisme d'un ou deux parents, fièvre de l'enfant, hypotonie ou prématurité.

Ces conditions sont parfaitement codifiées dans une plaquette rédigée par l'UNICEF[2]. Pour les neurophysiologistes et pédiatres, les conclusions des recherches les plus récentes sont très claires. Le risque de MSIN est minimal

---

1. Comme il y a un siècle la norme de la chambre séparée et des repas toutes les trois heures !

2. http://www.babyfriendly.org.uk/pdfs/french/sharingbedleaflet_french.pdf.

lorsque le bébé dort près de sa mère, dans la même chambre, très près du lit, quand la mère l'allaite puis le repose dans son berceau. Une étude parue en 2004[1] analysant les causes de décès par MSIN conclut que plus de la moitié des cas pourraient encore être évités si les bébés dormaient dans la chambre des parents, mais pas dans leur lit.

RISQUE RELATIF DE DÉCÈS SELON LE MODE DE COUCHAGE

Partage de la chambre	1
Chambre séparée	1,9
Lit de la mère pendant la tétée puis berceau	0,66
Partage complet du lit maternel	2,75
Sur un canapé	31,25

Selon Blair, Fleming, Smith, Ward Platt, *BMJ*, 1999.

Cela signifie que si on prend pour risque moyen (1) le partage de la chambre, le risque est double dans une chambre séparée (1,9), triple si le bébé dort dans le lit parental (2,75) et majeur dans les couchages inadaptés (30 fois plus!). En revanche, le bébé allaité, reposé dans un berceau près de sa mère a deux fois moins de risques (0,66) que si son berceau est plus loin dans la chambre.

Notre conclusion : l'idéal serait donc un berceau attaché au lit des parents[2], permettant de prendre l'enfant pour le faire téter ou de le recoucher sans avoir à se lever. L'enfant sent sa mère, l'entend respirer ou bouger. La mère, elle, passé les premiers jours d'adaptation aux bruits faits par l'enfant, peut mieux se reposer, le calmer en posant la main sur lui, ne pas le laisser pleurer, le nourrir sans trop se réveiller. Cette interaction de sommeil semble être la meilleure base de la sécurité.

---

1. Carpenter R.G. *et al.*, « Sudden inexplained infant death in 20 regions in Europe », *Lancet*, 17 janvier 2004, 363 : 185-191.
2. Voir par exemple : http://www.mamanana.com/berceau-cododo-ca-21.html.

Comment lui apprendre le berceau ?

Le berceau va devenir progressivement l'une de ses sécurités, un lieu hautement important pour lui, puisqu'il va y passer, pendant la première année de sa vie, plus des deux tiers du temps, et ensuite plus de la moitié. Il en connaîtra l'odeur, le contact du matelas, le doux ou le rêche des draps. Plus tard, le poids des couvertures, le décor coloré lorsqu'il ouvre les yeux, les compagnons en peluche dont il fera des alliés de son sommeil. Souvent, il cherchera l'un des angles pour caler sa tête, retrouvant spontanément la sensation de sa tête dans l'utérus, calée dans le bassin de sa mère. S'il recherche cet appui crânien, laissons-le faire. Son crâne est solide, il ne risque rien, même si, au réveil, les dessins des barreaux sont visibles en creux sur sa peau...

• Les toutes premières fois, **le bercer doucement en mettant la main sur son dos,** pour qu'il sente l'appui sur son corps, mais le moins longtemps possible, et diminuer cette « aide » au fur et à mesure que les jours passent. Il vaudrait mieux ne pas bercer vraiment ni promener le berceau, car il risque de concevoir ce mouvement comme l'une des composantes nécessaires de son endormissement.
• Parfois, **le laisser s'endormir seul, sans aucune aide extérieure.** L'aider systématiquement à s'endormir, c'est le maintenir dépendant de quelqu'un pour trouver le sommeil. Lui faire comprendre que le berceau est un lieu sûr pour lui sera plus efficace !
• S'il semble perdu, s'il a de la peine à s'adapter, **l'aider en maintenant près de lui un peu de l'odeur de sa mère,** un vêtement porté auparavant par elle, par exemple. Le même genre de « truc » peut servir lors des voyages, pour faire accepter une nouvelle chambre, ou pour faciliter l'adaptation à la crèche...

Pleurs : faim, coliques… ?

Il n'est guère facile de repérer dans les premières semaines les raisons des pleurs des nouveau-nés. La fréquence ou l'intensité des pleurs ne nous dit rien de leur statut nutritionnel. Les pleurs ne sont corrélés ni à l'apport alimentaire ni à la glycémie. Les bébés en perfusion ou en alimentation gastrique continue se réveillent au même rythme que les autres bébés du même âge. Un bébé peut pleurer très fort après une ration tout à fait normale (ou plus !). D'autres, apparemment très calmes, paisibles, dorment beaucoup car ils se sont mis en « économie d'énergie ». Ils n'arrivent pas à se nourrir correctement, ils ralentissent leurs divers métabolismes, se refroidissent un peu, évitent de bouger et de crier afin de conserver leur énergie pour les fonctions fondamentales du corps. Ce comportement très calme n'inquiète pas leur entourage alors que c'est celui dont il convient de se méfier. Tout enfant très endormi, qui réclame rarement à manger, dont la courbe de poids stagne, qui a peu de selles et d'urines doit être poussé à manger plus et au moindre doute montré au médecin traitant.

Les pleurs vigoureux ont pour première justification d'informer les adultes qui s'occupent de lui qu'il est réveillé, qu'il désire être pris en charge. Ce moment de malaise va s'apaiser avec le plaisir d'être pris dans les bras, celui du contact chaleureux, celui de la nourriture. Nul ne saurait faire la part de ces divers paramètres, donc de ce que nous appelons la faim.

Une seule certitude : mieux vaut ne pas le laisser pleurer. Mieux vaut ne pas le laisser enregistrer dans son cerveau que la nourriture ne survient qu'après un malaise intense. Il faudrait remplacer dans la construction cérébrale la séquence : « éveil - pleurs intenses - intervention de l'adulte - apaisement » par une séquence sans pleurs. Ainsi, petit à petit, peut se construire une découverte calme des besoins alimentaires (appétit) et non la charge émotionnelle lourde de ce que beaucoup appellent la « faim ».

Après 4 à 8 semaines : l'apparition des cycles jour-nuit

Après la fin du premier mois se produit dans la vie de l'enfant un événement important : il va commencer à **entrevoir la différence entre le jour et la nuit.**

Il lui faut encore beaucoup d'heures de sommeil, mais il va les organiser différemment. Les cycles quotidiens apparaissent. Et, fait étonnant, cette organisation ne dépend pas du mode de vie de l'enfant, mais réellement d'une de ses **« programmations » intérieures, sans doute génétique.**

Nous pouvons en donner plusieurs preuves :

~ Cette évolution se produit pour tous les enfants de même âge gestationnel à peu près au même moment, au-delà de 40 semaines de gestation.

~ Cette évolution n'est pas directement dépendante de la « lumière » jour-nuit. Elle se fait à la même date, ou presque, chez les enfants des pays de soleil et chez les petits Scandinaves, qui, en hiver, n'aperçoivent la lumière du jour qu'une heure ou deux.

~ Rappelez-vous, ces cycles circadiens ne correspondent pas uniquement à l'alternance éveil-sommeil (voir p. 140). Ils modulent tout le fonctionnement métabolique de l'organisme, le rythme de la température, celui du pouls et de la tension artérielle, celui des sécrétions hormonales...

Les variations du rythme cardiaque surviendront vers le premier mois de vie. Là encore, le cœur « freine » aux heures biologiques de repos et accélère aux heures d'activité et d'éveil. Ce n'est pas une adaptation progressive à l'effort, mais, au contraire, une sorte de présélection des heures logiques de travail et de repos !

~ Cette évolution n'est pas réglée au début par le rythme des tétées et des biberons. Il ne s'agit en rien d'une habitude qui se crée parce que l'on dresse l'enfant à manger plus le jour et moins la nuit. Elle se fait d'elle-même, dans le courant des premiers mois, et certainement de manière très paisible et progressive si l'enfant a vécu en parfaite harmonie avec ses parents sur ses rythmes fondamentaux, et n'a donc pas peur de manquer. Deux signes vont permettre de comprendre que l'enfant atteint ce stade, qu'il commence à ressentir dans son corps les changements cycliques de la journée : l'espacement des repas de nuit et l'apparition des pleurs du soir. Savoir les reconnaître, et savoir non seulement les interpréter mais trouver le meilleur moyen de réagir, c'est le premier et primordial rôle éducatif des parents.

L'allongement d'une ou deux plages de sommeil

Là où il réclamait encore toutes les 3 heures, il arrive à dormir 5, 6 heures d'affilée. Ce ne sera pas régulier, il y aura des nuits meilleures que d'autres, mais la tendance à l'espacement se confirme progressivement. Souvent, il s'organise sur deux demi-nuits, tète en fin de soirée, dort 5 ou 6 heures sans se réveiller, tète à nouveau vers 3 heures du matin, se rendort très vite et ne se réveille qu'au matin. Parfois les deux demi-nuits sont équivalentes, d'autres fois, l'une est plus courte, ou plus agitée ou plus entre-coupée d'appels que l'autre. Il y a aussi les cas où ces plages plus longues sont centrées sur la journée et les éveils plus fréquents la nuit. Inconfortable, pour les parents qui voudraient bien voir leur enfant coordonner ses rythmes à ceux de la famille et de l'environnement social...

Les pleurs du soir

C'est le deuxième signe, très désagréable pour tous, qui peut durer près de trois mois, et semble presque inévitable. C'est ce que pédiatres et médecins appellent la **dysrythmie du soir**. Elle s'observe parfois dès les premiers jours de vie en maternité, parfois seulement au bout d'une dizaine de jours. Mais les signes s'aggravent, deviennent très envahissants vers la fin du premier mois et peuvent durer plusieurs heures chaque soir ! L'enfant qui avait passé une journée calme, avec des horaires presque organisés, se met à pleurer désespérément en fin d'après-midi. Il pleure, il cherche à téter, mange un peu, se calme quelques minutes, se remet à crier, reprend le sein ou le biberon si on le lui présente à nouveau, lâche la tétine en hurlant, ne se calme plus dans les bras, vomit parfois le lait qu'il vient de prendre, s'agite de façon désordonnée. Souvent, il se plie en deux dans un spasme apparemment très douloureux, se détend, hurle à nouveau, et les parents affolés pensent qu'il a mal au ventre. Au moment des spasmes, l'émission de quelques gaz intestinaux renforce cette idée, et tout de suite on parle de « coliques ». Rien ne semble pouvoir sortir l'enfant de cet important malaise. Ni d'être nourri, ni d'être bercé ou promené dans les bras, ni le bain, ni les massages sur le ventre, ni le fait de lui parler doucement. Rien. Il réagit à tous les efforts de consolation par davantage de cris, par des signes de faim et de douleur plus intenses, un désespoir sans bornes...

◇ **Pour éviter les erreurs**

• **L'enfant qui crie ainsi n'a pas faim.** Même s'il cherche fébrilement à manger, même s'il avale tout ce qu'on lui présente, même s'il ne vomit rien de cette ration supplémentaire, et même s'il semble s'apaiser après ce repas superflu. Toutes les jeunes mères qui allaitent

leur bébé sont persuadées de manquer de lait en
fin de journée, et beaucoup ajoutent un biberon le
soir pour tenter de venir à bout de cet épisode désagréable. (Et ce doute compromet leur allaitement
parce que, chaque soir, elles se croient, se vivent
« insuffisantes ».) Il n'y a aucune raison, ni en alimentation au biberon ni au sein, pour que ce besoin
de manger, ce manque de lait se manifestent ainsi
à heure fixe, la même pour tous les enfants. Les
enfants pleurent, s'agitent, poussés par une programmation biologique. C'est probablement la première
manifestation des phases normales d'hyperactivité,
correspondant à la phase élevée de la température
corporelle de la fin de l'après-midi, elle-même liée
chez l'adulte aux phases actives du cycle circadien.
Savez-vous qu'à la même heure les malades dans les
hôpitaux passent, eux aussi, leur moins bon moment,
plein d'angoisse, avec une majoration des douleurs,
et les infirmières le sentent bien, qui ne savent plus
où donner de la tête devant la multiplication des
appels ? Il ne s'agit pas, comme l'ont avancé certains
psychiatres, de la peur de la nuit, puisque les malades
comateux, inconscients, s'agitent eux aussi à la même
heure. Comme si leur cerveau profond percevait encore
ce rythme biologique inconnu, que nous aurions envie
d'appeler « coup de lune ».

• **Ce « coup de lune » échappe aux consolations habituelles.** L'enfant a littéralement « emballé » son système d'éveil et ne sait plus l'arrêter. La seule façon d'en
sortir, c'est de l'endormir. L'erreur serait donc de chercher à tout prix à le consoler, de le secouer, de lui parler, de le promener, de lui proposer trop à manger au
risque de le surexciter. On ne peut que l'apaiser, le laisser immobile, dans l'obscurité, sur le ventre de sa mère,
le meilleur lieu pour sa sécurité, mais sans lui parler,

sans l'aider à sortir consciemment de son malaise. On peut aussi le promener dans un sac kangourou, contre le ventre d'un adulte chaleureux, mais dans un lieu calme et sombre, silencieux, pas dans l'appartement éclairé, devant la télé. On peut encore le baigner douce-ment dans de l'eau tiède, dans l'obscurité, sans lui par-ler, sans le remuer, sans le savonner ; un bain pour la détente et l'endormissement, pas un bain pour la toi-lette. Puis le reposer dans son berceau quand il s'endort, sans les multiples manipulations de l'habillage, donc en acceptant de le coucher nu dans une couverture chaude, après l'avoir très doucement séché. On peut encore le poser à plat ventre contre l'épaule ou sur la cuisse de celui (ou celle) qui le porte, car cette position calme souvent les tout-petits, et maintenir un moment la main sur son dos en le berçant très légèrement.

• **Si rien de tout cela ne réussit,** la plus grande diffi-culté pour les parents sera de rester calmes sans cra-quer émotionnellement devant l'intensité des cris. Il n'y a aucun intérêt à laisser pleurer un bébé aussi petit, à le laisser seul, sauf à la rigueur pour le protéger des émotions excessives de ses parents. Dans toute la mesure du possible, l'aider à s'apaiser et à s'endormir dans la sécurité de la tendresse est bien plus satisfai-sant. La condition absolue étant de rester très calme et de savoir échapper à toute surstimulation, à toute action inutile qui entraverait l'endormissement.

Plus on cherche à calmer l'enfant chaque soir sans succès, et plus les cris du soir sont longs et éprouvants. Les enfants qui, chaque soir, hurlent 6 heures d'affi-lée sont indéniablement ceux dont les parents « en font trop » pour les aider à s'en sortir. D'abord parce que l'an-goisse et l'énervement des parents devant leur impuis-sance à apaiser l'enfant ne feront qu'aggraver le problème.

Les cris violents d'un enfant sont très perturbants pour l'entourage, et peu de parents arrivent à les accepter sans en être eux-mêmes « stressés ». Il est courant en pédiatrie de dire que ces signes cessent dès que l'enfant est hospitalisé, séparé de ses parents, confié à la garde d'infirmières qui n'auront guère le temps de le consoler et se sentent moins personnellement concernées par ses cris. Bien sûr, il n'est pas question d'en venir là. Il suffit de comprendre qu'avec un peu de recul, en laissant l'enfant s'adapter à ce qui se joue en lui, le problème va diminuer puis se résoudre de lui-même. Juste un peu de patience attentive et sereine des parents, et les crises du soir disparaîtront.

Les parents apprendront là l'une des bases de leur rôle éducatif. Il nous faut découvrir qu'être parent, ce n'est pas pouvoir « tout » pour son enfant, qu'il y aura, tout au long de la vie, des moments où l'enfant vivra des problèmes, des soucis, des drames même. Ses parents ne pourront pas toujours l'aider directement. Il viendra des moments où ils pourront seulement dire : « Je t'aime, et je te fais confiance pour te sortir de là. » Ce respect de la spécificité de l'autre s'apprend peut-être dès ces premiers épisodes de dysrythmie du soir.

L'adaptation de l'enfant à son horloge intérieure est un mécanisme délicat

Un dernier point à préciser : **cette adaptation de l'enfant à sa propre horloge intérieure est un mécanisme subtil, très délicat, que des variations intempestives peuvent compromettre.** Il serait donc logique d'éviter, pendant cette période, les changements fréquents de lit ou de berceau, les absences des parents qui s'occupent habituellement de lui, les voyages qui modifieraient par trop ces premiers rites d'endormissement et, bien sûr, les décalages horaires. Nous en reparlerons.

Au-delà de 6 mois

C'est le moment où tout se joue, la période idéale où le bébé va trouver son rythme fondamental, va apprendre à dormir des nuits complètes de 8 ou 9 heures au minimum, le moment où les parents vont enfin redécouvrir le bonheur de longues nuits ininterrompues.

Dormir toute une nuit sans se réveiller, cela signifie que l'enfant approche de la maturité cérébrale de sommeil, qu'il a réglé ses horloges biologiques endogènes de température, de système cardiovasculaire et ses cycles de sécrétions hormonales sur son environnement. Il s'endort maintenant volontiers en sommeil lent et diminue le pourcentage de sommeil paradoxal, pour plus de sommeil lent profond.

Un éveil à heure fixe

Pour s'éveiller, **le bébé va brancher une «sonnerie d'éveil»** réglée tous les matins à peu près à la même heure, indépendante de la faim, indépendante de l'heure d'endormissement, un système d'éveil pour le plaisir d'être éveillé, pour entrer en communication et participer au monde extérieur. Cette sonnerie se déclenche automatiquement, au bout de neuf ou dix cycles de sommeil d'environ une heure chacun, donc au bout de 8 à 10, voire 12 heures de sommeil.

De longs moments d'éveil

Le corollaire de cette régulation cérébrale, c'est la **possibilité pour l'enfant de rester éveillé de longs moments dans la journée.** Des moments où il apprend à regarder, à écouter, à appeler, des moments pour le jeu, la découverte, la promenade, l'exploration de ses mains, l'expérimentation de ses exploits vocaux ou de ses mimiques sur son entourage. Évidemment, toutes ces découvertes le fatiguent et il a encore besoin de larges plages de repos chaque jour, en moyenne 2 heures dans la matinée, et 2 à 3 heures l'après-midi. Pour un enfant qui a atteint le stade de quatre repas par jour, on peut décrire un rythme approximatif: éveil en début de matinée, premier repas, une à deux petites siestes dans la matinée, repas vers midi, une longue sieste

} *L'équilibre du sommeil de nuit et celui des épisodes diurnes de repos ne sont pas toujours acquis au même moment.*

d'après-midi, une dernière petite sieste en fin d'après-midi, un repas en fin de soirée et une longue nuit paisible.

Il n'est pas rare de voir des bébés qui ne manifestent aucune difficulté le soir, dorment bien la nuit, mais n'arrivent pas à organiser leurs journées, ne sachant s'endormir au moment où ils sont fatigués. D'autres, très calmes, sont parfaitement réglés tout au long de la journée, dorment à intervalles réguliers, mais soit sont incapables de bien gérer leur endormissement du soir, car les phénomènes de dysrythmie sont encore trop importants, soit n'arrivent pas à établir une longue nuit.

Si un bébé semble en difficulté dans cette période, quelques petits moyens peuvent l'aider à trouver un équilibre. Il est maintenant sensible aux variations du jour et de la nuit, aux rythmes des «donneurs de temps». Éteindre sa chambre la nuit mais laisser les volets ouverts à l'heure des siestes, régulariser les heures des repas, de la promenade ou du bain lui procurent d'excellents repères. Le rythme jour-nuit étant le principal donneur de temps, la régularité des journées induit, souvent à brève échéance, la sérénité des nuits.

La suppression des repas nocturnes

Dormir toute une nuit sans se réveiller, sans manger, cela signifie aussi que **l'enfant a constitué des réserves énergétiques.**

- Pour que la glycémie reste stable, ce qui est toujours le cas en dehors des tout premiers jours de vie et des cas de pathologie vraie (diabète), les réserves doivent régulièrement se reconstituer. **Les appels de faim ont pour but de maintenir ces réserves à un niveau satisfaisant de sécurité,** et non de compenser une baisse directe de la glycémie avec les risques (pour le cerveau et les autres organes nobles : foie, reins) qui en seraient la conséquence. Le foie contrôle la régulation du sucre sanguin et permet une autonomie prolongée. Comprenez-le bien, un bébé, comme nous, a faim et mange pour maintenir et améliorer son «capital-réserve», et non pour pallier un risque vital immédiat. La faim n'est jamais aussi urgente qu'elle en a l'air... La plupart des bébés passent de six à cinq, puis à quatre repas, approchant déjà du rythme alimentaire qu'ils conserveront toute leur vie. Un des meilleurs signes que l'éveil devient indépendant de la faim, c'est la patience que manifestent certains enfants pour attendre leur tétée.
- Un bébé qui a largement dépassé les premiers mois et réclame toutes les deux heures, toutes les nuits, est sans doute en train de faire fausse route dans son organisation cérébrale de sommeil, et a besoin d'un petit coup de main «éducatif» sans trop tarder.

Les bonnes habitudes pour une nuit complète

Dès qu'un enfant commence ainsi à patienter et à espacer ses tétées dans la journée, il peut virtuellement ne plus manger la nuit et dormir une nuit complète. Pour l'y aider, quelques petits « trucs » pratiques :

- **Le coucher dans son lit,** dans sa chambre, dès qu'il commence à s'endormir, dès que sa vigilance baisse, et lui dire clairement : « Bonne nuit, à demain » ou n'importe quelle petite phrase calme de bonsoir, toujours la même pour donner un repère.
- S'il se réveille la nuit, **attendre un peu avant de se précipiter** pour le faire manger, lui donner la possibilité de se rendormir de lui-même.
- **Ne mettre dans son lit que les objets-compagnons de son sommeil,** animal en peluche, doudou... Supprimer progressivement la sucette.
- **Ne pas rester à côté de lui dans la chambre.** Ne pas lui donner la main, ne plus l'autoriser à dormir au sein. La mère n'est ni une sucette ni un objet-compagnon.
- **Ne pas l'endormir dans les bras.** C'est dans cette période où les rythmes profonds s'organisent et où le bébé participe mieux à son environnement qu'il apprendra le plus facilement à dormir seul, dans son lit, sans ses parents. Au-delà, l'apprentissage serait plus problématique.

Nous voyons chaque jour en consultation des bébés de quelques mois qui ne savent s'endormir que dans les bras, et que les parents nous amènent, excédés, parce qu'ils crient désespérément chaque fois qu'ils sont posés dans leur berceau. Ils n'ont pas trouvé cette sécurité fondamentale que devrait être leur berceau. Ils n'ont découvert que la dépendance des bras pour leur endormissement, et ne savent plus s'en passer. Même lorsque la fatigue et l'exaspération des parents sont telles que la relation de bonheur paisible est gravement altérée, ils ont besoin des bras. Ils reçoivent alors de plein fouet l'énervement, l'excitation, l'irritation des parents, et cette irritation à son tour gêne l'endormissement, ce qui aggrave le malaise des parents. Un nouveau cercle vicieux, bien désagréable pour tous. Parents et enfants en sont causes et victimes. Un seul moyen pour s'en sortir : mettre le bébé dans son lit et le laisser trouver seul son sommeil. Il faut absolument éviter que l'endormissement ne devienne un moment d'inquiétude, une source d'énervement, l'objet d'un chantage instinctif, et mieux vaut un berceau solitaire que les bras de parents excédés. S'il n'y a pas cet immense plaisir réciproque, à quoi sert d'être dans les bras, à quoi rime pour le père ou la mère de se « forcer à vivre ça » ?

Mieux vaut un berceau où l'enfant est posé et bordé tendrement que les bras de parents qui en ont assez et voudraient être ailleurs.

Assumer cette évidence, c'est le début d'une relation vraie, libre et heureuse, où parents et enfants apprendront à se rencontrer, à échanger pour leur mutuel bonheur, sans peser les uns sur les autres, apprendront à aimer... Aimer, c'est vivre la plus belle relation possible avec l'« autre », et non apprendre à le supporter. En sommes-nous toujours conscients avec un tout-petit ?

• **Ne pas se laisser aller au biberon de facilité.** Petit détail qui a son importance. Quand un bébé pleure la nuit, mais sans grande conviction, plus par habitude d'appeler à cette heure-là que par réel besoin de nourriture, quand il semble arriver au stade où il pourra se rendormir sans manger, il est logique de s'interdire d'arriver dans sa chambre avec un biberon dans la poche, préparé à l'avance par sécurité. Il le sentirait très bien et ne comprendrait pas pourquoi ses parents hésitent ou tardent à le lui donner. De même, un enfant allaité par sa mère saisira mieux ce que ses parents attendent de lui si, pendant quelques nuits, c'est son père qui le console et l'aide à se rendormir. L'odorat du tout-petit est très fin. Il reconnaît l'odeur du lait près de lui, ou l'odeur de sa mère, synonyme de tétée. Il a besoin de comprendre que le projet est maintenant différent, qu'il peut se passer de nourriture. La transition sera plus facile s'il n'est pas perturbé par une odeur de lait qui raviverait son désir.

• **Encourager les progrès.** Dormir une nuit entière est une victoire de l'enfant sur lui-même, une preuve de son évolution. Cette étape est au moins aussi importante pour lui que la découverte du sourire, de la position assise, de la marche ou du langage. Comme pour les autres acquisitions, ce n'est pas parce qu'il y a été longtemps entraîné, ou tellement puni qu'il a fini par comprendre, qu'il y parvient. Il y parvient parce que en toute sécurité il peut laisser évoluer, maturer ses rythmes cérébraux. L'admiration, la satisfaction de ses parents, leur contentement chaleureux l'aideront à « fixer » cette évolution, à en faire l'une de ses évidences. Il a besoin d'être encouragé, félicité, remercié. Il a besoin d'entendre le rire et la tendresse de ses parents heureux. **Avez-vous pensé à dire « Bravo » et « Merci » à vos enfants lors des premières nuits de bon sommeil,** avez-vous eu l'idée de leur dire combien vous étiez heureux et fiers d'eux ? Des mots si simples, tellement importants pour l'enfant qui cherche ses repères.

• **Mettre le berceau à l'écart.** Un dernier petit détail peut aider à réussir cette évolution. La modification des rythmes se produit rarement d'un coup, mais plutôt par paliers, les éveils de nuit devenant lentement plus courts, moins bruyants. L'enfant va souvent s'éveiller, suçoter son pouce ou pleurer quelques courts instants, et se rendormir spontanément. Il est fondamental que cette séquence puisse se dérouler sans heurts. En d'autres termes, les parents doivent laisser cette liberté à l'enfant et ne plus sursauter au

moindre bruit ou mouvement dans le berceau. Il n'est plus question de prendre le bébé dans les bras au premier soupir. Il ne faut intervenir que lorsqu'on est sûr qu'il a vraiment faim et ne pourra se rendormir seul. C'est beaucoup plus facile et clair si, **dès cette période, le berceau n'est plus près du lit des parents, mais à l'écart, dans une autre pièce.**
Le pire serait de contrarier l'éveil minime et le rendormissement spontané, de peur de cris qui gêneraient les aînés couchant dans la même chambre, le travail du père le lendemain ou les voisins grognons de l'étage en dessous. Les aînés et les voisins ont déjà trouvé leur équilibre de sommeil, ils le retrouveront même après quelques nuits chahutées. **Les enfants n'ont pas à faire seuls les frais, au détriment de leur équilibre cérébral, des logements exigus et mal isolés.** Il est toujours possible de mettre le berceau quelques nuits à l'autre bout de l'appartement, ou même dans la cuisine s'il n'y a pas d'autres pièces. L'important, pour le bébé, est d'être libre de faire un peu de bruit sans réveiller personne, et de se rendormir. Quant aux voisins, une parole aimable d'explication, un petit bouquet de fleurs, un sourire, et ils auront bien quelques nuits de patience.
Cela n'est vrai que pour les enfants en bonne santé. S'ils sont malades, toussent, vomissent ou risquent de s'étouffer tellement leur nez est bouché, il est facile et logique de rapprocher le berceau du lit des parents ou que l'un d'eux dorme une nuit ou deux dans la chambre de l'enfant. Mais si tout va bien, il est préférable pour lui de dormir seul. Il ne risque rien. Rien que la proximité de ses parents puisse résoudre.

Il existe, c'est vrai, des bébés qui meurent dans leur berceau, sans aucune cause connue. Mais ce risque est très peu important après 6 mois, si, bien sûr, les conseils pour éviter ce drame sont observés. Aujourd'hui encore 70 % des enfants décédés de mort subite en France sont retrouvés dans une literie et une position de couchage inadaptée ! (Voir p. 341) Après 6 mois, **le risque connu, évitable, c'est celui des troubles du sommeil.** Le spectre d'une mort subite inexpliquée ne doit pas fausser cet apprentissage. L'angoisse, la terreur des parents n'éviteront jamais rien, mais peuvent compromettre gravement l'équilibre de l'enfant et de toute la famille. Pour dominer cette obsession, seuls comptent la confiance en la vie, le **bonheur d'être** à ce moment-là, avec cet enfant-là. Refuser de se laisser envahir par des craintes inutiles. Accepter la vie telle qu'elle nous est donnée, jouir de chaque journée, de chaque nuit, de chaque sourire. Apprendre le risque de la vie...

Entre 6 et 9 mois, normalement, si tout ce que nous venons de raconter s'est déroulé sans encombre, tous les problèmes sont résolus. L'enfant a franchi les différentes étapes de la maturation, le rythme haché du nouveau-né, le rythme en libre cours de la phase intermédiaire. Il arrive maintenant à un sommeil de type « presque adulte » qu'il gardera, plus ou moins, toute sa vie.

À cet âge, un enfant sait dormir : il s'endort calmement, n'a plus besoin d'être nourri avant le matin, ne s'éveille plus en milieu de nuit, ou s'il s'agite un peu, se rendort spontanément sans avoir besoin de l'intervention de ses parents. Toute la famille a retrouvé des nuits calmes. Le couple parental reprend sa juste place, l'enfant s'intègre en douceur dans leur univers, dans le rythme de toute la famille. Abandonnant son rôle de nouveau-né, il devient facilement un nourrisson gai, joyeux, heureux d'évoluer, heureux de vivre, et heureux de dormir.

Il y aura, bien sûr, des périodes plus difficiles que d'autres, des moments de rechute, les jours de maladie, de douleurs, de poussées dentaires. Il y aura les change-ments de rythme d'un voyage, de l'entrée en crèche, de l'absence d'un des parents. Il y aura la peur de l'abandon vers 9 mois, lorsqu'il se sentira différent de sa mère. Il y aura les nuits agitées des périodes de grandes acquisitions : la marche, le langage, la propreté..., moments où le cerveau engrange à toute vitesse tellement de données nouvelles que le sommeil est un peu moins facile (exactement comme lorsque, beaucoup plus tard, l'enfant préparera un examen difficile). Il y aura les chagrins, les premiers désespoirs d'enfant et le sommeil troublé par des cauchemars.

Mais ces variations et toutes les périodes difficiles ne seront que transitoires et facilement résolues si l'enfant a appris à dormir, s'il possède dans son cerveau le schéma de base d'une bonne nuit. Il a su dormir, il saura retrouver le sommeil...

Pour ceux qui ne savent pas, ceux qui n'arrivent pas à trouver des nuits satisfaisantes, ceux dont les parents n'arrivent pas à vivre – sans savoir pourquoi – l'évolution que nous venons de décrire, il convient de détailler les problèmes qui peuvent survenir, et les moyens de les résoudre. Le chapitre suivant reprendra les différentes difficultés qui peuvent surgir pendant les premiers mois, les questions que se posent les parents au jour le jour devant leur tout-petit. Le chapitre 6 décrira longuement comment vaincre un trouble du sommeil installé, aussi bien chez le nourrisson que chez le grand enfant. Il n'y a pas d'âge pour les troubles du sommeil. Il y a toujours un moyen de les comprendre et une solution.

Chapitre 5

Les mille et une questions sur les 6 premiers mois

Dormir n'est pas un petit tour de force, il faut y veiller tout le jour durant.

F. Nietzsche

Dormir avec un tout-petit, lui apprendre à dormir, peut poser à de jeunes parents un certain nombre de questions sur l'interprétation des difficultés ou des malaises présentés par l'enfant. Tout est tellement nouveau, inattendu. Cet enfant dans son berceau est si différent du bébé imaginé, rêvé...

Il y a le bébé qui dort longtemps, se réveille très peu et donne l'impression de ne jamais manger. Celui qui pleure toute la journée, réclame à manger toutes les 10 minutes et se tord comme s'il avait mal. Il y a celui qui ne dort que dans les bras, celui qui se réveille dès qu'on le pose dans son berceau, celui qui semble n'avoir jamais sommeil, celui qu'une sucette apaise mais qui pleure dès qu'il l'a perdue... Nous allons examiner ces multiples situations, tenter d'expliquer ce qui se passe, de savoir comment réagir devant les difficultés, en cherchant toujours un juste équilibre entre l'enfant et ses parents, le moyen terme entre une éducation trop rigide nuisible à l'épanouissement de l'enfant, à son équilibre, et une incapacité éducative des parents, préjudiciable autant à l'enfant qu'au bien-être de la famille. Trouver le juste milieu entre la sévérité et la non-intervention, entre l'angoisse et l'optimisme, entre l'énervement et la volonté d'offrir toute la sécurité à un petit est un art difficile, un long travail de patience et de communication auquel les parents sont confrontés quotidiennement pendant de nombreuses années, sans avoir jamais été formés à ce métier, sans savoir au début pourquoi cet enfant, leur enfant, réagit comme il le fait... C'est un art qui s'apprend, qui s'apprend dès les premières semaines de vie. Il serait aberrant de fonctionner en deux temps, un temps pour la tendresse et ensuite, pour redresser la barre, un temps pour la sévérité. Mieux vaut dire l'amour, la tendresse au quotidien, mais dire aussi d'emblée au bébé ce que l'on attend de lui, chercher à être en paix avec lui : le combler d'amour sans le laisser envahir tout l'espace familial, le couvrir de tendresse pour qu'il trouve ses rythmes, pas pour que toute la famille apprenne à le supporter...

C'est cela le métier de parent.

Ce qui fait pleurer les enfants

Certains tout-petits pleurent beaucoup pendant les premiers mois de vie, ne sachant quand réclamer à manger, tétant tout ce qu'on leur présente, paraissant avoir mal, ne se calmant que dans les bras, perdus au moindre changement familial, demandant une présence et une disponibilité totales de leur mère, et, même, lorsqu'ils les obtiennent, maintiennent ce comportement douloureux et exigeant. Il est essentiel de les aider à sortir de ce malaise sans trop tarder, avant que ne se branche dans le cerveau l'idée que la vie est dure, que les pleurs sont un moyen privilégié d'expression et de revendication, que la sécurité ne vient qu'après le désespoir. Vivre en paix avec un tout-petit, lui donner les conditions pour qu'il soit, lui, en paix, c'est une immense preuve d'amour, et la première des priorités. Mais qu'est-ce qui fait pleurer un nouveau-né ?

La faim

Nous avons déjà évoqué au chapitre précédent le comportement des enfants en dysrythmie du soir. Les parents sont épuisés très vite par les cris prolongés ; ils ne savent comment y répondre, paniquent à l'idée que leur bébé manque de quelque chose. Ils multiplient les tétées, osent augmenter encore les biberons qui pourtant dépassent largement les normes indiquées sur les boîtes de lait ou dans les manuels de puériculture. Malgré cela, le bébé ne se calme pas, ou à peine. La maman qui allaite son bébé se persuade de manquer de lait ou imagine que son lait n'est pas bon. Elle entre dans l'engrenage des biberons de complément, se sent de moins en moins utile ou efficace pour son petit, frustrée de ne pas réussir l'allaitement désiré... Tout le monde s'inquiète, et l'enfant continue à réclamer à manger et à pleurer.

Devant un tel comportement, il convient de se poser deux questions :

~ Cet enfant a-t-il vraiment faim ?

~ Cet enfant ne mange-t-il pas trop ?

◇ Mange-t-il assez ?

Cette question est la plus facile à résoudre. Il suffit d'interpréter la courbe de poids des premières semaines et d'évaluer la ration journalière moyenne. Avec ces deux données, et compte tenu du fait qu'il y a dans la nature des gros et des petits appétits, il est simple de se faire une idée de la qualité d'alimentation de l'enfant.

• Le premier signe qu'un enfant est bien nourri, c'est le volume retrouvé dans sa couche. Si les urines sont abondantes, les selles quotidiennes ou pluriquotidiennes, c'est qu'il a bien pris sa ration de lait. En restriction alimentaire, les couches sont à peine mouillées.

• **La courbe de poids ne peut s'interpréter que sur une semaine environ.** Les variations au jour le jour ne sont pas significatives. Un bébé en bonne santé et qui se nourrit correctement reprend son poids de naissance avant le quinzième jour, souvent entre le cinquième et le huitième. À partir de là, la courbe est ascendante, mais pas de façon régulière. En moyenne, la prise pondérale est de 140 à 210 grammes par semaine. Sur les pages spéciales du carnet de santé, une bonne prise de poids du premier mois amène la courbe au niveau de l'angle supérieur droit du tracé. La courbe fléchit un peu dans le courant du deuxième mois, en moyenne 100 à 180 grammes par semaine. Elle diminue ensuite progressivement pour n'atteindre que 300 à 400 grammes au cours du quatrième mois. Le ralentissement est encore plus net entre le cinquième et le huitième mois.

• **La ration quotidienne normale d'un tout-petit dépend de son poids,** et non de son âge. Il est facile de mesurer la quantité de lait ingérée par un enfant au biberon, ce qui rassure – d'ailleurs à tort – parents et personnel soignant des maternités. Pour un enfant au sein, mieux vaut se fier à la courbe de poids globale, seule significative. Si l'on veut mesurer le volume des tétées, il faut absolument peser la totalité des tétées sur au moins 24 heures et si possible deux à trois jours consécutifs, car les variations quantitatives d'un repas à l'autre sont très importantes. Il faudrait aussi s'assurer que la balance avec laquelle on pèse l'enfant est d'une précision correcte pour les variations pondérales considérées. Mieux vaut donc considérer plutôt le comportement global de l'enfant, le résultat dans ses couches, et sa prise de poids hebdomadaire.

Une formule théorique permet de calculer une valeur moyenne pour les enfants nourris au biberon. Pour tenir compte de l'appétit de l'enfant, ces rations peuvent être majorées de 20 % au maximum :

quantité moyenne journalière de lait = dixième du poids corporel de l'enfant + 200 g ± 20 %.

Par exemple, pour un enfant de 4 200 g, la ration alimentaire théorique est de :

$$420 + 200 = 620 \text{ g}/24 \text{ heures.}$$

La ration maximale serait de :

$$620 + 125 = 745 \text{ g/jour.}$$

Pour un bébé au sein, la ration est celle qu'il prend quand on ne cherche pas à lui imposer d'horaire.

Il est démontré que le volume de lait augmente progressivement pendant les 4 premières semaines, atteint une moyenne de 800 ml par jour (avec de fortes variations individuelles), puis reste remarquablement stable pendant des mois. Le volume ingéré n'augmente plus, ce sont la digestion et l'utilisation métabolique qui progressent.

• **Ces chiffres de ration ne sont que théoriques** évidemment. Ils peuvent varier selon les jours suivant plusieurs paramètres :

~ la chaleur, donc la soif, provoquée par une chambre trop chaude, un bébé trop couvert, la sécheresse de l'air, la transpiration spontanée de l'enfant ;

~ plus rarement, l'enfant a soif parce qu'il reçoit du lait en poudre trop concentré, ce qui, loin de calmer son appétit, le met en déséquilibre hydrique et le conduit à beaucoup réclamer. C'est donc toujours une erreur de ne pas suivre scrupuleusement les consignes de préparation des laits artificiels ;

~ la consommation énergétique. Un bébé calme, qui dort beaucoup et s'agite peu dans son berceau, suffisamment couvert pour n'avoir pas à lutter contre le froid, consomme moins d'énergie que celui qui remue sans cesse, pleure interminablement ou doit lutter contre le refroidissement. C'est évident, comme le grand sportif consomme plus d'énergie en s'entraînant que le sédentaire dans son bureau, une réalité à prendre en compte ;

~ **l'appétit de l'enfant n'est jamais un acquis stable, mais peut varier beaucoup d'un jour à l'autre,** sans aucune pathologie sous-jacente.

~ La sensation de satiété est l'une des découvertes que l'enfant doit faire au cours des premiers mois de vie. **Les tout premiers temps, il peut ne pas savoir où il en est, et réclamer simplement parce qu'il ne sait pas qu'il n'a plus faim.** Les laits diététiques du premier âge mis au point ces dernières années ont été souvent accusés d'empêcher, par leur composition chimique, la sensation de satiété. Pour les enfants toujours affamés, on peut

Quel que soit le mode d'alimentation de l'enfant, il faut beaucoup de bon sens pour interpréter la courbe de poids et les chiffres de ration, et ne jamais se laisser duper par des chiffres qui ne correspondraient pas au comportement de l'enfant.

peut-être choisir des laits moins sophistiqués, à la formule plus ancienne, qui paraissent mieux rassasier les enfants voraces. La satiété est plus facile à découvrir par l'enfant au sein du fait de la variation de composition lipidique du lait maternel du début à la fin de la tétée, mais est moins facile à estimer directement par les parents. Chaque méthode a ses avantages.

~ si la courbe est franchement au-dessous de la moyenne que nous venons de décrire, et que l'enfant pleure énormément, n'est jamais rassasié, il a sans doute faim ; il faut alors compléter son alimentation pour lui permettre de se calmer et d'avoir une croissance pondérale satisfaisante ;

~ si la courbe est toujours au-dessous de la moyenne, mais que l'enfant est très calme, ne pleure pas, ne se réveille pas pour téter, mieux vaut consulter un médecin. Il s'agit peut-être tout simplement d'un enfant à petit appétit et croissance lente, mais il est préférable de s'en assurer. Ou d'un enfant né avant terme, qui ne sait pas trouver son rythme et se fatigue anormalement, ce qui nécessitera une prise en charge alimentaire différente pour l'aider à démarrer. Ou encore du premier signe d'une maladie : un enfant calme qui perd du poids, ou en prend très peu, nécessite un bilan médical rapide ; ou enfin, comme nous l'avons dit au chapitre précédent, le risque pour certains bébés allaités de ne pas prendre assez de lait et de se mettre en économie d'énergie ;

~ si la courbe de poids est bonne, que l'enfant grossit de façon satisfaisante mais pleure beaucoup, il ne convient pas de le nourrir davantage, mais de comprendre pourquoi il crie : besoin d'être bercé, difficultés à s'adapter à la vie extra-utérine, besoin de sucer, besoin de sécurité, besoin de dormir (qui, bien sûr, peut se manifester ainsi), besoin d'être changé, rassuré, caressé, réchauffé, besoin d'être laissé en paix pour pouvoir se calmer tout seul, besoin de pleurer aussi – pourquoi pas ? – besoin d'avoir le temps de s'endormir en pleurant pour découvrir ce que c'est, sans être immédiatement empoigné par des mains trop inquiètes, bienveillantes mais envahissantes ;

~ si la courbe de poids est nettement supérieure à la moyenne, l'enfant est suffisamment nourri. La question devient alors : n'a-t-il pas de problèmes parce qu'il mange trop ?

◇ **Mange-t-il trop ?**

Ce paragraphe ne s'applique qu'à des enfants au biberon qu'il est aisé de forcer, sur des volumes de rations décidés par les parents. Au sein, l'enfant s'arrête toujours de lui-même, mais pourra, selon le fonctionnement des seins de sa mère, prendre son volume quotidien de lait sur un nombre très variable de tétées : de 5 à 12 par jour, en moyenne. Limiter arbitrairement le nombre de tétées induit donc un risque de sous-alimentation pour certains enfants.

• En théorie, il n'y a pas de risques graves à manger plus que nécessaire : une prise de poids trop rapide, un travail métabolique superflu du foie et des reins, des selles molles, voire carrément liquides, parce que le lait en excès n'est même pas absorbé et « ne fait que passer », des urines abondantes pour éliminer toute l'eau ingérée, d'où l'inconfort d'être toujours mouillé et d'avoir les fesses irritées par cette humidité permanente – ce sont, en gros, les seuls inconvénients. S'ils ne durent que le temps de découvrir doucement la satiété, pas de problème. Les bébés nourris au sein ne se prépareront jamais par ce biais une obésité future catastrophique.
• En revanche, si l'excès alimentaire est systématique et prolongé, induit par des parents bien intentionnés mais anxieux, qui ne comprennent pas ce dont l'enfant a besoin, si, malgré la prise de poids très rapide, les parents ne réduisent pas progressivement les apports au bout de quelques semaines, alors peut s'installer un cercle vicieux préjudiciable à la santé de l'enfant. L'excès de biberon entraîne un inconfort digestif, un malaise diffus. Comme, à cet âge-là, tout inconfort est vécu, traduit comme de la faim, l'enfant réclame toujours davantage... et le cercle vicieux s'enclenche. S'il dure plusieurs mois, l'enfant peut effectivement deve-

nir trop gros et aller tout droit vers l'obésité. Ce n'est pas le plus ennuyeux, car on pourra toujours y remédier par une diététique appropriée.

• Le plus grave, c'est que, **chez l'enfant ainsi gavé, trois équilibres fondamentaux sont faussés :**

~ il n'a aucune chance de découvrir la satiété, a toujours faim, à n'importe quelle heure du jour et de la nuit, et plus il mange, plus il est mal, donc plus il croit avoir faim. Toute sa vie, il risque de chercher comment satisfaire son appétit, puis comment contrebalancer par des régimes les erreurs que son organisme fait sans cesse par méconnaissance profonde de ses propres besoins ;

~ le deuxième risque, très proche du précédent, c'est que l'enfant branche dans ses circuits cérébraux la notion que tout malaise se règle par « quelque chose qui se mange », et que l'enfant – puis l'adulte – ne sache plus reconnaître ses vrais besoins, les causes de ses « mal-être ». Beaucoup d'humains, de n'importe quel âge, mangent quand ils ont soif, mangent parce qu'ils ont sommeil, mangent pour calmer leur angoisse, mangent pour apaiser une douleur ou pour combler un moment d'ennui. Et les ennuis digestifs et pondéraux qui en résultent ne font qu'aggraver les difficultés. Il est donc essentiel d'éviter cet enchaînement anormal ;

~ troisième risque évident : nourrir un enfant chaque fois qu'il pleure, c'est méconnaître les moments de fatigue, le besoin de dormir. Si ces interventions se reproduisent souvent, l'enfant se fatigue, dort moins bien, n'a plus les moyens de récupérer par de longues plages de sommeil paisible. Il cherche à manger chaque fois qu'il a sommeil, mélange les signes profonds de son corps entre la faim et l'endormissement, et n'arrive plus à se constituer un rythme veille-sommeil satisfaisant, ce qui peut entraîner des troubles graves du sommeil.

• **Pour sortir de cet engrenage,** il suffit de faire comprendre à l'enfant qu'il a assez mangé, qu'il peut trouver d'autres apaisements. Se nourrir correctement est
l'une de ses compétences, il peut et doit trouver son
rythme. Au pire, après les premières semaines, s'il n'a
pas assez tété et qu'il attend un peu, il comprendra
qu'il lui faudra se nourrir davantage au repas suivant. C'est important qu'il apprenne à réguler aussi
bien ses horaires que les quantités alimentaires qu'il
prend. Et pour le faire patienter, on peut toujours le
promener, le bercer, lui parler, le baigner, vivre avec
lui un moment de plaisir sous une forme ou sous une
autre. Être parent ne consiste pas seulement à jouer
un rôle nourricier.

Il ne suffit pas de bourrer l'enfant de nourriture pour
être une bonne mère. Il faut lui faire découvrir les limites
de ses besoins pour lui permettre de trouver ses équilibres profonds de sommeil et d'alimentation. Toute
éducation a quelque chose de frustrant pour l'enfant,
mais vise son bien-être personnel. Il n'y a donc pas lieu
de se culpabiliser d'aider l'enfant à se dégager à temps
d'un engrenage contraire à ce bien-être. Être parent, c'est
**apprendre à dire non à un appel qui n'est pas bon,
refuser de nourrir à tort et à travers, mais consoler
et rassurer l'enfant, et le féliciter de savoir évoluer.**
Il nous faut sortir des schémas traditionnels de parents
« nourriciers », qui croient avoir « tout fait » pour leur
enfant parce qu'ils l'ont beaucoup nourri. Vivre en paix
avec l'enfant, lui donner une totale assurance d'être
désiré, aimé, entouré, compris ; lui dire combien toutes
ses acquisitions sont source de bonheur et de fierté pour
toute la famille est autrement plus important.

Le besoin de sucer

Un enfant qui semble avoir toujours faim a peut-être tout simplement envie de sucer. Téter, pendant les premiers mois, c'est la sécurité fondamentale, c'est le premier plaisir, le plus primitif. Au-delà de la faim, et de sa satisfaction, l'enfant conserve souvent un besoin presque rituel, intense, de sucer, de prolonger de longues heures le mouvement de sa langue et de ses lèvres. Il y a le plaisir répétitif du mouvement, le lien utopique ou réel à la mère, la caresse de la tétine dans la bouche, l'apaisement provoqué par cette activité rythmique. C'est une réelle conduite érotique, modulant un authentique plaisir.

◇ **Pendant les premières semaines de vie**

Ce besoin de sucer peut se manifester de diverses manières. La tétée prolongée du bébé au sein qui n'accepte pas de se séparer de sa mère et réclame chaque jour de longues heures de disponibilité pour paraître – enfin! – satisfait. Le besoin impérieux d'une sucette procurée par les parents, sucette qui devient en quelques jours un instrument indispensable au calme et à l'endormissement. La découverte précoce du pouce, parfois dès les premières minutes de vie. Chez certains nouveau-nés, la forme du pouce prouve à l'évidence qu'il a été largement sucé pendant la vie intra-utérine. D'autres enfants attrapent dès les premiers jours de vie un bout de drap, un morceau d'étoffe, le coin d'un jouet, le col d'un vêtement pour le sucer avec délice. Enfin tous les bébés, même ceux qui ne présentent aucune de ces manifestations, tètent leur langue pendant des heures chaque jour, en jouant, en s'endormant, et même au cours du sommeil. On voit très bien le mouvement des joues et celui de la langue entre les gencives.

• **Faut-il, ou non, favoriser ce comportement?** Est-il judicieux de fournir une sucette à un tout-petit pour l'aider à s'apaiser? La question est souvent posée au cours des consultations pédiatriques[1]. La réponse, évidemment, dépend largement de la personnalité du médecin concerné. Les plus techniciens, ceux qui jugent primordial l'alignement des dents ou la discipline précoce y seront absolument opposés. En revanche, ceux qui pensent qu'un nouveau-né est au monde pour explorer son corps, ses capacités de jouissance, pour profiter au maximum de tout ce que la vie peut lui offrir, en évitant le plus possible les frustrations et les manques, n'auront pas les mêmes interdits. Question de morale et de sensibilité...

Pour nous, la réponse se situe dans un juste milieu. L'idéal serait de laisser l'enfant vivre ce qu'il désire sans intervenir, ni pour favoriser ni pour interdire un comportement de succion. Son plaisir est à lui, qu'il le module à sa guise, avec ses propres moyens. Les dents ne risquent rien si la succion est modérée au-delà du sixième mois, et la meilleure manière de la modérer est, sans doute, de la laisser totalement libre dans les premières semaines de vie. Si les parents décident de proposer une sucette à leur enfant pour qu'il se calme, c'est une intervention extérieure. Pourquoi pas? À condition de ne le faire que pour aider l'enfant les tout premiers temps, et de savoir s'arrêter dès que le bébé peut trouver d'autres moyens de se rassurer, de se calmer.

◇ **Au-delà de 4 à 6 mois**

Il faudrait savoir faire disparaître les sucettes.

---

1. Voir en annexe p. 359 : Marie Thirion, « La controverse de la sucette : les médecins peuvent-ils avoir un avis ? », 2002.

• Le risque est grand qu'elles soient utilisées chaque fois qu'on veut faire taire l'enfant, le forcer au silence, et c'est là un comportement éducatif extrêmement suspect... tellement banal qu'on oublie de l'analyser comme tel. Savez-vous qu'en espagnol sucette se dit « tais-toi », et qu'aux États-Unis on l'appelle « pacificateur » ? Ces noms ne disent-ils pas d'eux-mêmes l'usage excessif qui peut en être fait ?

• La sucette pour dormir peut induire une dépendance de l'enfant envers ses parents, une condition d'endormissement dont ils sont les maîtres ou les garants, donc être à l'origine d'un trouble du sommeil. Chaque fois qu'en dormant l'enfant perdra sa sucette, il peut se réveiller et demander que l'un de ses parents se lève pour la lui redonner. C'est une raison très classique des appels multiples chaque nuit au-delà de 6 mois, raison à bien connaître pour savoir l'éviter. Nous y reviendrons longuement au chapitre 7.

L'influence d'excitants

Encore une question à ne pas oublier de se poser devant un enfant agité, qui dort très peu longtemps, a de grandes difficultés à se calmer, à s'endormir, et qui, comme toujours dans ces cas-là, semble avoir faim toute la journée.

◇ Des excitations intérieures

Si l'enfant est allaité par sa mère, il est nécessaire de rechercher les excitants pris par la mère, même si ceux-ci ne génèrent chez elle aucune réaction visible.

• **L'alcool, le café, le thé, le tabac passent dans le lait,** auront une action excitante directe sur le bébé et l'empêcheront de dormir. Il serait préférable pour son équilibre neurologique de supprimer totalement ce genre de produits, ou au moins d'en diminuer sérieusement les doses pendant la grossesse et toute la durée de l'allaitement. Ces drogues, que l'on dit « douces », agissent directement sur le cerveau et ne sont sûrement pas très indiquées pendant toute la période de construction cérébrale active, donc pendant les deux premières années de vie. Il ne nous viendrait pas à l'idée de mettre du café dans les biberons d'un nourrisson. Pourquoi ne pas prendre les mêmes précautions pour un fœtus ou pour un bébé au sein ? C'est une chose courante, en pédiatrie, que de voir le comportement d'un bébé changer du jour au lendemain, devenir calme et paisible, avoir un sommeil bien plus organisé dès que la mère supprime tout excitant. Si l'enfant est très calme, elle peut s'en accorder de faibles doses. Leur toxicité n'est pas majeure. En revanche, si l'enfant est très agité, il est indispensable de les supprimer, avant même de rechercher une autre cause à son agitation.

• **Certains médicaments** peuvent provoquer le même type de réactions : ceux contenant de la caféine, du camphre, de la théophylline, de l'alcool... Les médecins les connaissent bien et, sauf cas de nécessité urgente, ne les prescrivent pas à une femme qui allaite. Il convient donc de toujours rappeler au médecin cet allaitement et de voir avec lui s'il n'y a pas une autre thérapeutique possible. La grossesse et l'allaitement sont des périodes où il faut éviter à tout prix l'automédication, la prise non contrôlée de médicaments réputés anodins, car les produits les plus courants, de grande consommation, ne sont pas toujours dénués de risques pour un tout-petit et peuvent le faire réagir de façon anormale. L'aspirine, par exemple, produit de base de toutes les pharmacies familiales, peut entraîner de sérieux risques d'acidose, avec excitation et troubles respiratoires chez l'enfant, même si la mère n'en absorbe que des doses modérées. Mieux vaut s'abstenir, ou n'en prendre que lorsque c'est absolument nécessaire, aux doses les plus faibles possible, pour un temps le plus court possible.

• Un autre cas d'excitation médicamenteuse peut s'observer dans les premiers jours de vie, lorsque la mère a pris de façon régulière, en fin de grossesse, des **sédatifs**. On constate une agitation extrême de l'enfant, il pleure sans arrêt, ne peut pas dormir : ce sont de véritables réactions de manque pouvant nécessiter une thérapeutique sédative substitutive, avec diminution progressive des doses pour réaliser un sevrage du médicament. Les bébés de mères toxicomanes auront des problèmes encore plus sévères, d'authentiques crises de manque susceptibles d'entraîner une surveillance hospitalière sérieuse. C'est dire à quel point tous les médicaments ou drogues pris par la mère pendant sa grossesse et son allaitement peuvent avoir des conséquences sur le sommeil de l'enfant.

◊ Des excitations extérieures

Pour tous les enfants, qu'ils soient nourris au sein ou au biberon, l'excitation peut venir de l'extérieur, des conditions de l'environnement, handicapant le repos et l'acquisition des rythmes spontanés de sommeil.

• **L'environnement :** il peut s'agir du **bruit** dans la pièce, si le bébé dort dans un lieu rempli de personnes bruyantes, devant la télévision, au milieu du brouhaha des conversations et de la fumée des cigarettes. Le **tabagisme passif** subi par l'enfant dont les parents fument autour de lui, ou pire, dans la voiture quand il y est, représente des doses de nicotine qui ne sont pas négligeables et peuvent avoir un effet toxique (troubles respiratoires et apnées) et excitant (agitation et troubles du sommeil). Le bruit des rues, la pollution des voitures, le brouhaha des grands magasins, des aéroports, des stades devraient absolument être épargnés à un bébé qui va dormir.

Il existe, nous le savons, des adaptations au bruit. Une étude faite au Japon, dans la ville d'Itami, en bordure de l'aéroport d'Osaka, le montre. Malgré le vacarme monstrueux des énormes avions de ligne passant à basse altitude au-dessus des maisons, certains bébés dorment calmement, tandis que d'autres présentent d'importants troubles du sommeil. Or, la différence entre ces deux groupes de bébés, c'est que les premiers ont été conçus à Itami, se sont habitués au bruit pendant leur vie intra-utérine, tandis que les mauvais dormeurs ont été « transplantés » à la fin de la grossesse de leur maman ou après la naissance...

On pourrait, en extrapolant un peu les résultats de cette étude, dire qu'**un bébé peut globalement dormir dans le bruit habituel de l'environnement familial, au niveau sonore qui a été celui de sa vie intra-utérine.** Il est connu, par exemple, que les enfants de familles nombreuses paraissent moins sensibles au bruit que les enfants uniques, et acceptent de dormir dans des conditions qui gâcheraient à coup sûr le sommeil des enfants du même âge élevés dans le silence. Les bébés de parents musiciens ne sont guère gênés par la sonorité des instruments ou des disques familiaux. Ils les connaissaient avant leur naissance et savent s'endormir au son d'une mélodie. Il n'est donc peut-être pas indispensable de faire un silence complet dans une maison normalement très bruyante pour permettre au nouveau-né – de cette famille-là – d'y dormir. Une simple atténuation du bruit de fond suffit à assurer de bonnes conditions de sommeil.

• **Les sollicitations :** le bruit n'est pas la source d'excitation la plus importante chez un petit enfant. La multiplication des sollicitations extérieures perturbe bien davantage son rythme intérieur et risque d'entraver l'acquisition de ses équilibres spontanés.

Trop solliciter un enfant, c'est :

~ lui parler, le remuer, le changer au moment où il semble vouloir s'endormir ;

~ se précipiter vers le berceau au moindre mouvement, au plus petit cri, pour s'assurer que tout va bien, au risque de le réveiller en plein sommeil ;

~ obliger un tout-petit à un trop long moment d'attention et de communication, alors qu'il se fatigue très vite et voudrait « décrocher » ;

~ le déranger dans un moment de repos calme pour lui demander de sourire à un visiteur de passage ;

~ lui offrir à manger quand il grogne de lassitude ;

~ laisser au-dessus de lui, en permanence, un mobile coloré qu'il n'arrive pas à quitter des yeux au moment où il voudrait dormir ou mettre dans son berceau des jouets sonores qui vont « couiner » dès qu'il bouge ;

~ le réveiller pour prendre sa température, pour l'emmener à la crèche ou chez sa gardienne après l'avoir baigné et habillé alors qu'il aurait très bien pu y partir endormi et en pyjama, dans son berceau, ce qui lui aurait permis de continuer son sommeil. C'est le réveiller pour aller faire des courses puisqu'on ne peut le laisser seul ;

~ c'est l'installer devant la télévision allumée ;

~ c'est aussi répondre trop vite à ses demandes, réagir au moindre changement dans son comportement ou dans ses gazouillements, en ne lui laissant pas le temps de préciser sa demande, ni même celui de se rendre compte s'il y a, ou non, réellement une demande.

Il est facile d'envahir ainsi l'espace d'un tout-petit, de fausser sa connaissance de lui-même, ses perceptions profondes, et de lui désapprendre sans le savoir la sensation d'endormissement et le besoin de repos, de lui désapprendre l'autonomie.

Il est donc particulièrement important de savoir respecter dans toute la mesure du possible (et avec d'autant plus d'attention qu'il est plus petit) les moments d'éveil et de somnolence d'un jeune enfant. Suivre attentivement son rythme personnel, lui donner les moyens d'exprimer tout autant le besoin de dormir que la faim, la soif, le désir d'être changé ou celui d'être bercé.

> *Étant donné l'importance du sommeil pendant les premiers mois de vie, c'est la première chose à proposer à un bébé qui pleure et dont on ne comprend pas la demande.*

Lui donner les moyens de s'endormir, suggérer le silence et le calme, créer les conditions habituelles de son endormissement, ne pas céder à la panique. S'il a besoin de dormir, il s'apaisera progressivement et trouvera le sommeil, plus ou moins vite, mais avec ravissement. Si, en revanche, il a une autre demande, il saura le faire clairement comprendre, par des cris vigoureux caractéristiques qu'il apprendra vite à exprimer. À nous de lui faire confiance sur sa capacité à entrer dans le langage.

Les coliques du nourrisson

La question qui hante tous les parents lorsque leur enfant pleure, c'est celle de sa santé. N'y a-t-il pas quelque chose qui ne va pas, quelque chose qui lui fait mal ? Comment reconnaître les signes de douleur des moments de fatigue, ou des appels à la nourriture ? Quelles sont les principales raisons qui peuvent faire souffrir un nouveau-né en bonne santé ?

Les coliques du nouveau-né constituent probablement la première cause d'inconfort de nos petits. C'est une pathologie extrêmement répandue, qui survient vers la troisième semaine de vie, et peut durer pendant près de trois mois. Elle traduit l'immaturité du tube digestif, qui est incapable d'assurer un transit équilibré. Le lait est mal absorbé, même le lait maternel. La pullulation microbienne particulière liée au lactose favorise dans l'intestin un milieu acide qui accélère le transit, d'où des selles molles, parfois franchement liquides, une hyper-fermentation et une augmentation des contractions intestinales, qui deviennent fréquentes et douloureuses.

◊ **À quoi reconnaît-on les coliques?**

Il est difficile à la seule écoute des pleurs de faire la dif-férence entre l'enfant qui pleure pour une dysrythmie du soir et celui qui a vraiment mal au ventre. Quelques signes pourtant permettent de faire un diagnostic:

• **les douleurs sont importantes.** L'enfant est inquiet, plaintif, recroquevillé sur lui-même. Les spasmes le tirent brutalement de son sommeil, et il pleure franche-ment, cherchant à manger pour calmer son inconfort;
• **ces signes sont majorés lors des tétées.** Parfois, en plein milieu de son repas, l'enfant s'arrête et se met à hurler en rejetant le sein ou la tétine. Parfois aussi, l'heure qui suit le repas est la plus perturbée;
• **l'hyperfermentation se traduit par des gaz mul-tiples,** fétides, à l'odeur d'œuf pourri. Les selles sont très variables d'un moment à l'autre, avec alternance de selles liquides rapprochées et de véritables tableaux de constipation, suivis à nouveau d'une pseudo-débâcle diarrhéique;
• **les faux besoins sont très fréquents;** l'enfant semble pousser, chercher à évacuer des selles, mais sans résultat;
• à l'examen médical, **le ventre est tendu, ballonné, sonore** si on le tapote, comme un tambour plein d'air.

Le massage profond du ventre, réellement doulou-reux, permet l'élimination de nombreux gaz et soulage l'enfant ;

• surtout, **tous ces signes ne surviennent pas à heure fixe.** Ils varient d'un moment à l'autre de la journée, d'un jour à l'autre, de manière imprévisible, sans rapport direct ni avec des changements alimentaires, ni avec le rythme de vie de l'enfant, ni avec aucun facteur repérable.

Cette variabilité des signes déconcerte les parents. Ils doivent faire face presque en même temps à une diarrhée et à une constipation, à un enfant qui gloutonne puis qui refuse le sein au milieu de la tétée.

◇ **Que faire ?**

Il n'y a pas de traitement radical de ces symptômes, puisque l'origine en est l'immaturité du tube diges-tif. Le seul traitement est d'attendre l'âge de 3 mois où tout rentre dans l'ordre ! Toutefois, avant cela, quelques mesures simples peuvent améliorer considérablement la situation, soulager l'enfant.

• Le meilleur traitement consiste **à aider l'enfant à éliminer ses gaz,** car la distension intestinale qu'ils provoquent est très douloureuse. Ainsi, on peut lui masser le ventre (dans le sens des aiguilles d'une montre puisque c'est le sens du circuit intestinal), le réchauffer, le coucher à plat ventre sur les bras ou sur un coussin ou même sur une bouillotte pas trop chaude, le promener le ventre sur l'épaule de son père pour lui permettre de se replier. L'enfant de 1 ou 2 ans qui souffre de problèmes identiques s'installe dans son lit genoux repliés, fesses en l'air, ce qui en même temps comprime le ventre et facilite l'élimina-tion gazeuse. C'est sûrement une bonne position à proposer à un tout-petit, quand il est sur les genoux d'un adulte.

• Essayer de diminuer la charge en lactose de l'alimentation :

~ pour le bébé au sein, éliminer (en pressant doucement le mamelon) le lait de début de tétée riche en sucre et favoriser des tétées prolongées pour augmenter le volume lipidique ingéré. Éviter les compléments. Contrairement aux croyances populaires, l'alimentation de la mère qui nourrit son bébé n'a pas de lien direct avec les malaises de l'enfant, et elle n'a pas à suivre un régime particulier.

~ pour le bébé au biberon, refuser de le nourrir de façon anarchique, proposer des rations raisonnables et maintenir des intervalles corrects entre les tétées. Éviter de lui donner autre chose que du lait, surtout pas de jus de fruits.

• Si les signes sont importants, le médecin peut prescrire deux types de médicaments : des **antispasmodiques** pour calmer la douleur (ils ont l'inconvénient de ralentir le transit et d'augmenter les faux besoins) et des **absorbants des gaz**, pour diminuer la distension intestinale. Ces traitements n'agissent que sur les symptômes, et doivent être poursuivis jusqu'à la maturité intestinale du troisième mois.

• Le plus important est de ne pas céder à la panique. Créer un climat calme et rassurant constitue les neuf dixièmes du traitement et représente le plus sûr moyen de voir les signes disparaître dans les plus courts délais. L'escalade des paniques et des réassurances ne ferait qu'aggraver le problème. L'enfant a besoin de comprendre ce qui lui arrive, de sentir que ses parents dominent la situation. C'est une sécurité fondamentale qu'il recherchera souvent pendant toute son enfance et son adolescence. Bonne occasion pour des parents de montrer à leur bébé qu'ils sont en mesure de le rassurer, qu'ils sont là pour ça !

Comment moduler et faire disparaître les repas de nuit

Nous avons déjà abordé les principales notions de cette question dans l'itinéraire normal de sommeil des six premiers mois. Nous allons maintenant préciser comment obtenir des nuits complètes dans le cas où l'enfant paraît s'y refuser ou ne pas arriver à se passer de nourriture.

Ce qui réveille un enfant la nuit

◇ Ce n'est pas la faim

Il est très difficile de dire à quel âge un bébé peut ne pas manger une nuit entière, d'autant que la réponse n'est pas la même selon qu'il est nourri au sein ou au biberon. Pour prendre toute sa ration, un bébé au biberon pourra dès 4 à 6 mois s'organiser pour ne manger que la journée. Certains bébés au sein – et cela dépend de la capacité de production de la mère – réclameront aussi la nuit beaucoup plus longtemps. Il convient toutefois de se rappeler que rien ne sert de les bourrer de nourriture pour les faire dormir. Dans les conseils classiques de puériculture, il était souvent dit que, pour obtenir de l'enfant une nuit complète, il faut d'abord sevrer le bébé nourri au sein, lui donner un gros biberon avec de la farine, et qu'il dormira de lui-même les nuits qui suivront. C'est totalement faux.

◇ C'est un conditionnement horaire

Si copieux que puisse être le repas du soir, l'enfant habitué à recevoir son biberon ou sa tétée au milieu de la nuit, ou plusieurs fois par nuit, se réveille. Cela ne signifie pas qu'il a besoin de nourriture, mais qu'il est conditionné, réglé pour en recevoir à cette heure-là. Les appels alimentaires sont des phénomènes complexes. Encore moins que nous, **un bébé ne sait faire la différence entre un désir, une habitude, et un réel besoin.** Or l'alimentation, pour être équilibrée, doit répondre au besoin, pas seulement au désir. Plus on mange, plus on a faim, et la plupart des obésités graves de l'adulte sont des obésités d'«entraînement», de conditionnement, nées d'une incapacité, fabriquée dans les premiers mois de vie, à différencier besoin et désir, d'où les très grandes difficultés thérapeutiques ultérieures. Apprendre à reconnaître le plus tôt possible ce qui est réellement de la faim et ce qui n'est que désir de manger est l'un des points essentiels de notre équilibre.

◇ Et un conditionnement à l'endormissement

Deuxième problème, que nous aborderons de façon beaucoup plus détaillée au chapitre 6: l'endormissement-tétée. **Si un bébé s'endort en mangeant, il associe le fait de manger et le fait de s'endormir.** Lors des éveils spontanés de nuit, il cherche à retrouver les deux composantes de ce qu'il croit être son mode d'endormissement: diminution de vigilance et alimentation... et ne peut retrouver le sommeil s'il ne trouve pas à manger. Il est prisonnier de cette double logique.

Ce n'est pas parce qu'il a faim qu'il s'est éveillé, mais parce qu'il ne sait pas se rendormir qu'il a envie de manger.

◇ La dépendance

Dans cette double logique, la dépendance peut présenter deux aspects.

• L'enfant peut être dépendant du simple fait de sucer, de téter, et peut se satisfaire, pour se rendormir, de faibles quantités de lait et même d'eau, parfois d'une simple sucette.

• Il peut, aussi, être dépendant de grandes quantités de liquide, et ne pouvoir se rendormir que s'il a avalé un plein biberon, ou tété sa mère très longuement. Quelle que soit la quantité de lait avalée, l'enfant réclamera un nouveau repas au prochain mini-éveil de nuit, puisqu'il en est dépendant pour se rendormir.

Un enfant qui avale ainsi d'énormes quantités de liquide chaque nuit urine énormément. Ses couches débordent, il est toujours mouillé, son lit est inondé, il a froid, et **l'inconfort provoqué par toute cette humidité le réveille.** Il aura impérativement besoin d'être changé, et sera donc totalement réveillé... Ensuite, pour se rendormir, il réclamera à nouveau une grande quantité de liquide. Le cercle vicieux est évident.

◇ L'enfant n'arrive pas à organiser ses rythmes fondamentaux

Il ne comprend pas la différence entre le jour et la nuit, entre la sieste et le repos prolongé de nuit, et n'arrive pas à faire la transition des rythmes que vous avez vue p. 88 et suivantes. Il fonctionne en roue libre, ses horloges internes sont déréglées, ce qui peut influencer sa courbe pondérale (à cause des énormes quantités d'aliments qu'il ingurgite), son caractère, car il ne sait pas où il en est, et aussi son équilibre profond d'humain vivant aux rythmes du soleil et de la lune...

Comment y remédier

Quelques sollicitations douces et fermes sont nécessaires. Si on comprend l'importance de ce que nous venons de dire, la conduite à tenir est claire.

La première condition pour réussir cet apprentissage est de **choisir le meilleur moment.** Avant 3 ou 4 mois, certains bébés ont trouvé un rythme de bon sommeil nocturne, au grand bonheur de leurs parents. Cela ne signifie pas que tous puissent y arriver. Selon les bébés, et selon bien sûr la tolérance des parents, l'apprentissage que nous allons décrire interviendra plus ou moins tôt. **Ce n'est que pour les bébés de plus de 6 mois qui ne trouvent pas un équilibre jour-nuit satisfaisant qu'il deviendra impératif.**

Aider un enfant à trouver un équilibre de nuit est l'affaire de quelques jours.

◇ Rythmer les repas et les moments de sommeil

La régularité, jour après jour, de ces différentes activités est un paramètre essentiel pour que les «synchronisateurs» extérieurs puissent donner un rythme aux horloges intérieures profondes. Repas à heures fixes, bain, promenade, jeux toujours sur le même horaire, jusqu'à l'acquisition de nuits correctes : cela permet d'éviter d'authentiques décalages de phase. Coucher l'enfant le soir à heure fixe, entre 20 et 22 heures, dans une pièce obscure.

Cela signifie aussi cesser progressivement d'offrir le sein ou un petit complément de biberon au moindre pleur, au moindre malaise. L'enfant a bien d'autres manières d'être en paix et de se faire plaisir : rire, jouer avec son entourage, essayer de nouveaux sons, de nouvelles mimiques, se faire caresser, aller faire un tour de poussette...

◇ Supprimer les repas d'endormissement

Cela implique de poser l'enfant dans son lit avant qu'il ne s'endorme. On peut le faire progressivement pour donner au bébé le temps de s'habituer à son endormissement dans le berceau : au moment des siestes dans la journée, puis le soir au coucher, enfin au cours des éveils de nuit.

◇ Trouver un rituel d'endormissement

Ce rituel pourra être une position qui sera plus spécifiquement celle du sommeil, un compagnon en peluche toujours présent, un doudou sur le nez, n'importe quoi qui lui tiendra compagnie toute la nuit et qui, pour lui, sera synonyme d'endormissement. Lui dire en le couchant le soir : « Bonne nuit », et simplement « À tout à l'heure » au début d'une sieste, pour qu'il entende, même dans les mots, la différence entre les repos du jour et de la nuit.

◇ Éviter de l'aider à s'endormir

En le berçant, en lui parlant, en lui tenant la main, en lui donnant une sucette, toutes choses dont il aurait à nouveau besoin au milieu de la nuit pour se rendormir.

◇ Diminuer la prise nocturne de lait

Si l'enfant est nourri au biberon, il suffit de réduire nuit après nuit la ration proposée dans chaque biberon. Un exemple : si l'enfant avale la nuit 180 grammes de lait – une ou plusieurs fois par nuit, le principe est le même –, diminuer de 30 grammes chaque fois. La première nuit les biberons seront de 150 grammes, la deuxième de 120 grammes, la troisième de 90 grammes... Si l'enfant est remis dans son lit immédiatement après ce biberon, avant l'endormissement, il désapprend en même temps l'impression de faim à chaque éveil et l'endormissement en mangeant.

    ~ Certains bébés sont tellement dépendants de l'énorme quantité de liquide qu'ils avalent la nuit qu'ils n'acceptent pas cette brutale diminution. On peut envisager alors deux étapes : une première où le volume du biberon reste le même, mais où la concentration du lait diminue progressivement (six mesures dans 180 grammes d'eau, puis cinq mesures toujours dans 180, puis quatre mesures...). L'enfant ne buvant plus que de l'eau désapprend la faim. La deuxième étape consiste à diminuer progressivement le volume. Souvent l'enfant, mécontent de ne boire que de l'eau qu'il n'aime guère, préfère ne plus se réveiller et règle ainsi le problème de lui-même.

Cette deuxième solution est en fait peu satisfaisante. Les bébés ne se laissent guère leurrer. La multiplication des étapes augmente les risques : risque pour l'enfant de ne pas comprendre ce que ses parents attendent de lui, risque pour les parents de « craquer » à un moment ou un autre devant les appels de leur bébé.

◊ Espacer les repas de nuit

C'est une étape essentielle, mais aussi la plus difficile à gérer. Les parents ont sommeil, voudraient retourner rapidement dans leur lit, et l'heure n'est guère à la négociation. En plus, il ne sert à rien de laisser pleurer longtemps un enfant la nuit. C'est une situation beaucoup trop inconfortable pour tous et terriblement angoissante. Il s'agit donc d'inventer le plus doucement possible un équilibre.

• **Chercher tous les moyens d'apaisement :** poser une main sur son ventre, le rassurer d'une présence, attendre un peu avant de se manifester pour lui donner une chance de se rendormir, parler doucement... Tout peut être tenté, à la condition expresse de bien garder en tête qu'il s'agit d'un apprentissage vers l'autonomie et non de créer une nouvelle association d'endormissement.

• **Si l'enfant est nourri au sein,** le processus est exactement identique. Il faudra simplement diminuer progressivement les durées des tétées et que le père aille, lui, consoler et faire patienter l'enfant au cours de la nuit. Non par autorité ou hiérarchie familiale, mais tout bêtement car il ne porte pas sur lui l'odeur du lait, des seins, inséparable pour l'enfant de l'idée d'une tétée immédiate.

Certaines mères ont beaucoup de mal à supprimer la tétée d'endormissement du soir, redoutant de perdre ce moment de bonheur réciproque avec l'enfant. S'il dort toute la nuit, pourquoi ne pas la lui offrir ?

Répétons-le, il n'est pas question pour nous d'interdire ces merveilleux instants pour des raisons « éducatives » au sens le plus normatif du terme. Le problème ne se pose que pour les bébés qui en font une association nécessaire à leur endormissement, ceux qui « rejouent le scénario complet » plusieurs fois par nuit et pourraient se préparer des troubles durables du sommeil. Pour les autres, dormant paisiblement de longues heures dans leur berceau, tous les bonheurs du soir sont possibles.

Ce que nous voudrions redire, en terminant ces quelques pages, c'est que **ce temps d'adaptation est très rapide.** Malgré les craintes de la plupart des parents, qui imaginent de longues semaines de bagarre, l'enfant apprend à dormir la nuit en moins d'une semaine dans la grande majorité des cas et, bien souvent, en deux ou trois nuits. Il a senti la différence, compris ce qui lui est proposé, et s'y soumet de bonne grâce puisqu'il y gagne en équilibre et en disponibilité pendant la journée. Son bien-être augmente et il peut consacrer son énergie à d'autres évolutions, à d'autres découvertes, à l'émerveillement de tout son entourage.

Si cet équilibre n'est pas atteint en moins de deux semaines, les parents ont à s'interroger sur leur propre comportement. Ne sont-ils pas en train d'induire, par manque de fermeté ou par incapacité éducative, des comportements de lutte, d'hésitation et de rejet qui compliquent l'évolution du bébé? Craignent-ils d'être moins aimés, d'être source de souffrance ou de trouble pour leur enfant? Ont-ils bien compris la disproportion entre quelques jours d'incitation douce à une évolution et des mois ou des années de déséquilibre? Tout le problème est là.

Les changements de rythme des premiers mois

Il est souvent nécessaire de bousculer un enfant pendant les premiers mois de vie, de lui faire subir un certain nombre de changements de rythmes consécutifs à l'emploi du temps des parents, des voyages, des vacances, la reprise du travail par la mère, parfois une hospitalisation... Chaque changement, en pleine période de mise en place des rythmes, peut en compromettre la recherche. Il est donc fondamental pour tous, parents, assistantes maternelles, soignants des crèches ou des hôpitaux, de se préoccuper de connaître le rythme habituel de l'enfant qu'ils prennent en charge, afin d'éviter les transformations radicales préjudiciables à l'équilibre de son sommeil.

Le voyage

Si un voyage est nécessaire, l'environnement de sommeil devrait rester le même, si possible le même lit, les mêmes draps que la veille, imprégnés d'une odeur que l'enfant connaît déjà. Il faut aussi s'efforcer de le nourrir aux mêmes heures que les jours précédents, sans retarder un repas sous prétexte d'arriver à l'heure à bon port, sans profiter de l'endormissement inhabituel provoqué par le bercement de la voiture, sans le laisser crier parce que le train entre en gare... S'il est nécessaire de le réveiller, tenter d'attendre la fin d'une phase de sommeil agité, le choc physique du réveil sera moindre puisqu'il s'agit d'un moment d'éveil spontané.

Le décalage horaire

C'est une adaptation difficile pour un tout-petit. Se retrouver brutalement à « contre-jour » ou à « contre-nuit » est dur à gérer. Son cerveau, tout préoccupé de son horloge interne, a des difficultés à engranger cette transformation supplémentaire inattendue. Il lui faudra beaucoup de temps, pendant lequel les parents devront accepter de maintenir les anciens rythmes en les modulant très progressivement pour « rattraper le cours du soleil ». Cela ne se justifie que pour un séjour prolongé. Si le voyage doit être de courte durée, une à deux semaines, mieux vaut vivre en conservant les horaires du lieu où l'enfant retournera vivre très prochainement.

Le décalage horaire saisonnier en France ces dernières années pose peu de problèmes. L'enfant après 4 mois met environ une semaine à s'adapter. Cette transition est plus difficile au printemps ; mais elle ne posera pas de problème si les parents avancent ou reculent progressivement les heures de coucher, de lever et de sieste au cours de la semaine qui précède ou qui suit le changement horaire.

Les vacances

Les vacances familiales ne devraient pas être synonymes de perturbation de rythme pour un petit enfant. Il bénéficiera des aspects positifs : présence continuelle du père et de la mère, disponibilité, bonheur de tous, mais il n'est pas en âge de circuler dans n'importe quelles conditions pour suivre le reste de la famille. Il n'a rien à faire sur une plage, en pleine chaleur, au milieu des hurlements et des rires des enfants qui jouent autour de lui au moment habituel de sa sieste. Il n'est pas question de l'emmener le soir dans un lieu bruyant et très éclairé à l'heure où il s'endort, même si la fraîcheur des soirées incite aux promenades et aux rencontres. Que dire des chambres d'hôtel mal insonorisées où il est impossible de le laisser pleurer quelques instants avant qu'il ne se rendorme ? Que dire des maisons de campagne surpeuplées par l'arrivage massif de multiples cousins et cousines, où il n'a plus de lieu personnel pour s'endormir et où il risque de réveiller tout le monde ? Que penser des campings souvent très bruyants jusque tard dans la nuit et où même les enfants de 2 ou 3 ans dotés d'un très bon sommeil habituel n'arrivent guère à aller se coucher ? Réfléchir à toutes ces questions, tenter d'inventer un système de vacances satisfaisant pour les parents mais aussi pour les enfants, et qui ne troublera pas l'acquisition de l'équilibre du tout-petit, nous paraît de la plus haute importance.

L'adaptation au mode de garde

L'enfant doit aller à la crèche, ou passer ses journées chez une gardienne. Ces nouvelles conditions interviennent souvent avant l'âge de l'équilibre, donc dans une période vulnérable. Deux précautions s'imposent.

Il serait judicieux que **le changement de berceau ne soit pas radical,** du jour au lendemain, que l'enfant puisse garder quelques points de repère. Mettre des draps « de chez lui » dans le berceau de l'assistante maternelle ou de la crèche, le coucher avec un jouet connu, qui séjournait jusque-là dans son berceau familial, laisser près de lui un vêtement ou un foulard porté par sa mère, imprégné de son odeur... Et puis peut-être, pendant quelques jours de « rodage », le coucher dans ce lit dans la journée alors qu'il entend la voix de sa mère dans une pièce à côté, parlant avec la gardienne ou avec l'équipe de puéricultrices de la crèche. Elle expliquera, par exemple, comment elle procède pour coucher l'enfant, pour que les gestes de tous se ressemblent et s'harmonisent. Ces petits détails peuvent réduire au maximum les difficultés du changement et les risques de perturbation de son sommeil.

Il serait bon que les parents communiquent un agenda des dernières semaines de l'enfant, illustrant où il en est dans l'établissement de ses rythmes, analysant s'il a atteint un équilibre de 24 heures, ou s'il cherche encore son rythme jour-nuit (voir p. 5). Agenda où seraient notés fidèlement chaque moment de sieste ou d'éveil, les heures des repas, les moments de promenade, les moments de pleurs... Agenda tenu tout autant par les parents le soir ou le week-end que dans la journée, en semaine, par l'assistante maternelle ou les puéricultrices de la crèche.

Pendant toute cette période, il serait souhaitable que les personnes qui prennent la responsabilité de s'occuper de l'enfant acceptent de se plier à son rythme jusqu'à ce que l'équilibre apparaisse. L'agenda permettra autant d'harmoniser le comportement des parents et celui des soignants que de déterminer le moment où l'enfant sera effectivement sur 24 heures et pourra entrer dans le circuit régulier des autres bambins du même âge.

L'hospitalisation

De toute évidence, un nourrisson hospitalisé devrait bénéficier de la même qualité d'accueil et de respect de ses rythmes que celui qui va passer ses journées en crèche ou en garderie. La maladie est déjà une difficulté qu'il a à surmonter. Pourquoi lui imposer, en plus, une rupture de rythme aggravant le risque de ne plus savoir où il est, où il en est ? Les soignants sont de plus en plus conscients qu'il faut laisser un nourrisson, même gravement malade, s'éveiller et s'endormir spontanément. Mais les nécessités d'organisation des équipes et les restrictions draconiennes de crédits et de personnel que subissent les hôpitaux depuis quelques années rendent cet impératif de plus en plus problématique. Aux parents d'obtenir, conscients qu'ils sont de l'importance de ce qu'ils demandent, une prise en charge attentive et respectueuse du sommeil de leur petit.

L'enfant malade et le sommeil

Il souffre d'une maladie aiguë

Toute maladie, même légère, gêne le sommeil. Un gros rhume, une douleur d'oreille, une poussée dentaire, un érythème fessier, une bronchite, une toux quinteuse de trachéite, la soif au cours d'une hyperthermie, tout cela peut modifier le sommeil.

Pendant l'épisode aigu, évidemment, priorité à la maladie et à son soulagement. Si l'enfant pleure parce qu'il a mal, il ne peut rien apprendre d'autre et a tout à fait besoin d'être consolé et entouré. S'il tousse beaucoup, s'il a beaucoup de fièvre, s'il a mal et risque d'appeler souvent, il y a lieu de rapprocher son berceau du lit des parents. Mais uniquement pendant le temps réel de la maladie. Le risque, courant, est de ne pas discerner le moment où l'enfant va mieux et de continuer à le rassurer, à le bercer comme s'il avait encore mal.

Les bobos de la première année

Le risque, courant, est de ne pas discerner le moment où l'enfant va mieux et de continuer à le rassurer, à le bercer comme s'il avait encore mal. Une poussée dentaire peut être douloureuse, mais pas toutes les nuits pendant six mois. Un rhume peut suffire à gêner le sommeil car l'enfant de moins de 6 mois ne peut que très difficilement respirer par la bouche (si son nez se bouche, il s'étouffe et pleure), mais on entend très vite la différence entre un nez qui ventile et un nez bouché. Une trachéite peut faire tousser l'enfant pendant des semaines, mais c'est une toux banale, non suffocante, qui ne réveille même plus l'enfant et ne lui fait courir aucun risque... Une otite peut le réveiller pendant plusieurs nuits, même si le jour il paraît peu souffrir. En effet, les douleurs d'oreille sont majorées en position couchée et diminuent en position verticale. Dans ce cas, il serait préférable de faire voir les tympans au médecin traitant pour adapter au mieux la conduite à tenir. L'otite est pratiquement le seul cas où les parents ne peuvent faire eux-mêmes le diagnostic, donc le seul cas où une consultation médicale pourra utilement les aider. Si les tympans sont normaux, l'enfant peut dormir ou redormir la nuit. S'il souffre encore, il a besoin d'être aidé et consolé. Il vaut peut-être mieux deux ou trois consultations rapprochées, pour bien cerner le problème, que de s'installer pendant des mois dans un trouble du sommeil par incompréhension.

Il souffre d'une maladie chronique

Certaines maladies chroniques de l'enfant peuvent induire de longs états de veille et gêner l'apprentissage du sommeil. Il sera utile d'y penser et de consulter sans tarder devant des signes cliniques d'appel évocateurs. Les causes les plus fréquentes sont :

~ un syndrome obstructif, provoqué par une gêne mécanique du passage de l'air dans le nez ou le pharynx par de grosses végétations et amygdales (voir p. 334) ;

~ une otite chronique douloureuse en position couchée ;

~ certains reflux gastro-œsophagiens ; ils n'entraînent que très peu de régurgitations visibles, mais l'irritation chronique de l'œsophage gêne douloureusement l'enfant et contrarie son sommeil ;

~ une hernie inguinale, car la boucle intestinale enserrée dans l'anneau herniaire peut entraîner une gêne du transit et un inconfort en dehors de tout épisode aigu de torsion ;

~ plus rarement, une allergie aux protéines du lait de vache, qui peut se manifester par des troubles importants du sommeil. La suppression de la protéine allergisante, donc de tous les aliments contenant du lait et le passage à un lait de régime suffisent alors à faire dormir l'enfant après un délai de deux à quatre semaines ;

~ beaucoup plus rares, et dans des contextes pathologiques graves, certaines maladies neurologiques ou certains handicaps cérébraux sévères, certains déficits sensoriels ou troubles psychologiques graves peuvent se manifester par des troubles du sommeil. Dans ces cas, le sommeil n'est qu'un paramètre parmi de multiples signes cliniques au premier plan. Restons logiques et raisonnables : il ne saurait être question d'évoquer de telles causes devant les troubles du sommeil isolés d'un bébé en pleine forme !

**Sur quels symptômes suspecter
une cause organique de troubles du sommeil**

- Éveils longs, diminution du temps de sommeil importante
- Agitation dans la journée anormale
- Troubles alimentaires
- Cassure de la courbe staturo-pondérale
- Ronflement anormal
- Hypersudation
- Régurgitations anormales

Le difficile métier de parent

La cause pathologique la plus fréquemment retrouvée dans les troubles du sommeil de l'enfant est une cause... maternelle. Une dépression nerveuse de la mère non reconnue, ni d'elle ni de son entourage, est une réalité très fréquente. Il ne s'agit pas d'une dépression profonde avec isolement, tristesse, manque d'échanges avec le bébé, mais plutôt d'un tableau larvé d'inquiétude diffuse, de peur d'affronter le bébé et ses pleurs, une certaine façon de répondre trop vite, trop intensément à la moindre de ses demandes. Quelques entretiens d'écoute et de soutien psychothérapeutique suffiront pour que tout rentre dans l'ordre.

Fusion-séparation : la première étape de l'autonomie

Dormir dans les bras, blotti contre l'être aimé, la tête sur son épaule, bercé par le doux bruit du cœur qui bat tout proche et par le souffle régulier de sa respiration, c'est l'un des plus forts symboles de la tendresse, de la sécurité, de l'attachement. Tant d'adultes confrontés à une séparation vivent comme une souffrance insurmontable la solitude des nuits... Le chagrin d'un deuil, n'est-ce pas aussi les nuits vides, silencieuses, la perte de ces moments de tendresse, des bruits familiers de l'autre, de sa proximité ? La redécouverte de nuits paisibles, longues et sereines, dans une solitude enfin acceptée, n'est-elle pas l'un des signes de la paix recouvrée, au-delà de la peine ?

La naissance n'est pas un deuil, mais c'est une séparation. Séparation de la mère d'avec son enfant « intérieur », celui des perceptions utérines et du rêve, pas toujours remplacé de but en blanc par l'enfant réel, l'enfant dans les bras, avec son corps et son visage d'enfant-né. Dans la naissance, il y a pour la mère (et peut-être pour l'enfant, comment l'affirmer ?) une ambivalence : soulagement et manque, délivrance et peur de perdre, frustration et admiration, joie de découvrir l'autre et déception de ne plus rêver à lui...

◇ La mère

Les premiers mois de vie d'une mère avec un tout-petit sont imprégnés de cette alternative, partiellement resurgie de son histoire d'enfant, qui retentit – souvent sans qu'elle le sache – sur son comportement avec l'enfant. Bonheur de le garder dans les bras tout contre soi, peur de le perdre, de le laisser s'éloigner, désir d'être encore pour lui « tout l'univers », peur d'être moins utile, moins aimée si l'enfant dépend moins d'elle, incapacité de quitter une relation fusionnelle avec le bébé parce qu'elle le croit, lui, incapable de s'en passer, nécessité de le rassurer pour être elle-même rassurée par l'enfant, crainte de le laisser pleurer car un enfant-rêve ne pleure pas, peur de déplaire à l'enfant, de n'être pas une bonne mère, peur d'être responsable de tout ça... Il nous paraît fondamental de nous interroger sur nos peurs et nos fantasmes à ce niveau, d'en prendre conscience, avant de chercher des recettes toutes faites sur la meilleure façon de se comporter.

L'acquisition par l'enfant de ses rythmes est corrélée au niveau émotionnel de sa mère. Plus elle sera calme et paisible, plus vite il va s'y retrouver.

◇ Le père

Moins directement remué que sa compagne mais tellement proche pourtant, il a un rôle privilégié de modérateur dans cet équilibre. Il peut la protéger de la fatigue et des émotions excessives ; il peut prendre en charge l'enfant pour le bercer, le coucher, l'aider doucement à s'endormir, découvrant ainsi, dans les bouleversements de la naissance, sa place de père. Il représente tout autant la fin d'une fusion mère-enfant, qui était celle de la grossesse, que l'avènement d'une triangulation, comme le dit Françoise Dolto, **triangle père-mère-enfant**, premier témoin de la famille, et lieu symbolique où l'enfant va construire sa personnalité.

Il n'est question ici, comprenez-le bien, ni d'autorité ni de sévérité qui reviendraient plus à l'un qu'à l'autre des parents. Il est question d'une famille, d'une relation amoureuse à plusieurs, parents et enfants, où chacun cherche sa juste place et en quoi il peut contribuer au bien-être et à l'équilibre de tous. Faire l'impasse de toute cette prise de conscience, et ne parler que de conduite pratique devant un enfant qui dort mal nous semble bien dérisoire. Vivre n'est pas une série de trucs auxquels il suffirait de se conformer pour éviter tout problème. Vivre, c'est prendre le risque.

Être parent, c'est aussi éduquer

C'est donc se situer par rapport à l'enfant comme quelqu'un qui sait, quelqu'un qui peut rassurer, quelqu'un dont la présence est en même temps synonyme de sécurité et d'évolution douce et active. Nombre de parents des années 1980, attirés par les notions de rythme naturel et d'allaitement à la demande, vont très loin dans ce sens et ne savent plus comment indiquer à leur bébé le chemin de l'équilibre. Ils font durer, par peur de dire non, des comportements de sommeil ou de nourriture qui sont normaux pour un nouveau-né et tout à fait anormaux, signes de déséquilibre, pour un enfant de 6 mois ou plus.

Ce comportement des parents tient à une méprise fondamentale sur leur propre rôle, et sur les réels besoins de l'enfant.

◇ **Les parents peuvent se tromper sur leur propre rôle**

Ils se sentent coupables de dire non, de dire à l'enfant qu'il n'est plus l'heure de manger ou de communiquer mais celle de dormir. Ils se sentent responsables du moindre pleur, coupables de ne pas intervenir immédiatement, imaginant, à tort, que c'est leur « travail » d'être là en permanence, de tout résoudre pour l'enfant, de lui épargner la plus petite frustration. Tout cela est faux.

Abdiquer toute responsabilité devant le comportement d'un jeune enfant pour toujours répondre à sa demande, ne jamais lui dire « non » est dangereux pour la construction de sa personnalité, car l'enfant n'a aucune barrière sur laquelle s'appuyer pour sentir ce que l'on attend de lui.

Laisser percevoir à un enfant qu'il peut obtenir de son père ce qu'il n'a pu obtenir de sa mère, ou vice versa, est une faute éducative grave. Il ne devrait y avoir aucun flottement à ce niveau. L'enfant a profondément besoin de sentir une cohésion totale de ses parents, de savoir qu'il est le fruit d'un projet commun, clair, qui tend à l'équilibre de tous. S'il peut se glisser, dans une discussion, une faille entre eux, il risque de devenir bien vite sujet de discorde, objet de prise de pouvoir de l'un contre l'autre. Toute la famille en souffrira et si, par malheur, une séparation définitive devait en découler un jour ou l'autre, l'enfant garderait la trace, tout au long de son histoire, d'avoir été l'instrument de cette rupture. De même, éviter toute frustration pendant les premiers mois de vie n'est guère positif puisque l'enfant n'apprend pas à les accepter, à les surmonter, à en faire une source d'évolution.

C'est l'une des bases de l'autonomie que d'apprendre à se sortir seul des situations difficiles et à les vivre avec le plus de calme intérieur possible. Cette éducation peut se faire dès le plus jeune âge, et à partir de choses simples comme l'endormissement ou les moments d'alimentation.

Plus tard, confronté à une difficulté, il ne saura que passivement en souffrir, sans savoir comment la dominer.

Pour réussir clairement à vivre en paix avec l'enfant, les parents devront donc être à part entière sujets d'une relation interpersonnelle profonde et heureuse, et non se comporter comme objets de satisfaction et de réassurance, au même titre qu'une sucette ou un ours en peluche. Ils ne sont pas un instrument qui peut déplaire, qui pourrait être rejeté ou n'être plus aimé. Ces peurs-là sont des peurs d'enfant, pas des peurs d'adulte en relation. L'enfant aime ses parents, d'un amour intense, très solide, non remis en question par les modalités éducatives de son évolution, mais au contraire renforcé par le bonheur de vivre en paix, en équilibre, et d'évoluer en sécurité.

◊ Les parents peuvent se tromper sur les besoins de l'enfant

Dans toutes les sensations confuses, agréables ou désagréables des premiers mois de vie, l'enfant découvre peu à peu tous les éléments sur lesquels il va fonder sa personnalité et son comportement. Le besoin et sa satisfaction, le désir et le non-désir, le plaisir ou le rejet, la paix et la souffrance, la joie et la tristesse, la tendresse et la solitude, l'évolution et l'envie de revenir en arrière, l'intrépidité et la peur...

Au début, toutes ces sensations sont très floues pour lui. Il ne fonctionne qu'en bien-être ou en mal-être, sans plage neutre, sans tolérance possible des mauvais moments. Évoluer, c'est apprendre à relativiser ces sensations primaires, à différencier au fil des jours ce qui est du domaine du besoin et ce qui est du domaine du désir. Nous en avons déjà parlé, mais c'est une notion tellement essentielle qu'il n'est sans doute pas inutile d'y revenir.

• **Le besoin, c'est tout ce qui est indispensable à la survie ou à l'évolution.** C'est la faim, la chaleur, la propreté élémentaire, la relation chaleureuse qui permet à un enfant d'être pris en charge et, donc, d'exister. Un besoin doit être assouvi car il est indispensable à la vie.

• **Le désir, c'est un « plus », une modulation vivante du besoin qui engendre la dynamique, la création, le rêve, l'imaginaire, le jeu...** Pour chacun d'entre nous, la confusion entre ces deux domaines est fréquente. Dans une société d'abondance, où les problèmes de besoins ont pratiquement disparu, nous nous fabriquons très souvent de faux besoins à partir de nos désirs, et nous supportons très mal de les voir échouer puisqu'ils nous semblent réels. Un adolescent qui ne peut supporter de ne pas s'acheter la mobylette dont il a envie, l'amoureux qui ne peut approcher de l'être aimé et croit en mourir, la femme qui rêve d'un enfant et se détruit de ne pas le concevoir, l'adulte incapable de stopper une intoxication alcoolique, le bébé qui ne s'endort que dans les bras, tous sont dans le domaine du désir sans le savoir, et ignorent comment le gérer, puisqu'ils en souffrent ou s'y détruisent !

◇ **Des besoins au désir**

L'équilibre, le premier équilibre psychologique, est de savoir différencier ces deux réalités de notre vie : **savoir répondre aux besoins et jouer du désir.** Il est indispensable de donner au désir sa juste place, sa place de moteur positif, de source de bonheur, sa place de création imaginaire, apprendre à le vivre, à en jouir sans en souffrir.

Tout cela, l'enfant l'apprend dans les premiers mois à partir de choses simples : la faim, le sommeil, la relation tendre... À nous de l'aider dans cette recherche, pour lui permettre la plus immense découverte qu'il fera jamais sur lui-même.

Pour l'aider, **il faut lui donner le temps de sentir vraiment en lui ce qu'il ressent, puis les moyens de**

l'exprimer. Trop de parents réagissent très vite à la demande d'un bébé, devancent même son appel, croyant anticiper ses besoins et lui épargner une souffrance. C'est faire peu de cas des possibilités de l'enfant de reconnaître lui-même ce qu'il vit et de le dire. À 3 mois, un enfant sait déjà s'exprimer de façon spécifique. Si chaque fois qu'un bébé pleure on lui propose à manger, il mélange tout, se dit qu'il avait probablement faim « quand même » puisque les parents qu'il aime lui ont apporté à manger, et il oublie de dire avec ses moyens à lui qu'il avait envie d'aller se promener ou simplement d'être pris dans les bras. À la longue, il ne prendra pas la peine de rechercher en lui ses propres perceptions, il se fiera à son entourage pour juger de ce qui se passe en lui, devenant ainsi totalement dépendant pour se connaître lui-même, passif devant ses propres désirs qu'il ne contrôle plus et dont il ne saura pas jouer... Sentez-vous à quel point se joue là la réussite ou le repli d'une personnalité ?

Apprendre à un bébé à dire ses désirs, à les moduler, à les vivre ou à les surmonter est le plus beau cadeau que ses parents puissent lui offrir. C'est lui donner le droit, les moyens de se connaître, un pouvoir sur lui-même, pour son contrôle et son équilibre, pouvoir qui lui permettra de devenir, un jour, un adulte libre et responsable. Cela n'en vaut-il pas la peine ?

Chapitre 6

Le sommeil et l'équilibre :
de 6-9 mois à 15 ans

Les variations transitoires
du sommeil

Un homme qui dort tient en cercle autour de lui le fil des heures,
l'ordre des années et des mondes.

M. Proust, *À la recherche du temps perdu*

L a vie est mouvance. Un sommeil d'acier, un appétit d'ogre, un bien-être constant n'existent pas. Derrière les belles théories se cachent la réalité remuante de la vie, la recherche permanente de l'équilibre et de la sérénité malgré les troubles passagers, les difficultés, les bouleversements de l'existence ou les grandes angoisses. Certains individus, plus «doués» que d'autres, paraissent osciller un peu moins, mais leurs nuits n'en sont pas moins irrégulières, tout autant que leurs journées.

Les enfants n'échappent pas à cette règle. Quels que soient l'âge et la qualité habituelle du sommeil, il y aura des périodes creuses, des temps difficiles, des insomnies incompréhensibles, ou des moments de somnolence inexplicables... Dès l'âge de 6 à 8 mois, âge où, nous l'avons vu, le sommeil a atteint son organisation et sa vitesse de croisière, les bonnes et les mauvaises périodes seront évidentes, même si rien dans l'environnement de l'enfant ou sa relation avec l'entourage ne permet d'expliquer de telles variations.

Il y a un lien entre l'équilibre des nuits et celui des journées. L'heure des repas, celle de la promenade, des jeux avec les copains, celle du moment de tendresse et d'échange du soir devraient être relativement stables, ou tout au moins soigneusement réaménagées au moindre trouble du sommeil. Dès qu'un enfant a quelques difficultés de sommeil, il convient de lui organiser un réveil à heures régulières, un rythme calme et régulier de journée et un coucher paisible à heure fixe pour voir tous les signes disparaître en quelques nuits. La vie est un tout, nos journées conditionnent nos nuits, nos évolutions conditionnent nos journées, le temps qui passe conditionne notre évolution, les saisons, les lunes, les rythmes circadiens modulent le temps qui passe... Reconnaître cette mobilité, ces changements dans nos enfants, leur apprendre à en jouer, à en vivre, à en jouir, sans crainte ni rigidité, mais dans la plus grande fluidité heureuse, n'est-ce pas le plus merveilleux héritage éducatif que nous puissions leur transmettre? Pour cela, inventons-leur quelques intenses moments de communication et des «routines» journalières apaisantes qui leur permettront de jongler au mieux avec les changements en eux et autour d'eux.

Les rites du soir : coucher et endormissement

Aller dormir devrait être le meilleur moment de la journée. Après un moment de vie active et gaie, se glisser dans un lit chaud, bien roulé en boule, dans un lieu peu éclairé et silencieux, est l'une des formes simples de l'art de vivre au quotidien. La lente diminution de l'attention et des idées, l'esprit qui se met à flotter sur les images de la journée, la sensation frileuse du sommeil qui monte, la respiration qui se ralentit, les yeux qui basculent derrière les paupières encore entrouvertes, la détente musculaire progressive, les retrouvailles avec la position favorite du corps qui s'endort, l'odeur du lit sont les signes de ce bonheur de vivre et de s'endormir. Souplesse du temps, charme du soir, paix.

Pendant des années, le rituel du soir, stable, chaleureux, riche affectivement, moment d'échange et de complicité avec les parents, va être le point d'ancrage du sommeil de nuit et de sa tranquillité. Un enfant qui dort bien est un enfant qui ne craint pas d'aller se coucher, qui s'endort bien, qui se réveille bien le matin. Si cette base est clairement construite dans la vie d'un enfant, les changements transitoires ou les variations individuelles de rythme ne seront plus que des problèmes minimes, facilement résolus sans intervention particulière des parents ou d'un soignant extérieur.

Pour réussir une telle base, point n'est besoin d'éléments compliqués. Choisir le meilleur moment, offrir à l'enfant un lieu de sécurité, lui apporter un temps spécifique de rencontre et de relation douce, lui donner la nuit, son lit comme des lieux de paix, et cela suffit... Cela vaut sûrement la peine d'y réfléchir.

Un moment à choisir

Puisque nous sommes des individus cycliques, régulés par toute une série d'horloges intérieures qui nous sont personnelles, le bon moment de l'endormissement ne peut pas être le même pour tous. **Chacun de nos enfants le vit d'abord dans son corps,** au moment où baisse sa température interne, où tombent progressivement l'excitation, la forte vigilance qui y était liée. Pour certains enfants, cette vigilance baisse dès 18 heures, pour d'autres, aucun signe n'apparaîtra avant 20 heures ou même 21 heures.

◇ Des alouettes ou des hiboux

Dans la même famille, il n'est pas rare de rencontrer des enfants « alouettes », lève-tôt et couche-tôt, et des enfants «hiboux», couche-tard et lève-tard. Cette donnée est assez fixe pour chaque enfant, puisqu'elle est **liée à la plus importante de ses horloges intimes, celle de la régulation thermique** (voir p. 51). Avoir chaud, c'est être réveillé, actif, tonique, et cérébralement puissant. Le froid qui suit pousse plutôt à ne plus bouger, à se mettre au chaud dans un bon lit et à se laisser glisser dans le sommeil. Il est donc nécessaire de **serrer au plus près le rythme propre de chacun** pour réussir une bonne éducation au sommeil.

Un des points frappants de notre société est que les parents savent tout de la courbe de taille de leur enfant et de l'évolution quasi hebdomadaire de son poids, mais ne prêtent guère attention à son rythme activité-repos. Là encore, même les pédiatres oublient de poser cette question essentielle avant de conseiller des parents sur le sommeil d'un enfant : «À quelle heure se réveille-t-il le matin, à quelle heure du soir manifeste-t-il les premiers signes de fatigue, quelle est l'heure de son pic d'activité dans l'après-midi ?» Armé de ces trois points, il est relativement simple de déterminer le meilleur moment pour programmer le rituel du soir et le coucher d'un enfant.

◇ **Les premiers signes d'endormissement**

Même si cette horloge n'est pas connue, il n'est pas difficile de dépister **les premiers signes d'endormissement** : petit ralentissement de l'activité, impression de froid qui fait se pelotonner l'enfant, envie de sucer son pouce, de se bercer avec son doudou favori, et puis bâiller, bâiller, ce signe trop décrié, oublié, qui a une énorme valeur de détente. Paradoxalement, les signes inverses peuvent avoir la même signification : une hyperexcitation, véritable emballement de la phase active de fin d'après-midi, est un signal de moindre contrôle qui doit être reconnu pour tel. Si un enfant s'excite anormalement le soir, hurle, crie, saute sur son lit, il a sûrement sommeil, mais lutte contre les signes de somnolence par cette agitation exagérément déployée. Ces enfants-là auraient intérêt à vivre un moment d'activité sportive ou physique en début d'après-midi : sport, piscine, vélo, marche à pied. Une heure avant les signes d'emballement, rentrer calmement à la maison, lire un moment au chaud, se livrer à une activité calme avec l'un des parents, pour ralentir peu à peu le rythme, et laisser monter les signaux d'endormissement. Rentrer de l'école, s'affaler devant la télévision pour « encaisser » des scénarios de violence, partager un repas avec toute une famille tendue, énervée, toujours devant la télé, qui, maintenant, débite des informations inquiétantes, sont autant de raisons de gâcher la qualité du soir, celle du repos et de l'endormissement.

Tant que le moment qui précède le coucher sera un temps de lutte et d'agitation, le sommeil de nos enfants en souffrira. Un temps d'activité physique dans la journée, un temps de repos et de rencontre en soirée seraient mille fois mieux appropriés. À nous de les réaliser.

Un lieu à privilégier

C'est un lieu qui doit appartenir totalement à l'enfant, où il peut apporter ses mille et un trésors, cacher ses animaux en peluche, inviter ou rejeter ses frères et sœurs ou ses parents, choisir dès qu'il saura marquer ses préférences la couleur et la douceur des draps, le nombre de couvertures. Il est seul maître de la position qu'il prendra, des moments dans la journée où il aura envie de s'y replier, d'y rêver, de s'y cacher. Lit-refuge, lit-repaire, lit-repère, là est la sécurité. Nous devrions apprendre à respecter cette évidence : ne pas remettre à longueur de journée les objets favoris dans le coffre à jouets, ne pas imposer à l'enfant un lit soigneusement bordé dès le matin dont l'accès est interdit jusqu'au soir, ne pas lui demander ce qu'il fabrique dans les moments où il choisit de s'y poser, ne pas lui imposer pour de fausses raisons d'hygiène ou d'ordre un lit fermé inaccessible, et, encore plus important, accepter toutes les positions qu'il aura envie de prendre au cours de la nuit et ne pas chercher à le « remettre en place ». Il n'y a aucun risque à dormir sous les couvertures, ou à quatre pattes, les fesses en l'air dans un coin du lit, ou en travers de l'oreiller. Si l'enfant s'est endormi ainsi, c'est qu'il se sent bien. N'est-ce pas évident ? Vouloir systématiquement le « ranger » au milieu du lit est l'une des causes des réveils de nuit.

◇ Le lit ne doit pas être une menace

Et puis surtout, surtout parce que ce serait beaucoup plus grave, ne jamais menacer un enfant de l'envoyer au lit dans un moment d'énervement, ne jamais le coucher de force pour faire céder une colère ou taire un chagrin. Pas de chantage du genre : « Si tu ne fais pas telle chose, tu iras au lit. » Il y a dans ces comportements une perversion profonde, une méconnaissance totale des rites du sommeil et des équilibres fondamentaux et, plus dramatique que tout, une véritable prise de pouvoir sur l'enfant dans ce qu'il a de plus secret.

Si un enfant est trop énervé pour retrouver seul son self-control, mieux vaut le baigner ou lui mettre un peu d'eau fraîche sur le visage, en l'invitant d'une voix ferme, mais douce, à se calmer. S'il se met en rage et refuse toute communication, on peut lui imposer de rester dans sa chambre jusqu'à ce qu'il se calme : dans sa chambre, mais pas dans son lit. Il aura ainsi la liberté de s'y réfugier s'il en ressent le besoin, ou, au contraire, celle de ne même pas le regarder tant qu'il n'a pas résolu avec lui-même et avec ses parents son problème d'énervement. Dans toutes les négociations entre un enfant en colère et un adulte, seuls doivent prévaloir les mots d'apaisement, les incitations au contrôle et, ensuite, quand l'enfant a retrouvé son calme, peuvent se dire les raisons du malaise et les désirs qui en surgissent.

Ce sont là les conditions absolument nécessaires d'une **éducation positive**, sans menace ni chantage, éducation où l'adulte respecte l'enfant et peut lui apprendre à se sortir d'une situation désagréable pour tous. En retour, l'enfant apprend à moduler ses émotions et à respecter les adultes de son entourage. Équilibre de vie en société, systèmes éducatifs qui ont pour but l'épanouissement personnel et l'intégration d'un enfant dans son univers familial et social.

◇ **L'enfant peut-il s'endormir dans le lit des parents ?**

Le lit est l'un des points forts dans la vie d'un enfant. Il n'est pas souhaitable à l'heure du coucher qu'il y ait une alternative. La tolérance pour s'endormir dans le lit des parents ou dans le lit d'un aîné est directement à l'origine de troubles du sommeil. Parce que, soir après soir, l'escalade des chantages pour rester plus longtemps dans le lit de l'autre, pour y séjourner toute la nuit, se fera plus pressante. Ensuite, vous l'avez vu, le changement de lit, de conditions d'endormissement après le premier sommeil est la porte ouverte aux appels répétés puisque l'enfant ne sait plus où il est et veut retrouver à chaque petit éveil spontané de sa nuit les conditions de son endormissement.

Le lit des parents est un lieu pour les câlins et la tendresse du matin, pour les fous rires des dimanches et les petits déjeuners au lit des matinées fériées. Ce n'est pas un lieu pour dormir, mais un lieu pour se retrouver, heureux après une bonne nuit.

Un temps de relation

Le coucher du soir est un temps spécifique consacré à l'enfant, à chaque enfant dans une famille. Moment de présence d'un ou des parents, moment de dialogue pour raconter ce qui s'est passé dans la journée, pour parler de la nuit qui vient et du repos, pour démystifier les craintes du soir, relativiser les soucis, calmer les angoisses qui surgissent avec la nuit, évoquer le réveil et les charmes du lendemain. Certains signes ne trompent pas quant à la disponibilité que nous pouvons offrir : le simple fait de s'asseoir à ses côtés a sans doute plus d'importance que le temps que nous lui consacrons.

Selon l'âge et la réalité de vie de chaque enfant, la demande sera très différente.

◇ Vers 6-8 mois

Un bébé aime entendre les mêmes paroles de bonsoir et la même musique douce, toujours la même et très courte, qui doit s'arrêter avant qu'il ne soit endormi, pour ne pas en faire une association néfaste au sommeil de nuit. Les berceuses chantées par les parents se perdent. Quel dommage, il y en a de si belles ! Dès cet âge-là, la présence dans son lit d'un objet à lui, spécifique de son endormissement, est un gage de bonne nuit. Il a besoin, en quittant sa mère, ses parents, de se raccrocher à quelque chose de stable, qui ne le quittera pas, dont il fera le compagnon indispensable de son sommeil. Selon les enfants, toutes les fantaisies sont possibles : un bout de drap à se mettre sur le visage ou à s'enfoncer dans la bouche pour le sucer voluptueusement, un vieux linge favori, choisi pour sa douceur et son goût inimitable, un ours en peluche, un peu de bourre d'une couverture pour se caresser le nez.

◇ Vers 9 à 10 mois

L'enfant sait parfaitement la présence et l'absence, sait que ses parents sont indépendants de lui, peuvent le quitter, et cette première crainte d'abandon induit parfois des difficultés transitoires d'endormissement et des pleurs de nuit. Lui dire que, pendant son sommeil, ses parents seront dans le séjour en train de lire ou de bavarder avec des amis, puis dans leur chambre jusqu'au matin, est un excellent moyen de le rassurer. Lisez les berceuses traditionnelles. Leur texte a toujours trait au quotidien de la famille et à l'activité simple des uns et des autres pendant que l'enfant dort. Pourquoi ne pas en inventer, sur l'air de sa mélodie favorite du soir, pour lui raconter sa vie à lui. Ou alors, pour ceux que le chant a quittés, raconter doucement la nuit qui vient.

◇ Dans la deuxième année

Le sommeil se stabilise. La nuit est statistiquement plus longue mais le sommeil est souvent gêné par les grandes acquisitions : la marche, le langage, la propreté. Toutes ces performances représentent d'incroyables évolutions, d'énormes transformations physiques et intellectuelles, uniques dans l'histoire d'un individu. Jamais, à aucune autre période de notre vie, nous ne serons capables d'engranger autant de découvertes et de connaissances en aussi peu de temps. Il n'est pas étonnant que l'effort cérébral que cela représente entraîne par moments des difficultés transitoires du sommeil, comme, plus tard, la préparation d'un examen, ou une série anormale de changements. Nous y reviendrons.

• À cet âge, l'enfant peut se lever de son lit et viendra sûrement, un soir ou l'autre, vérifier si ce que vous avez dit de votre soirée, de votre nuit, est vrai. N'oubliez pas de lui annoncer calmement le moindre changement, de lui dire que, ce soir-là, il sera gardé par une baby-sitter, ou par sa grand-mère, ou par ses aînés. Il a besoin de savoir la vérité pour être en paix, ce que vous lui direz de votre soirée en le couchant ne pourra que faciliter son sommeil. S'il a envie d'écouter sa musique deux ou trois fois avant de s'endormir, donnez-lui les moyens de la remettre lui-même en route, en lui offrant, par exemple, un jouet dont il suffit de tirer la ficelle pour entendre la mélodie. Même s'il l'écoute plusieurs fois avant de s'endormir, s'il se tient ainsi compagnie jusqu'au moment de son endormissement, pourquoi pas?

• Également, dans cette période, peuvent commencer les histoires du soir. Les petits livres imagés pour enfants sont nombreux et souvent délicieux. L'enfant peut choisir celui qu'il veut entendre, les images qu'il regardera avec bonheur. Il aura peut-être envie de garder son livre dans son lit comme compagnon de nuit. Il apprend à sélectionner des images pour enrichir son imaginaire, prendre du recul sur le présent et ce qu'il en perçoit de difficile.

• N'oublions pas que la meilleure méthode qu'a un enfant pour adapter son comportement, c'est de tester jusqu'où il peut aller. S'il sent le moindre flottement dans la réaction parentale, une fois, cent fois, il recommencera le test. Un des risques de cette période est donc de laisser l'enfant monter les enchères sur le thème: «Encore un baiser, encore une histoire, encore un petit baiser, un dernier, puis un verre d'eau, encore un câlin, le dernier, puis encore un.» Ce chantage, ludique et délicieux au début, mérite de ne pas trop durer. L'enfant a envie de prolonger ce moment le plus possible et de garder ses parents près de lui. Eux seuls pourront prendre la décision de dire clairement: «Non, ça suffit comme ça, maintenant tu dois dormir, bonne nuit. » Même s'il paraît fâché, l'enfant sait bien pourquoi ses parents lui imposent cet arrêt. Il sent aussi qu'il a besoin de limites dans son éducation. Elles sont l'appui sur lequel il construit sa personnalité et son mode de relation.

◇ **Entre 3 et 4 ans**

L'enfant commence à percevoir la différence entre le rêve et la réalité, entre sa vie et son imaginaire. Il découvre que les cauchemars qui le terrifient ne sont que des rêves et qu'il ne risque rien. Il découvre aussi que ce qu'il vit arrive à tous les autres, enfants, adultes. Il aime les histoires de cauchemars, de rêves merveilleux, d'évasions nocturnes pour des voyages fantastiques. Les histoires variées et colorées dont il garde le libre choix lui permettent de mieux réguler, au travers d'événements irréels ou symboliques, ses propres angoisses et ses interrogations sur lui-même.

◇ **Les plus grands**

Plus tard viendront les questions du soir, les dialogues avec les parents sur le thème de l'école, des événements de la journée, des désirs ou des difficultés rencontrées, moments de dialogue toujours aussi importants pour la sécurité du sommeil de l'enfant. Il comprend que l'insomnie existe certaines nuits pour chacun d'entre nous, qu'il est possible d'en faire un moment très actif et efficace, au lieu de la prendre au tragique. Il connaît ses rythmes et sait les moduler. Mais le temps de disponibilité et d'écoute des parents reste capital, même s'il n'est plus indispensable au sommeil.

◇ **Les adolescents**

Seuls les adolescents préfèrent parfois à ce moment de dialogue un temps de calme et de solitude, pour lire ou écouter leur musique dans leur chambre. Pourtant, même chez les plus grands, on entend encore la petite phrase : « Tu viendras me faire un baiser dans mon lit quand tu iras te coucher ? »

Un temps de paix

Parler calmement, dialoguer, laisser venir le « sommeil-ami », rêver lentement de repos en constituent la trame. Aux différentes périodes clés de son évolution, l'enfant cherchera peut-être à provoquer des changements correspondant à ses désirs du moment. Si ces changements ne vont pas dans le sens d'un apaisement, les parents auront la fermeté douce de les refuser, de les gérer autrement. Nous retrouverons là la problématique, déjà longuement exposée, du besoin et du désir dont ils ont la responsabilité éducative. Ne pas transiger sur les besoins indispensables de paix et de sommeil, c'est aider l'enfant à se construire dans ses rythmes essentiels.

Bien sûr, certaines périodes seront plus agitées que d'autres. Chaque enfant traverse des moments de lutte : lutte pour ne pas aller se coucher, pour ne pas s'endormir, lutte pour rester avec la famille, lutte pour dormir dans les bras du parent bien-aimé... Tout y concourt : la crainte de la solitude, la vie tardive de la famille, l'agitation du soir dans un minuscule appartement, les tensions du moment, la télévision, le désir et la peur. L'image que nous donnons à nos enfants n'est-elle pas qu'être grand, c'est veiller tard le soir ? Il est normal qu'ils nous renvoient ce désir en écho, quand ils se sentent grandir et évoluer.

Les peurs du soir

Nous avons tous eu peur du soir. Nous connaissons des temps où il est moins facile de s'endormir. Peur de ne pas se réveiller le lendemain pour prendre un train, peur de ne pas dormir à cause d'une tasse de café supplémentaire ou d'un événement désagréable dans la journée sont les plus banales et les plus évidentes de nos peurs au quotidien. Oserions-nous dire les autres, nos peurs des soirs d'automne, les accès de jalousie, les moments de dépression ou d'intolérance ?

La tombée de la nuit, le froid qui monte, les bruits de l'environnement qui se modifient, tous les rites de fin de journée constituent une période de transition souvent délicate. Il est plus difficile de contrôler nos inquiétudes, nos émotions la nuit que le jour. L'immobilité, l'obscurité, la solitude nous rendent vulnérables, font resurgir en nous l'enfant anxieux et fragile qui a besoin de se rassurer.

Nos enfants, eux aussi, voguent d'un soir à l'autre en fonction de leurs expériences et de leurs émotions. Tout ce qu'ils vivent peut influer sur la qualité de leur endormissement. De façon très schématique, tout étant lié, on peut décrire deux grands types d'expériences qui angoissent l'enfant et font naître en lui des peurs du soir : les grandes variations du quotidien et les illusions hypnagogiques.

Les perturbations quotidiennes

• **Les premiers jours de garde d'un bébé, à la crèche ou chez une assistante maternelle,** s'accompagnent souvent de troubles du soir. Il découvre l'absence, et à cet âge où son comportement émotionnel est régulé en tout ou rien, absence et abandon sont presque synonymes. Il lui faudra quelques jours pour découvrir les retrouvailles et l'alternance, deux bases de son équilibre ultérieur. Pendant ces quelques jours, il sera sans doute beaucoup plus « collé » à ses parents à leur retour et pleurera pour aller se coucher de peur de les « reperdre ». Ce n'est de sa part ni un chantage ni un signe de souffrance insurmontable. Il exprime à sa manière qu'il a perçu le changement et ne demande qu'à être rassuré sur l'amour que ses parents lui portent. Dès qu'il s'apercevra qu'il n'a rien perdu, il pourra découvrir avec bonheur le nouvel univers dans lequel se dérouleront ses journées.

• Au cours de ses premières années, l'enfant va affronter toute **une série de passages difficiles, directement liés à sa propre découverte de lui-même** et à la montée progressive en lui d'émotions inconnues : la peur du noir, la prise de conscience de ce moment si particulier où il « coule » dans le sommeil, les sentiments de colère, de jalousie, d'agressivité, de violence. Il y aura les grandes acquisitions : marche, propreté, langage, mais chacune sera ambivalente ; fierté et bonheur d'évoluer, mais peur de n'être pas encore capable d'une telle réalisation, d'un tel contrôle. Il y aura aussi les cauchemars et leurs souvenirs, les grandes périodes imaginatives avec leurs cortèges de monstres et de voleurs, puis plus tard l'anxiété devant les fortes pulsions sexuelles, les grandes interrogations sur la vie, la mort, la souffrance, la naissance, la découverte de la responsabilité, l'élargissement du champ de conscience et le devenir de l'homme, et pour certains, Dieu, Satan, l'enfer.

• Plus tard encore **les rythmes scolaires**, les rencontres plus ou moins faciles avec les copains, l'intégration dans un groupe, les compétitions sportives ou musicales, les amitiés, le bouleversement des premières amours auront leur incidence sur le sommeil.

Tout au long de ces années, **la relation que l'enfant noue avec ses parents** module également ses anxiétés et donc, directement, ses peurs du soir. Peur d'être insuffisamment écouté, peur de déplaire, peur de ne pas être assez aimé, peur d'envahir, peur de ne plus être le seul enfant, peur de rester unique et trop entouré, peur de n'oser dire qu'il faut plus de liberté pour évoluer, peur de la fragilité trop apparente de certains parents sur lesquels il ne peut compter, peur de la colère qui parfois monte à cause d'eux, peur de n'être pas l'enfant idéal dont les parents auraient pu rêver... Toutes ces interrogations existent. Si elles ne peuvent se dire, l'enfant se sentira coupable de les ressentir et risque de dormir moins bien.

Il est évident que certains événements familiaux douloureux ne pourront qu'aggraver le problème : séparation des parents, divorce, bagarres familiales répétées, maladie d'un proche, deuil, alcoolisme ou violence d'un des parents.

Enfin **la télévision, puis Internet**, apportent indiscutablement à nos enfants un lot de violence et de scènes insoutenables ; images de guerre, de prises d'otages, de destructions, mais aussi films en apparence moins rudes mais qui perturbent plus gravement par les émotions qu'ils suscitent. Certaines histoires de kidnapping, ou des images d'un enfant agressant ses parents sont, à cet égard, particulièrement choquantes. D'ailleurs, même en évitant les images violentes, la télévision peut gêner le sommeil si l'enfant la regarde trop longtemps. Il est assis, passif, et nous avons vu au cours du chapitre 2 que le sommeil, lui, est d'autant plus profond que l'éveil de la journée a été actif.

Les illusions d'endormissement

Également appelées par les médecins « hallucinations hypnagogiques » (du grec *agôgos*, qui conduit, et *hupnos*, sommeil), il s'agit de toute une série de phénomènes physiques ou mentaux, qui précèdent ou suivent immédiatement le sommeil. Ces phénomènes, que vous avez fréquemment ressentis et que vous allez sûrement reconnaître, sont en réalité très mal connus et peu décrits dans les livres traitant du sommeil.

Ces phénomènes sont normaux, banals, faciles à expliquer au niveau neurophysiologique. Tout le monde les éprouve et même très souvent. Les personnes calmes et détendues en s'endormant les vivent presque sans s'en apercevoir. Mais certains individus inquiets, déprimés et, de surcroît mal informés peuvent en faire de véritables sources d'inquiétude. Pour les enfants de 3 ou 4 ans, ils forment une composante indiscutable de leurs peurs du soir, il faudra donc savoir leur expliquer ce qui leur arrive.

◇ Les causes neurophysiologiques

Les illusions du soir surviennent à l'endormissement, au moment où baisse la vigilance et où nous nous laissons partir dans le sommeil. Se laisser partir, cela signifie suppression du contrôle de l'état de veille, et donc relâchement de certains mécanismes physiques et, en même temps, diminution des systèmes de défense psychique.

La grande caractéristique de ces illusions, et qui les différencie des terreurs ou cauchemars examinés au chapitre 8, c'est que l'individu est peu vigilant mais conscient, donc critique, puisqu'il est réveillé.

◇ Les manifestations

Leur aspect clinique est extrêmement polymorphe, associant en proportions variables des manifestations physiques et des hallucinations mentales plus ou moins élaborées.

• **Au niveau du corps,** le phénomène le plus connu est le sursaut d'endormissement, détente musculaire brutale, qui fait reprendre pied dans la réalité avec l'impression d'être tombé dans le vide. Les manifestations physiques sont également sensorielles, par transformations hallucinatoires de la réalité : hallucinations visuelles car les ombres au plafond ont soudain une forme inquiétante ; auditives : bruit étrange, incompréhensible, où l'on ne reconnaît plus les bruits connus du vent, du lave-vaisselle ou de la chaudière. Il y a aussi les sensations tactiles, à la surface de la peau : petits grattouillis, chatouillements pouvant évoquer la présence d'une fourmi, d'une puce ou d'un autre animal dans le lit. Les illusions olfactives ou gustatives semblent beaucoup plus rares, si elles existent. Il peut se produire aussi des sensations étranges au niveau des membres, l'impression qu'un bras devient soudain très lourd, ou plus gros que l'autre, ou qu'il s'étire jusqu'au pied du lit, ou qu'il a pris une curieuse position dans le lit, en sens inverse de ses possibilités articulaires. Tous ces signes sont appelés par les médecins « illusions somesthésiques ».

◇ **Les signes du réveil**

Beaucoup plus rares sont les paralysies du matin qui surviennent au réveil, représentant une dissociation entre le corps et l'esprit, le corps étant encore en état de sommeil paradoxal (rêve = paralysie motrice) alors que la conscience est déjà éveillée. La perte de tonus donne une impression désagréable de paralysie, d'impossibilité de bouger, de se déplacer dans le lit, voire de crier.

Tous ces signes n'ont rien d'étonnant mais sont souvent très angoissants, même pour des adultes qui se demandent s'ils ne sont pas en pleine crise épileptique, ou victimes d'une paralysie consécutive à un accident vasculaire cérébral. Pour l'enfant, l'impression de ne pouvoir ni bouger ni crier est terrifiante.

Inutile de décrire comment l'association « hallucinations physiques et montée de l'angoisse » peut conduire à des « cauchemars éveillés », véritables fables d'endormissement ou d'éveil dont, par moments, nous avons eu l'impression atroce de perdre les rênes. Le simple sursaut du soir n'est-il pas devenu en de multiples occasions une chute épouvantable dans le vide, avec des images de montagne ou de tour d'où l'on était jeté, et la peur horrible de s'écraser en bas...? Et l'étirement d'une ombre au plafond, avec un bruit suspect de respiration près de vous dans la chambre, ne vous a-t-il jamais poussé à allumer la lumière pour vérifier, en tremblant plus ou moins, qu'il n'y avait pas un individu dangereux, prêt à vous sauter dessus pour vous dévaliser ou vous violer...? Personne n'en parle, mais tout le monde le vit, avec des majorations fantastiques dans les périodes de stress ou de déprime. Nos enfants le vivent, avec moins d'esprit critique et moins de disponibilités de contrôle sur la réalité que les adultes. Ils auront donc besoin d'aide pour comprendre ce qui leur arrive.

Comment se comporter devant les peurs du soir?

Quelle que soit la cause des peurs de l'enfant, la relation d'aide est une relation de réassurance. Le travail des parents est de décoder ce qui se passe et d'expliquer à l'enfant la manière de s'en sortir. En aucun cas, une aide efficace ne peut consister à protéger au premier degré. Protéger, accepter que l'enfant dorme avec eux, dans leur lit, ne résout rien, au contraire. Ce dont il a besoin, c'est d'être compris, entendu... et de dormir, comme d'habitude, dans son propre lit!

◇ **Les trois questions à se poser**

• **L'enfant est-il réellement terrifié,** effrayé au moment d'aller dormir, ou n'a-t-il pas trouvé un bon « truc » pour faire marcher ses parents (au sens propre comme au sens figuré) et les retenir près de lui? Auquel cas, il fait preuve de beaucoup d'astuce, et peut avec humour en être félicité, à condition, bien sûr, d'arrêter le processus immédiatement. En revanche, s'il a réellement peur – on en juge non seulement par ce qu'il dit mais par des signes physiques comme la transpiration, la pâleur, le cœur qui tape, une incapacité à réagir ou à se contrôler –, il aura besoin d'une réelle réassurance avant d'aller dans son lit. Dans cette estimation, les parents se doivent d'être « sages », ce qui veut dire avoir un peu de recul dans leur relation à l'enfant pour ne pas faire intervenir leurs propres craintes, leurs vieux souvenirs d'anxiété d'enfants ou une culpabilité passagère. Le métier des parents est de n'être pas dupes de ce qui se joue, d'y répondre en rassurant et en dédramatisant au niveau où l'enfant en a besoin.

• **Pour un enfant de 3 ou 4 ans : est-il dans une période d'illusions hypnagogiques** et est-ce cela qui lui fait peur ? La simple description par l'enfant de ce qu'il ressent ou « voit » en s'endormant permet de faire le diagnostic. La localisation dans le temps, juste à l'endormissement, ne peut correspondre qu'à ce trouble-là. Bien se rappeler, aussi, que l'enfant se souvient du matin au soir, ou d'un soir à l'autre, d'une illusion hypnagogique, qu'il a peur que ça recommence et que cette simple peur suffit à gêner l'endormissement.

• **En dehors des soirées, l'enfant a-t-il un comportement visiblement changé ?** S'il joue, rit, mange, se fait câliner comme d'habitude, les peurs du soir ne sont probablement que passagères, banales dans son évolution. Il n'y a guère de raisons de s'en préoccuper. Si, en revanche, tout son comportement journalier en est transformé, s'il réagit avec une violence exceptionnelle de pleurs, de peurs, de repli, d'agressivité, à la moindre phrase négative, au moindre refus, et que ce comportement s'installe pendant plus de quatre à six semaines malgré une compréhension ferme et douce des parents, mieux vaudra consulter un médecin pour tenter de décoder sans trop tarder ce trouble psychologique, et ne pas laisser fixer dans la personnalité de l'enfant un état émotionnel incontrôlable qui nuirait à son épanouissement.

◇ **Que faire?**

Devant toutes les peurs du soir, la conduite à tenir est la même.

• **Ouvrir le dialogue,** donner à l'enfant l'espace pour dire ce qui le tracasse ou l'agresse.

• **Maintenir la régularité des horaires** de repas et de coucher, ne pas modifier le rituel du soir; en particulier, ne pas rester plus longtemps que d'habitude à côté de lui, et le laisser absolument dans son lit.

• S'il est vraiment effrayé, lui dire chaque soir qu'il ne risque rien, que ses parents sont là et «assurent» pour lui, qu'il ne peut rien se passer pendant son sommeil. S'il parle de monstres sous le lit, ou de voleurs dans le placard, inutile de partir à leur recherche, ce qui renforcerait chez l'enfant la certitude qu'il avait raison d'avoir peur. Mieux vaut lui dire: «Je suis là, dans la pièce à côté, je surveille, rien ne peut arriver.»

• **Expliquer les illusions hypnagogiques,** dire que ce ne sont que des «farces du corps qui s'endort», qu'il n'y a aucun risque et que les images de voleurs ou de monstres, tout à fait réelles en tant qu'images, ne correspondent en réalité qu'à un cinéma intérieur dont il ne faut pas avoir peur. Il est très important de dire que ces sensations sont bien réelles, de ne pas nier leur authenticité. L'enfant sait très bien ce qu'il ressent et ne saurait faire confiance, pour se rassurer, à des parents qui nieraient cette réalité. Les illusions sont des sensations physiques authentiques, et non des moments de pure imagination, même si l'angoisse qui monte tend à les majorer. L'enfant aime savoir, pour se rassurer, que tout le monde en a, que les images ou sensations peuvent être aussi variées, et qu'il ne risque rien. Surtout, ne pas entrer dans l'illusion, ne pas chercher à déloger le monstre ou le voleur, ou tuer les fourmis sur sa peau. Il ne comprendrait plus rien, et se sentirait encore plus en danger. Pour l'aider, deux moyens :

• **lui dire la vérité sur ce qui lui arrive,** bien expliquer cette fantaisie cérébrale, ce qu'un enfant, même petit, comprend parfaitement ;

• **coucher l'enfant juste avant son heure normale d'endormissement,** éviter de le laisser de longues périodes seul dans son lit et dans le noir alors qu'il n'a pas encore sommeil et, s'il réclame une veilleuse pour se rassurer, lui en donner une, et la laisser toute la nuit.

• Ce n'est que dans les cas où un état émotionnel très violent envahit l'enfant et l'empêche de vivre normalement qu'il faudra demander de l'aide. Le faire sans trop attendre. Trop de parents sont affolés devant les angoisses de leurs enfants, mais encore plus terrifiés à l'idée d'en parler à leur médecin traitant ou, plus tard, à un psychologue. Quelques séances de thérapie pour dénouer ce genre de problèmes valent mille fois mieux que de faire durer cette souffrance de l'enfant. Quant aux sédatifs anxiolytiques, ils n'ont normalement aucune place dans une telle situation.

Un traitement médicamenteux est absolument à éviter. Une « petite pilule » n'apprend pas à vivre. Elle ne fait que masquer ses difficultés et ses angoisses. Il est probable qu'un certain nombre de toxicomanies démarrent ainsi, en prenant l'habitude d'un médicament, d'une drogue, au moindre flottement, pour échapper à ses angoisses intérieures. C'est un risque à éviter.

Quelques « fantaisies » du soir

Il s'agit de manifestations très fréquentes, banales et pas du tout angoissantes, mais sur lesquelles les parents se posent parfois des questions. Nous les citerons brièvement.

Les grincements de dents

Également appelés bruxisme, ils surviennent en sommeil lent léger. Ils sont absolument inconscients, indépendants de troubles psychologiques quelconques, mais peuvent se répéter à plusieurs périodes de la nuit, à chaque phase de sommeil lent léger. Malgré le bruit désagréable pour l'entourage, l'enfant ne manifeste aucune gêne, ni aucun trouble.

Le seul problème éventuel est un problème d'orthodontie. Certains adultes grincent des dents avec tant de force et de manière si fréquente qu'ils les liment littéralement, ce qui réduit leur capacité de couper, mordre et mâcher. Il est parfois nécessaire de mettre des appareils dentaires la nuit pour limiter les dégâts. Mais ce problème n'existe pas chez l'enfant, dont le bruxisme n'atteint jamais cette intensité. Donc, inutile de se poser des questions.

L'enfant qui parle en dormant

Vous le savez, parler en dormant est extrêmement banal, fréquent, à tous les âges de la vie. Cela survient tantôt en sommeil lent léger, tantôt en sommeil paradoxal, au milieu d'un rêve. Les « somniloques » (littéralement : qui parlent en dormant) peuvent tenir de vrais discours, assez cohérents, de plusieurs mots, et peuvent même répondre à quelques questions, ce qui en fait le jeu favori des collectivités d'enfants et d'adolescents... Aucune gravité, aucune incidence.

Les balancements rythmiques

Se balancer en suçant son pouce quand baisse la vigilance, se balancer longuement dans son lit au moment de s'endormir, secouer rythmiquement le lit pendant de longues minutes chaque soir et parfois même au milieu de la nuit est extrêmement banal.

Certains enfants ont besoin d'une activité rythmique pour s'endormir, et bien des adultes aussi...

Les parents s'alarment parfois d'un tableau plus curieux, celui de l'enfant qui se tape la tête rythmiquement sur le bord de son berceau, ou contre un mur, et cela plusieurs fois par nuit, d'une façon qui paraît interminable. Certains bambins savent même secouer leur berceau de telle manière qu'ils lui font traverser la chambre et taper contre les murs, circulant longuement d'un bout à l'autre de la pièce au grand dam des voisins du dessous.

Ces signes ont mauvaise réputation, même chez les médecins, qui se souviennent que les balancements rythmiques sont les manifestations des enfants autistes ou en grande carence affective. Mais c'est un rapprochement abusif. Ces enfants à gros désordres psychologiques se balancent jour et nuit et sont incapables de communication relationnelle vraie. Rien à voir avec un enfant en parfaite santé mentale, qui joue, rit, parle et prend plaisir à se balancer pour s'endormir.

◊ **Comment aider l'enfant ?**

Si les balancements sont tellement intenses qu'ils en deviennent gênants, **quelques trucs simples** suffiront à les réduire :

~ diminuer au maximum les temps où l'enfant reste éveillé dans son lit. Repérer l'heure de son endormissement spontané et ne le coucher qu'à ce moment-là. Le lever rapidement après son éveil. Il aura ainsi moins de chances de renforcer son comportement ;

~ matelasser le haut du lit pour diminuer le bruit et même, si nécessaire, fixer le lit au sol pour empêcher qu'il ne soit déplacé. Ne pas oublier de supprimer les hochets, les mécanismes musicaux ou sonores des animaux en peluche. Si le bruit et le mouvement sont moins intenses, l'enfant y prendra moins de plaisir et diminuera de lui-même ses réactions ;

~ inutile de le coucher sur un matelas par terre pour empêcher qu'il se cogne sur les barrières de son lit. Il irait directement choisir le mur le plus proche ;

~ lui offrir un bruit rythmique au moment du coucher, à condition que ce bruit ne soit pas modulable par ses mouvements. Un métronome fait parfaitement l'affaire ;

~ favoriser dans la journée le maximum d'activités rythmiques, par exemple la danse, les percussions, la musique, les battements de mains. Le bon vieux cheval à bascule de notre enfance retrouve là sa meilleure indication.

Essentiel : inutile de se faire du souci pour un éventuel trouble psychologique. Lui donner le droit de se balancer en mesure autant qu'il en a envie. Ne l'a-t-il pas fait pendant neuf mois sur l'aorte de sa mère ? S'il aime ça et si son comportement relationnel est « tout sympa », laissons-le vivre...

Le besoin de sommeil n'est pas constant

Les variations saisonnières

Les saisons règlent notre vie, tout comme les lunes ou les cycles quotidiens. La lumière et la chaleur de l'été diminuent le besoin de sommeil ; l'obscurité et le froid de l'hiver l'augmentent. D'une certaine façon, nous sommes tous, et nos enfants comme nous, des « hibernants relatifs », sans doute un peu moins ces dernières décennies du fait de la généralisation de l'électricité et du chauffage central, mais nous restons tout de même influencés par ces variations annuelles. De même, le climat du lieu où vit l'enfant modulera ses besoins de sommeil. Inutile donc de tenter d'imposer à un enfant qui dort dans l'année 9 heures par nuit des nuits de 12 heures au mois d'août sous prétexte qu'il peut et doit récupérer. Le sommeil est un équilibre global, non une somme quantifiable à placer n'importe comment au long des jours et des mois.

Les « pauses parking »

Le besoin en sommeil varie beaucoup d'un enfant à l'autre au cours d'une même journée. Dans la même classe, donc dans une tranche d'âge équivalente, certains enfants pourront garder une attention soutenue plusieurs heures consécutives, et d'autres auront besoin à intervalles réguliers de « pauses parking ».

Ce sont des moments où l'enfant laisse diminuer sa vigilance, se met en état d'éveil passif, ralentit ses ondes cérébrales, sans pourtant s'endormir vraiment. Ces pauses durent généralement entre 10 et 20 minutes et sont un merveilleux moyen de reposer le cerveau, de lui redonner tout de suite après une acuité et une précision d'attention qu'il n'était plus en mesure d'assurer. Pour que la pause soit efficace, le corps, la tête ont besoin d'un appui, donc l'enfant se laisse aller sur son bureau, la tête dans ses bras. En Chine, dans toute la société, ces pauses sont respectées et conseillées, même en conseil des ministres. L'Éducation nationale, qui a tout à découvrir des rythmes naturels des enfants, devrait donner la consigne aux enseignants de respecter ces moments de récupération. Ils ne sont pas signe de paresse, mais moyen d'augmenter les capacités intellectuelles dans les minutes ou heures qui suivront. Les pilotes d'avions, les chirurgiens, les conducteurs d'automobiles en apprennent la technique pour être performants sur de longues périodes. Pourquoi l'interdire à nos enfants, qui, eux, la connaissent spontanément et passent en classe entre 5 et 8 heures par jour ?

Aussi bien pour les rythmes saisonniers que pour les moments d'éveil passif, **donner la parole à son corps**, le laisser décider lui-même, en fonction des sollicitations et des variations auxquelles il est soumis, des temps de récupération dont il a besoin, est l'article premier de la santé ; santé au sens d'Ivan Illich, c'est-à-dire le parfait bien-être physique, psychique et social. **Nous ne dormons pas parce que nous sommes fatigués, mais le corps appelle au repos pour éviter de se fatiguer.** Laissons le corps décider librement de ses besoins. Tant que nous n'aurons pas fait de cette évidence une règle de vie, transmise à nos enfants, inutile de nous étonner des multiples maladies qu'ils présenteront.

Les rythmes imposés

Le sommeil ne se décale pas. Il ne se rattrape pas, il se dérègle. Ne pas dormir au moment où les cycles biologiques de rythme cardiaque ou de température ralentissent, tenter de dormir en pleine activité thermique et cardiaque, c'est peut-être possible de temps à autre pour franchir une étape particulière, mais en faire un mode de vie est une erreur.

~ Coucher un enfant deux ou trois heures plus tard que d'habitude ne l'empêchera jamais de se réveiller à la même heure que les autres matins. Il saute un ou deux cycles de sommeil et ne dormira pas plus, mais sera grognon tout le lendemain, jusqu'à ce que revienne son heure habituelle de coucher. Il faut n'avoir jamais vécu avec un enfant pour imaginer que coucher un enfant très tard le samedi est le moyen de faire une belle grasse matinée le dimanche. Ce que l'on gagne à ce petit jeu, c'est un dimanche infernal.

~ Interdire à un enfant de faire la sieste pour qu'il tombe de sommeil plus tôt le soir est tout aussi inutile. Il aura peut-être un moment creux dans l'après-midi, mais ses heures biologiques de température, de sécrétions hormonales et de débit cardiaque étant ce qu'elles sont, l'heure de l'endormissement ne changera guère. En revanche, la fatigue pour n'avoir pas fait la sieste malgré le besoin qu'il ressentait risque de rendre le coucher beaucoup plus problématique.

> *Retarder le sommeil d'un enfant ou lui supprimer la sieste trop tôt, c'est prendre le triple risque d'un endormissement difficile, de terreurs en début de nuit, et d'une journée gâchée le lendemain.*

En plus, dans les deux cas, le déficit en sommeil peut entraîner des réactions secondaires. Nous avons vu que, lors d'une carence en sommeil, c'est toujours le sommeil lent profond qui se récupère en premier, au détriment du sommeil paradoxal. Beaucoup de sommeil lent profond en début de nuit perturbe l'alternance normale des cycles de sommeil lent et de sommeil paradoxal, ce qui est la cause directe des terreurs nocturnes et autres parasomnies que nous verrons au chapitre 8.

Lorsque visiblement la sieste d'après-midi gêne l'endormissement du soir, la meilleure solution est de la proposer **plus tôt dans la journée**, vers 12 ou 13 heures plutôt qu'à 14 ou 15 heures.

Le sommeil de l'adolescent

L'adolescence n'est pas une période idéale pour le sommeil. Les troubles sont fréquents, liés autant aux variations du mode de vie, aux problèmes psychologiques de la puberté qu'à des transformations neurophysiologiques spécifiques de cette étape. Plusieurs éléments concourent aux difficultés.

L'allégement du sommeil lent

C'est la première mutation neurophysiologique de l'adolescence. Vous avez vu que le sommeil lent est plus profond chez l'enfant que chez l'adulte. Cette évolution se fait peu après le début de la puberté. La part du sommeil lent profond au cours du sommeil lent se réduit. Il ne s'agit pas d'une réduction du temps de sommeil lent, mais vraiment d'un allégement, ce qui veut dire que l'éveil sera beaucoup plus facile qu'auparavant. Et que les insomnies d'endormissement seront plus fréquentes.

La tendance naturelle à se coucher et à se lever tard

Cette tendance est partiellement liée aux modifications biologiques qui accompagnent la puberté: l'allongement de la période circadienne (nous en avons déjà parlé) et peut-être aussi l'existence d'une sensibilité plus importante à la lumière du soir qui va retarder le début de la sécrétion de mélatonine.

En période scolaire, il s'ensuit fréquemment une réduction importante du sommeil nocturne, réduction qui atteint presque 2 heures entre 12 et 18 ans.

L'hypersomnie physiologique

C'est une des autres caractéristiques de l'adolescence. L'adolescent a encore besoin d'autant de sommeil que le préadolescent.

Cette hypersomnie se traduit par :

~ un raccourcissement net du temps d'endormissement si l'on demande à l'adolescent de s'endormir dans la journée (test itératif d'endormissement). À temps de sommeil de nuit égal, le temps de latence – largement de plus de 10 minutes chez l'enfant de 6 à 12 ans – passe aux environs de 8 minutes chez l'adolescent. À peine couché, celui-ci s'endort très vite ;

~ la réapparition de siestes dont l'enfant de 6 à 12 ans, hypervigilant, était carrément incapable ;

~ une somnolence diurne d'autant plus franche que les siestes ne sont guère possibles. L'adolescent bâille en classe, a du mal à fixer son attention, oublie ce qu'on lui demande.

Tous ces signes font souvent dire aux parents ou aux enseignants que les adolescents sont paresseux, alors qu'il s'agit d'un authentique changement neurophysiologique, lié à la puberté.

Les troubles psychologiques

Ils viennent largement majorer ces raisons cérébrales. La puberté, les transformations rapides du corps, les premiers émois sexuels, les premières amours, les rêves de réussite amoureuse, scolaire ou professionnelle envahissent l'espace intérieur. L'angoisse n'est jamais très loin dans cette période, et le silence, que l'adolescent installe le plus souvent entre ses parents et lui, diminue ses possibilités de réassurance.

Le dérèglement progressif des heures de sommeil

Le début est insidieux, tellement banal et classique que personne ne le repère comme pouvant poser problème.

◇ Un conditionnement social

C'est l'élément le plus déséquilibrant. Il associe endormissement tardif pour lire, finir des devoirs, regarder la télévision, bricoler son ordinateur et réveils pénibles en semaine pour répondre aux horaires scolaires. Il s'ensuit un déficit chronique en sommeil avec tentative de récupération le week-end par de très longues « grasses matinées ».

Les soirées entre copains se prolongent tard dans la nuit, quand on ne fait pas systématiquement en fin de semaine le pari de tenir toute la nuit sans se coucher.

Du coup, le lendemain, tous dorment jusqu'en fin de matinée, fonctionnent au radar tout l'après-midi, font même une sieste pour essayer de combler leur déficit en sommeil, et ne peuvent s'endormir le soir. Il a été décrit ainsi des « insomnies du dimanche soir ». Le lendemain, la baisse de vigilance de l'adolescent, parce qu'il s'est endormi trop tard, lèse la qualité de son travail scolaire. Il est donc amené à essayer les excitants dans la journée pour tenir le coup et dormira par conséquent encore moins bien le soir suivant.

Cette espèce de cercle vicieux est à l'origine d'un dérèglement total des systèmes de sommeil. En période de vacances scolaires, un certain nombre d'enfants se mettent, sans y prendre garde, en véritable roue libre de sommeil. Ils créent ainsi de toutes pièces un décalage de phase.

Au moment de la rentrée scolaire, le sommeil peut être totalement anarchique et survenir à n'importe quel moment des 24 heures. Même si l'adolescent se couche à une heure correcte, il ne pourra guère trouver le sommeil, passera des nuits blanches (très mauvais psychologiquement !) et sera épuisé et somnolent le lendemain. Pendant toute cette période, l'adolescent vit un dérèglement complet de son sommeil qui est à contretemps de ses horloges internes de température, de rythme cardiaque, de sécrétions hormonales, ce qui génère une très grande impression de fatigue, d'épuisement physique, même si la quantité globale de sommeil est correcte. Quand, en plus, la reprise des classes diminue les heures de sommeil, la fatigue devient considérable, d'où difficultés scolaires, mauvais rendement global et, par ricochet, problèmes avec les parents.

◊ **La consommation d'excitants**

Pour essayer de gommer les difficultés dans la journée, beaucoup d'adolescents sont portés à boire de plus en plus de café, à trop fumer, et bon nombre de **dépendances aux excitants** (et parfois à des toxiques plus durs) commencent ainsi. Dépendances dont il sera très difficile de se débarrasser ensuite, car l'organisme n'acceptera pas sans heurts un sevrage. Parfois aussi, et c'est dramatique, commence ainsi la ronde des somnifères, ce qui ne règle rien et n'apporte qu'une toxicité physique et cérébrale supplémentaire.

Tout ce que nous venons de décrire est suffisamment clair pour que des parents puissent épargner à leur adolescent une telle escalade. Maintenir des horaires réguliers d'éveil le matin, diminuer les cigarettes du soir, n'accepter les nuits avec les copains qu'en période de vacances, cela peut suffire pour ne pas tout compromettre.

Mais la pression sociale est forte, l'autorité des parents n'a plus beaucoup d'emprise en ces moments de début d'autonomie. Seuls les adolescents bien informés et très motivés sauront d'eux-mêmes éviter le piège, du moins en période scolaire.

Retrouver un sommeil équilibré

Lorsque le **dérèglement est installé** va se poser un jour ou l'autre le problème de revenir en arrière, de retrouver un rythme plus proche des rythmes de la période scolaire. Le choix de cette chronothérapie sera souvent fait par les parents, excédés par ce personnage à contre-rythme dans leur propre maison, par les maigres performances scolaires, ou ayant peur d'un entraînement dans un groupe considéré comme à risque. Dans tous les cas, des règles simples d'hygiène de vie sont instituées : supprimer les excitants à partir de midi, ni tabac, ni café, ni alcool en fin d'après-midi ou en soirée, sorties du soir limitées et contrôlées durant toute la phase de « remise à l'heure » et pendant les 2 à 3 semaines qui suivront.

Selon la gravité du retard de phase, deux méthodes apparemment antinomiques pourront être proposées.

◇ Si le décalage de phase est majeur

L'adolescent a au moins 4 heures de décalage à rattraper, ne s'endort qu'après 1 ou 2 heures du matin, et/ou présente de grandes instabilités d'horaires d'un jour à l'autre. La solution, si paradoxal que cela paraisse, est de lui proposer de se coucher chaque soir de plus en plus tard.

Il s'agit de laisser ses horaires de sommeil rattraper progressivement ses rythmes circadiens profonds. Se coucher de plus en plus tard va dans le sens de ce qu'il aime, c'est-à-dire se coucher tard, et lui permet de s'endormir chaque fois sans trop de difficultés, ce qui facilite l'évolution des horaires.

Prenons, par exemple, le cas d'un adolescent habitué à se coucher à 3 heures du matin. En une semaine, et en retardant l'heure du coucher de 3 heures chaque fois, on lui fait vivre un «décalage horaire» progressif supportable.

	Coucher	Lever
Avant le traitement	3 h	12 h 30
1re « nuit »	6 h	15 h 30
2e nuit	9 h	18 h 30
3e nuit	12 h	21 h 30
4e nuit	15 h	24 h 30
5e nuit	18 h	3 h 30
6e nuit	21 h	6 h 30
7e nuit	22 h	7 h 30

Dès lors, la partie est gagnée. En ayant dormi chaque fois aussi longtemps, donc sans déficit grave de sommeil, l'adolescent a rattrapé ses rythmes. Si on commence le traitement un samedi, seuls les lundi et mardi seront des journées de scolarité gâchées. Dès le mercredi (horaire 18 h-3 h 30), l'adolescent peut retourner au lycée. Deux jours d'absence contre des mois de somnolence. Inutile de préciser que cela améliorera les résultats scolaires.

Il ne faut pas se leurrer. Cette chronothérapie d'«accélération» est une méthode très contraignante, souvent mal supportée par l'adolescent – qui n'en voit pas la nécessité – et par ses parents, incapables de se mettre à un tel rythme pour l'accompagner.

Donc, le plus gros travail sera de persuader l'adolescent de la nécessité de ce «réglage», de lui faire comprendre à quel point ses troubles du sommeil retentissent sur ses journées et sur ses performances intellectuelles. Aux parents de trouver les arguments qui le convaincront. Sans la conviction de l'adolescent que cette évolution lui sera profitable, inutile même d'essayer.

◇ Si le décalage de phase est moins marqué

S'il est de moins de 3 heures, avec un endormissement autour de minuit, la méthode inverse peut suffire : après une première nuit où il a pu dormir tout à son aise (un week-end par exemple), on lui suggère de décaler d'un quart d'heure **en l'avançant** l'heure de son **éveil du matin**. À partir de la quatrième nuit, une somnolence induite par le manque de sommeil dû aux éveils précoces lui permettra de s'endormir un peu plus tôt que d'habitude. Il est possible de faciliter encore plus l'endormissement en évitant le soir toute lumière vive, toute activité intense, tout réchauffement intempestif. Rester immobile dans une pièce fraîche, porter, en fin d'après-midi, des lunettes de soleil pour « assombrir » les signaux donnés par la lumière aux horloges cérébrales. Chaque soir pendant une dizaine de jours l'adolescent pourra gagner régulièrement un quart d'heure... et remettre ses pendules à l'heure.

Cette méthode, beaucoup plus douce que la précédente, est généralement bien supportée par l'adolescent motivé et par ses parents. Encore faut-il s'y tenir, donc avoir compris l'importance de l'enjeu.

Une autre solution consiste à priver l'adolescent de sommeil pendant 24 à 36 heures (une nuit blanche suivie par une journée sans sommeil), avant de lui faire reprendre un horaire de sommeil nocturne à une heure d'endormissement lui permettant un temps de sommeil suffisant les jours scolaires.

Dans les trois types de chronothérapie, il est important pour que le recalage soit maintenu que l'adolescent adhère à des rythmes de sommeil les plus réguliers possible, qu'il évite de faire des siestes et surtout de décaler son heure de lever le matin ; heure de lever qui ne devrait pas dépasser 9 heures du matin les jours non scolaires.

◊ **Le décalage de phase volontaire**

Il existe quelques cas, assez faciles à décrypter pour un médecin averti, où le décalage de phase est **volontaire**, **recherché** par l'adolescent, qui n'a pas du tout l'intention d'y renoncer. Les causes en sont très variées : moyen d'échapper aux contraintes du système scolaire, fuite devant la socialisation avec les adolescents de son âge, chantage émotionnel avec les parents, plaisir à se démarquer, isolement... Le diagnostic repose sur l'importance du décalage (souvent coucher vers 7 ou 8 heures du matin), l'absence d'intérêt pour un quelconque changement, sur un interrogatoire soigneux à la recherche de troubles associés, troubles du caractère ou du comportement, syndrome dépressif. Dans ces cas, proposer une chronothérapie sur l'un des deux modes précédemment cités serait courir à l'échec. Seule une **psychothérapie**, lorsqu'elle sera enfin acceptée, permettra à cet adolescent une adaptation aux systèmes de contrainte qu'il cherchait à fuir ou un renoncement au chantage qu'il avait plus ou moins consciemment mis en place. Essentielle pour son équilibre psychologique ultérieur d'adulte, la démarche n'en est pas moins pénible à accepter.

Pour finir ce chapitre sur le sommeil de l'adolescent, un dernier petit point qui a son importance. Quand les adolescents sortent le soir pour aller danser et doivent revenir en voiture, il n'est pas judicieux de leur dire vaguement : « Ne rentre pas trop tard. » La tentation serait grande de prendre la route au moment de la grande fatigue, vers 2 ou 3 heures du matin. Nous avons vu que ces heures-là étaient celles de moindre vigilance, de moindre attention, de ralentissement des réflexes, celles du maximum d'accidents sur les routes. Il est préférable d'expliquer les cycles nocturnes de vigilance, puis de proposer soit de rentrer avant 1 heure du matin, soit d'attendre carrément le réchauffement et la meilleure vigilance de l'aube.

De nombreux accidents des nuits de week-end, à la sortie des « boîtes de nuit », pourraient sans doute être évités par cette recommandation paradoxale : « Amuse-toi bien, profites-en, et ne reprends pas la voiture avant 6 heures du matin. Je veux que tu ne conduises que lorsque ta vigilance redeviendra performante. »

Chapitre 7

L'enfant qui ne s'endort pas seul et celui qui se réveille la nuit

J'ai peur du sommeil comme j'ai peur d'un grand trou noir,
tout plein de vague horreur, menant je ne sais où...

C. Baudelaire

Pour un certain nombre d'enfants, les éveils nocturnes, multiples, répétés, proches de ceux des premières semaines de vie, vont se poursuivre pendant des mois ou des années, au prix d'une fatigue et d'une rancœur plus ou moins dissimulées par les parents qui n'en peuvent plus de ne pas assez dormir.

Nous connaissons des parents dont aucun des enfants n'a su dormir des nuits complètes avant l'âge de 4 ans, des parents qui hésitent à demander comment réagir avant que l'enfant ait atteint 2 ou 3 ans, des parents qui se sentent abominablement coupables d'avouer, des mois après la naissance de leur enfant, qu'ils ont sommeil et voudraient dormir. Beaucoup d'entre eux pensent qu'il s'agit là d'une phase normale de la petite enfance, qu'élever un tout-petit vaut bien tous ces désagréments, et surtout, surtout, n'osent pas dire à l'enfant : « Ça suffit maintenant, il faut que tu dormes et nous aussi, tu es assez grand pour dormir sans nous réveiller. » Ils ne se rendent pas compte que, si l'enfant n'entend pas une telle phrase « à temps », il ne comprendra pas ensuite pourquoi ses parents changent de mode éducatif – qu'est-ce qui leur prend soudain ? – et manifestera, c'est sûr, un désaccord violent qui continuera de gâcher le sommeil de toute la maisonnée.

Le tableau peut revêtir divers aspects selon l'âge de l'enfant et ses conditions d'endormissement.

Ce peut être un bambin de 6 ou 7 mois qui ne s'endort que dans les bras ou en étant bercé activement ; un autre de 12 mois qui s'endort rapidement mais avec une sucette ou un biberon dans la bouche ou une musique sur l'oreiller, et qui se réveille quelques heures plus tard, et plusieurs fois dans la nuit, parce que la sucette est tombée et qu'il ne sait pas la reprendre tout seul, ou que le biberon est vide, ou qu'il veut à nouveau être bercé ou qu'il n'entend plus la petite musique au-dessus de sa tête...

Quelques mois plus tard, l'endormissement est encore plus difficile, l'enfant ne s'endort que dans les bras et se réveille en hurlant chaque fois que ses parents tentent de le poser dans son lit. Pour éviter la bagarre du soir, les parents commencent à craquer, acceptent que l'enfant s'endorme contre eux devant la télé, ou se couchent à côté de lui dans la chambre et restent des heures à chantonner en lui tenant la main. Malgré tout ce temps passé à l'endormir, l'enfant n'est pas bien, crie la nuit au bout de quelques heures de sommeil, et les parents, cédant d'un cran de plus, le couchent avec eux dans leur lit, réussissant (parfois !) à gagner quelques nuits de bon sommeil.

Encore un peu plus tard, l'enfant – qui maintenant sait marcher – refuse d'aller se coucher, se relève dix fois, refuse de s'endormir, va rejoindre ses parents dans le salon ou dans leur lit, où il s'endort béatement. Si ses parents arrivent à profiter d'un moment de sommeil profond pour le mettre dans son lit, 2 heures après, le revoilà debout et hurlant.

Il y a ceux qui vivent des peurs étonnantes avec des monstres sous leur lit et des sorcières dans le placard, et ceux qui en inventent sans être vraiment effrayés, ni avoir fait récemment un cauchemar pénible. Des enfants qui réveillent leur père et, bercés par lui, crient sans relâche : « Je veux maman...» jusqu'à ce que le père aille dormir ailleurs et laisse sa place au gamin dans le grand lit. Et même là, toutes les 2 heures, celui-ci s'agite, se réveille, gigote pour déranger sa mère et s'assurer de sa présence. Il y a aussi celui qui sait se faire vomir dès qu'il pleure dans son lit, sachant bien que ses parents n'oseront l'y remettre de peur de le rendre malade, dégoûtés à l'avance par les draps à changer.

Devant tous ces comportements dramatiques, quelle tentation de penser que l'enfant est malade, qu'il souffre d'une maladie du sommeil et qu'il y a médicalement quelque chose à chercher pour expliquer de si mauvaises nuits ! Et s'il n'est pas physiquement malade, n'y aurait-il pas un problème psychologique sérieux à dépister ? Or la réponse n'est pas médicale, et – très souvent – il n'y a pas de maladie à chercher. Il suffit de comprendre ce qui se joue.

Pour être très clair, il n'y a que deux causes à un tel comportement : soit cela se joue dans la relation entre l'enfant et ses parents, soit il a branché dans son cerveau inconscient une dépendance à la présence de ses parents pour pouvoir dormir.

La différence paraît subtile, elle est pourtant essentielle. Dans l'un l'enfant est partenaire actif du jeu relationnel, dans l'autre il est régi sans le savoir par un conditionnement cérébral. Essayons de préciser cela.

L'enfant qui teste les limites et la résistance de ses parents

La belle image de l'enfant qui s'endort calmement, chaque soir, dans son lit n'est souvent qu'un mythe lointain. Lorsque l'on écoute les parents, la réalité quotidienne est tout autre. Ce sont des promenades nocturnes incessantes, un jeu de «chaises musicales» de lit pour dormir.

Au matin, le père se réveille dans le salon, ou la mère par terre près de l'enfant, ou l'enfant sur le tapis au pied du lit des parents ou les trois enfants tous ensemble dans le même lit, ou toute la famille sur le canapé, ou... Le quotidien des familles est plein de ces chassés-croisés dans les couloirs sombres et de réveils étonnés au matin de ceux qui se souviennent à peine d'avoir changé de lit la nuit. Selon les nuits, la configuration change, les rôles s'intervertissent. Chacun s'organise pour se préserver, malgré tout, un temps correct de sommeil. Parfois l'enfant dort facilement à la crèche, chez l'assistante maternelle ou chez des grands-parents mais réserve à ses parents, pendant des mois ou des années, l'exclusivité de ce chaos de sommeil. Tout cela reflète le jeu relationnel subtil entre tous les membres de la tribu. Chacun y trouve son compte, surtout l'enfant...

Dans quelques cas, il s'agit d'un choix : de nombreuses cultures admettent, pendant des années, que les enfants ne dorment jamais seuls. La promotion ces vingt dernières années du maternage rapproché, du portage, de l'allaitement prolongé va directement dans ce sens, nous apportant une nouvelle norme que l'on dit naturelle. Aux États-Unis, certains médecins sont allés jusqu'à prôner la chambre commune pour toute la famille, sur un seul immense matelas. Lorsque l'enfant se jugera assez grand et voudra un peu d'intimité, il rejoindra volontairement une chambre pour lui seul, et ce, vers 5 ou 6 ans. Ce modèle nord-américain très en vogue, que l'on retrouve dans tous les écrits et forums des ligues proallaitement et des parents en recherche d'une éducation peu normative, pourrait tout à fait correspondre aux désirs de certaines familles. Il vaudrait sans doute mieux éviter d'en faire une règle. Pas plus que les normes rigides, cela ne peut convenir à tous.

Dans bien des cas, les pleurs de l'enfant le soir et dans la nuit surviennent alors que ses parents avaient un tout autre projet. Il n'a peut-être perçu aucune limite dans leur demande, ou il a senti un jour qu'il pouvait demander plus, ou encore après un changement dû à une maladie, à des vacances, il a compris qu'il aimait bien dormir avec eux et voudrait continuer.

Ce comportement nocturne peut aussi révéler autre chose : une angoisse anormale de l'enfant, une relation trop fusionnelle à la mère, une difficulté franche à s'individualiser.

Plus tard, ce sont les premières angoisses existentielles, le désir de savoir ce que font les adultes ensemble dans leur chambre, celui de rejoindre un aîné, celui de garder sa mère pour soi tout seul en faisant fuir le père... les raisons possibles sont multiples.

Plus souvent, l'anxiété sévère est celle des parents dépassés par leur bambin. Peur de lui déplaire ; peur de perdre son amour ; peur de l'abandonner comme ils se sont sentis, eux-mêmes, un jour, abandonnés ; peur de le perdre ; projection d'angoisses anciennes ou actuelles, mais aussi fatigue intense dans un quotidien difficile, ou problèmes de couple... tout peut concourir à se laisser déborder par l'enfant. Il devient plus facile pour eux de laisser faire que d'affronter la nécessaire bagarre de le renvoyer dans son lit.

> J'ai suivi pendant des années en consultation un enfant asthmatique. Lorsqu'il a eu 6 ans, ses parents, au hasard de la conversation, ont dit qu'il aimerait bien avoir un frère ou une sœur et eux un autre enfant mais que ce n'était pas possible. Comme je m'interrogeais de la raison de cet aveu, ils m'ont expliqué que l'enfant dormait au pied de leur lit depuis l'âge de 18 mois, date de sa seule et unique grande crise asthmatique. Ils avaient été tellement effrayés qu'ils n'avaient jamais osé le remettre dans sa chambre. L'enfant allait très bien... mais commençait une crise d'asthme chaque fois que ses parents tentaient de faire l'amour. Il n'en faisait jamais dans un autre contexte, ni dans la journée, ni à l'école, ni chez ses grands-parents qui le gardaient l'été, ni... Ma réaction immédiate fut d'expliquer à l'enfant que dormir dans sa chambre était la condition absolue pour avoir un petit

frère ou une petite sœur, qu'il ne risquerait rien, et ne ferait sans doute pas de crise d'asthme. Il me fut plus difficile de convaincre les parents qu'il n'y avait aucun danger. Le remettre dans sa chambre les terrifiait. Ils l'ont pourtant fait très vite... et ont eu une petite fille 10 mois plus tard.

Il peut arriver que des troubles du sommeil laissent entrevoir une souffrance ou des difficultés anormales. Si le comportement de l'enfant dans la journée paraît perturbé, si l'angoisse majeure de la mère empêche toute réflexion, si les parents n'en peuvent plus, si les signes sont apparus après un traumatisme ou un drame familial, un support psychologique est très souhaitable.

La programmation erronée des circuits cérébraux de sommeil

La programmation, c'est un conditionnement inconscient, une habitude prise par le cerveau de réagir sur tel ou tel mode sans que l'individu en ait connaissance. Nos heures d'appétit et de repas, nos réactions émotionnelles à un événement, nos goûts et choix alimentaires, nos conditions d'endormissement se sont inscrits au plus profond de notre cerveau au fur et à mesure des expériences agréables et désagréables de notre vie.

L'importance des conditions d'endormissement

◇ L'importance des conditions d'endormissement et la sensation de sécurité

Réfléchissons à ce que vit, au cours d'une nuit, chacun d'entre nous.

Pour bien dormir, nous avons tous l'habitude d'une chambre avec un lit à une certaine place, la lumière avec l'interrupteur à portée de main, la pendulette remontée pour lire l'heure en cas de réveil nocturne, l'oreiller sous la tête dans une position bien connue. Savez-vous que nous nous endormons de façon très identique chaque soir, du même côté du lit, dans la même position, l'oreiller au même point sous la tête? Les couples qui dorment indifféremment à gauche ou à droite du lit sont exceptionnels: habituellement chacun choisit «son» côté et le rejoint au moment où il s'endort. La présence de quelqu'un ou non à côté de soi est un facteur majeur de l'endormissement: il est presque impossible de dormir à côté d'un inconnu, même en dehors de tout désir sexuel, simplement parce qu'il y a quelqu'un de nouveau près de soi à l'heure de l'endormissement. À l'inverse, après un deuil ou une séparation, l'absence de l'autre, du bruit de sa respiration, de son odeur – au-delà de la détresse et de la peine – rend l'endormissement problématique. Dans les deux cas, les repères habituels ont changé et, pour retrouver un bon sommeil, il faudra se «refabriquer des habitudes». Nous aussi, nous sommes soumis au rituel du soir. Imaginons maintenant que nous nous sommes endormis calmement. Dans la nuit, nous nous éveillons de courts instants, sans même les garder en mémoire, et ces moments d'éveil, nous l'avons vu, sont des moments d'alerte pour vérifier inconsciemment que tout est en ordre, que rien n'a changé dans la chambre depuis l'endormissement. S'il y a une odeur anormale, ou que la chaudière chauffe trop, ou un bruit curieux dans la maison, nous allons nous éveiller pleinement et aller vérifier ce qui se passe. Si, tout bêtement, notre oreiller est tombé du lit (image très suggestive rapportée par Ferber[1]), nous

---

1. Richard Ferber, *Solve your Child's Sleep Problems, op. cit.*

allons le rattraper, le remettre juste à sa place sous la tête, et nous rendormir. Si quelqu'un, par blague, a enlevé l'oreiller, le fait de ne pas le trouver simplement à portée de main va nous éveiller totalement ; il nous faut comprendre où il a bien pu disparaître. Inutile d'espérer se rendormir sans l'avoir retrouvé et remis en place.

Si le compagnon n'est plus à côté de soi dans le lit, alors qu'il y était au moment de l'endormissement et qu'il n'a aucune raison connue de se lever au milieu de la nuit, nous allons, c'est sûr, nous éveiller totalement pour chercher ce qui lui arrive. Si nous ne le trouvons pas rapidement, dans le froid et l'obscurité de la nuit, l'angoisse ne tardera guère à nous envahir, c'est absolument certain.

Dernier point : imaginons que nous nous sommes endormis tranquillement dans notre chambre, avec notre compagnon, nos petites habitudes, bien normalement. Du fait de circonstances inconnues, nous voilà transportés au milieu de la nuit dans un lieu étranger, un autre lit, dont nous ne savons rien. Ce sera évidemment la panique : ne plus savoir où l'on est, dans quelle orientation, où est la porte, où est la lumière, où est l'autre... Même si ce cas de figure est rarissime dans la réalité – sauf blague de copains ou réveil après un accident – vous l'avez tous expérimenté sous une autre forme : rappelez-vous simplement l'intensité des cauchemars (que vous connaissez certainement) dans lesquels vous ne savez plus où vous êtes. Ce sont des cauchemars terribles !

Si, enfin, l'un quelconque de ces gags nocturnes se reproduit à plusieurs reprises, nous réveille désagréablement plusieurs nuits d'affilée, nous allons perdre une part de notre tranquillité d'endormissement. De peur de revivre un moment éprouvant au cours de la nuit, inconsciemment, nous serons gênés pour trouver le sommeil, même dans notre lit et dans nos conditions habituelles rassurantes.

C'est tout cela que nous faisons vivre à nos enfants si nous ne savons pas à temps leur donner une autonomie de sommeil. L'autonomie, c'est-à-dire l'aptitude à s'endormir seul dans son berceau, dans le calme et l'obscurité, et dans des conditions telles qu'il peut les retrouver seul au cours de la nuit, lors de ses réveils spontanés.

◇ **Qu'est-ce que votre enfant associe au fait de s'endormir et qu'il voudra retrouver lors des éveils nocturnes?**

Les éveils sont normaux, tous les adultes en ont, tous les enfants en ont. Ce qui devient anormal, c'est de ne pas savoir se rendormir seul. Donc, comment s'endorment-ils le soir? à quoi peuvent-ils se conditionner?

– Bercer un enfant ou le tenir dans ses bras pour l'endormir le rend dépendant des bras d'adultes qui le bercent ou le tiennent, ce qu'il cherchera à retrouver au cours de la nuit.

– Le laisser s'endormir dans un autre lit que le sien, ou dans une autre pièce que sa chambre habituelle, c'est prendre le risque d'une panique nocturne lorsqu'il se réveillera dans des conditions inconnues – inconnues parce que différentes de celles de l'endormissement.

– S'endormir en tétant une sucette ou un biberon, c'est être dépendant de cet objet, et donc risquer un plein éveil, simplement parce que la sucette ou la tétine seront tombées de la bouche du fait de la paralysie musculaire transitoire du sommeil paradoxal..., et donc dépendant des parents pour la remettre en place.

– Boire chaque nuit de multiples et abondantes quantités de lait (ou d'eau) peut aussi induire une dépendance.

– S'endormir en écoutant de la musique ou devant la télévision, ou dans une pièce pleine de monde, rend le sommeil dépendant du bruit; le silence du milieu de la nuit l'interrompra à coup sûr.

~ La mère qui tient la main et reste au pied du lit jusqu'à ce que l'enfant s'endorme devient une sorte d'**objet** indispensable de l'endormissement, de «dou-dou», et sa présence pourrait se révéler nécessaire à chaque éveil de nuit.

> *Tout ce qui se modifie dans l'environnement d'un enfant entre le moment où il s'endort et le reste de la nuit est source éventuelle de problèmes.*

Nous pourrions multiplier les exemples, mais c'est inutile.

Beaucoup de parents disent: «Mais je le berce quelques instants et ensuite il dort sans se réveiller toute la nuit.» Comprenez-nous bien. Il ne s'agit pas d'ériger en principe absolu une série d'interdits valables pour tous. Lorsqu'un bébé dort toute sa nuit sans se réveiller, TOUT est possible quand il s'endort: le bercer, le câliner, l'endormir au sein... Le problème ne se pose que pour les enfants qui en font une association d'endormissement et se réveillent ensuite plusieurs fois par nuit.

Des parents bien informés sauront rester vigilants pour que l'enfant ne fasse pas monter les enchères, et se demanderont à temps si ce bébé n'est pas en train de débuter une bien contraignante habitude, qu'il cherchera bientôt au milieu de la nuit. Ils seront seuls juges de ce qu'ils peuvent offrir à l'enfant, en sachant qu'il est mille fois plus difficile de revenir sur une «dépendance d'endormissement» que d'instaurer d'emblée de bonnes bases de sommeil.

Le traitement

Le traitement de ces troubles du sommeil dépend d'abord et avant tout de l'âge de l'enfant. Ce qui peut être très simple et rapide vers 6-8 mois devient un travail long et pénible, douloureux pour l'enfant et très mal supporté par les parents après 12 mois. Ce qu'il faut bien comprendre, c'est que l'enfant réagira d'autant plus fort, d'autant plus mal que le changement proposé sera plus tardif et qu'il sentira ses parents inquiets, non déterminés. Les hésitations, les retours en arrière, les échecs répétés sont pires que tout. Si les parents débattent pour savoir comment faire dormir leur enfant une nuit entière, ce ne peut être que fermement déterminés à réussir, le plus vite possible, et en se donnant l'obligation morale de ne pas craquer en cours de route. C'est un point absolument fondamental.

Deuxième point : **traiter les difficultés d'endormissement, c'est traiter du même coup les éveils multiples.** Pour un bambin de 3 ans, la disparition des combats du soir pour aller au lit va de pair en quelques jours avec de longues nuits calmes. Cela en vaut la peine ! Reprenons donc en fonction de l'âge le problème de ces troubles et leur solution.

> Quel que soit l'âge de l'enfant, deux éléments doivent toujours rester à l'esprit :
> • l'importance de régulariser les horaires des siestes, de coucher le soir et de lever le matin,
> • diminuer les prises nocturnes de lait ou de liquide (p. 151).

Après 6-8 mois

Le problème est relativement simple. L'enfant a l'âge de faire des nuits complètes et n'a plus de besoins énergétiques nécessitant de manger la nuit.

◊ Amener des donneurs de temps

S'il tarde à faire ses nuits, il est important de lui donner des repères :

~ Le coucher le soir, dès qu'il commence à s'endormir, dans son lit, dans sa chambre, à l'abri de la lumière (les bébés n'ont pas peur du noir) ;

~ Essayer de se séparer de lui avant qu'il ne s'endorme, mais ne pas oublier, après un grand câlin du soir, de lui dire : « Bonne nuit, à demain matin, il est temps de dormir » ;

~ Éviter surtout d'associer alimentation et endormissement. Il est préférable que le biberon ou la tétée du soir soient pris en dehors de sa chambre.

◊ Ne plus nourrir la nuit

Dans la nuit, si des périodes d'alimentation persistent, ne pas supprimer brutalement les biberons, il ne se rendormira pas, il a eu l'habitude de manger pour s'endormir, il en est dépendant.

Il faut donc supprimer cette dépendance en diminuant la quantité de chaque biberon nocturne, de 20 ml en 20 ml chaque jour.

Si l'enfant est allaité par sa mère, attendre le temps de la préparation d'un biberon avant de le nourrir, lui laisser le temps de se rendormir seul. S'il ne se rendort pas, espacer et diminuer la durée des tétées.

Il faudra aussi au moment de ces périodes d'alimentation nocturnes ne pas parler, ne pas trop éclairer, rester le plus neutre possible.

S'il a du mal à renoncer à se nourrir la nuit, il est préférable que la réassurance de nuit soit faite par le père. La mère auprès du berceau, avec ses seins qui débordent en l'écoutant pleurer et son odeur de lait, est une provocation au repas, pas à l'endormissement. L'enfant comprendra plus vite ce que l'on attend de lui s'il n'est pas confronté à cette difficulté supplémentaire.

Le matin, ne pas lui permettre de compenser son manque de sommeil nocturne par des réveils tardifs ; vers 8 heures, ouvrir ses volets pour lui amener la lumière du jour, il se réveillera plus tôt.

Tous ces petits conseils très faciles à mettre en place vont lui apprendre (souvent en moins d'une semaine) l'alternance du jour et de la nuit, lui apprendre à dormir toute sa nuit et à être plus réveillé dans la journée.

Si l'enfant pleure, il est capital de ne pas intervenir, de le laisser retrouver seul son sommeil. Au plus, il est possible d'aller dans sa chambre, sans lui parler, sans éclairer, de mettre la main sur lui pour qu'il sente qu'il n'est pas abandonné, mais sans chercher à l'aider. **Il doit absolument atteindre son endormissement lui-même.**

◇ Mais s'il pleure ?

L'immense difficulté pour tous vient des cris. Il n'y a rien de plus insupportable, angoissant, contrariant, insoutenable physiquement que les pleurs d'un bébé. Les petits humains ont reçu dans leur programme génétique la capacité d'alarmer les adultes autour d'eux par un moyen, ô combien puissant, sûrement conditionné par leur besoin absolu de prise en charge. Laisser pleurer un enfant est une épreuve au-delà du raisonnable. Les émotions suscitées sont tellement violentes que beaucoup de parents vont les interpréter comme la sensation d'un risque : « Il va s'étouffer, se faire des hernies, il ne va plus m'aimer... » Tout cela est faux, tout cela n'est qu'un reflet de l'intensité de nos propres émotions lorsque... nous crions !

Par ailleurs, il ne sert à rien non plus de laisser un bébé hurler des heures dans son lit. Il n'y apprend rien. Il y a donc un subtil équilibre à trouver entre une intervention trop rapide où l'enfant ne peut comprendre ce que doit devenir son autonomie d'endormissement, et la décision autoritaire de le laisser hurler. Un équilibre dont le but est de l'aider à aller au bout de sa recherche, donc de se rendormir seul. L'enfant passe un cap pénible, mais c'est une étape essentielle de son bien-être ultérieur. Comment trouver le juste milieu et l'aider « juste comme il faut » ?

Regarder sa montre et dire : « J'irai le prendre dans dix minutes s'il pleure toujours » n'est qu'une recette pour aider des parents dépassés par les événements.

Pour l'enfant, le résultat peut être ambigu. Il risque d'apprendre l'intérêt de l'escalade, de comprendre que s'il pleure assez longtemps ses parents finiront par céder. C'est donc le pousser à pleurer plus fort et plus longtemps au prochain essai. Un risque à ne prendre à aucun prix.

◇ Supprimer la dépendance de la sucette

Un enfant qui tète une sucette à longueur de journée ne peut pas envisager de la laisser la nuit et on entre donc dans la dépendance d'objets dont nous avons parlé plus haut. Il faut d'abord progressivement supprimer la sucette le jour, en consolant l'enfant de sa disparition, en lui parlant, en le faisant rire, en lui offrant un autre mode de communication et de participation au monde que ce plaisir replié sur lui-même. Ensuite, quand il aura « oublié » la sucette (ce qui est très facile avant 6 mois, vous en serez étonné), il sera temps de lui demander de dormir sans se réveiller, et de lui annoncer que, s'il se réveille, il devra se rendormir seul.

Redisons-le, car c'est un point extrêmement important : il n'est pas question de craquer sur ce programme d'apprentissage ; pas question d'« essayer pour voir », et de revenir en arrière parce que l'enfant a réagi trop fort. Si les parents sont sûrs d'eux et tranquilles, nous pouvons les assurer que tout sera réglé en moins de huit jours et

souvent dès la première nuit. Petite précision : ne le lais-
sez pas pleurer plus de 5 à 10 minutes sans aller le voir,
mais ne dites rien, ne le sortez surtout pas de son lit.

En revanche, si les parents hésitent, sont en désaccord
sur la conduite à tenir, ils devraient réfléchir ensemble au
pourquoi de leur attitude : sans doute ont-ils eux-mêmes
peur du sommeil, peur de l'abandon. C'est leur problème
à eux qu'ils essaient d'éluder. Mieux vaut toutefois, s'ils
ne se sentent pas assez solides, attendre encore un peu et
choisir un moyen plus long, conçu pour les enfants plus
grands, que nous allons décrire maintenant.

Vers 12 mois

Il est encore plus difficile d'imposer une méthode dra-
conienne. L'enfant est habitué, depuis plusieurs mois,
à s'endormir dans des conditions de dépendance et à se
réveiller plusieurs fois par nuit.

Il ne fait pas cela consciemment, volontairement, pour
faire marcher ou agresser ses parents. Il le fait parce que
son horloge interne le réveille à heures fixes, par simple
conditionnement. Il lui faudra du temps pour modifier
ses habitudes et admettre ce que l'on attend de lui. En
plus, il est déjà grand, connaît la présence et l'absence,
découvre l'angoisse de l'abandon, et pourrait s'affoler et
souffrir gravement de ce qu'il ressentirait comme une
disparition totale de ses parents.

Le moyen de traiter ces difficultés est **une approche
graduelle, avec un maximum de réassurance,** pour faire
comprendre à l'enfant qu'il doit s'endormir seul le soir – et
dans son lit –, et se rendormir seul au milieu de la nuit.

◇ Réorganiser le sommeil de jour

Il est important d'éviter que l'enfant ne dorme à la demande
dans la journée ; puisque des siestes trop fréquentes pour

son âge – une sieste du matin trop précoce (avant 9 heures) ; après 18 mois-2 ans, une sieste d'après-midi trop longue (de plus de 2 h 30) ou trop tardive – peuvent entraîner un retard du coucher et des éveils nocturnes.

◇ **Expliquer**

Il est important de bien dire à l'enfant ce que l'on attend de lui, et de lui montrer que cela sera beaucoup mieux pour toute la famille, qu'il sera le premier bénéficiaire de l'apaisement de la fatigue et de la tension de ses parents. Après 1 an, l'enfant qui ne parle pas encore comprend tout ce qu'on lui dit, et encore plus ce que l'on ressent près de lui, vous pouvez en être absolument certains. Lui dire ce qu'il va avoir à vivre l'aide à mieux savoir ce qui se joue le soir et la nuit.

◇ **Un programme de rééducation**

ATTENTION. Ce qui suit est une méthode de rééducation en cas de dépendance avérée. Elle ne saurait s'appliquer en dehors de cette indication, et n'est surtout pas une technique pédagogique radicale adaptable à tout enfant.

C'est aussi une erreur majeure – malheureusement fréquente ! – de l'appliquer sans discernement à de trop jeunes nourrissons tant que les rythmes circadiens de température ou de sécrétions hormonales ne sont pas installés[1].

Il faut prévoir un véritable « programme de rééducation », très précis, et le suivre à la lettre, aussi bien pour les siestes de journée que pour l'endormissement du soir et les réendormissements au cours de la nuit.

---

1. Ce programme est souvent appliqué trop tôt, pour des enfants non dépendants, mais qui font (au sens strict) « marcher » leur parents. Il nous a souvent été reproché de donner la consigne de laisser pleurer les enfants. C'est totalement faux, sauf dans ce cas très précis des associations prolongées d'endormissement.

• **Au coucher,** lui offrir un moment de tendresse tranquille, de câlins, puis le placer dans son lit, entouré de son animal en peluche et de son «doudou» préférés. S'il paraît s'attacher à un chiffon ou à un jouet en particulier, le lui mettre dans les bras comme compagnon. Réinvestir fortement ce que les spécialistes appellent un «objet transitionnel», qui est un merveilleux moyen de se sentir moins seul dans son lit. Puis calmement dire bonsoir, un dernier baiser, une dernière caresse du bout des doigts, et quitter la chambre.

• **Le premier soir,** le laisser pleurer 5 minutes sans rien dire, puis retourner dans la chambre, sans éclairer, sans le prendre dans les bras, sans le toucher même pour le recoucher s'il s'est mis debout dans son berceau, lui dire que tout va bien, que vous êtes là, qu'il ne risque rien et qu'il doit s'endormir. Quitter la chambre très vite, ne pas y rester plus de 2 ou 3 minutes et ressortir. Compter alors un intervalle de 10 minutes avant de retourner lui dire qu'il ne risque rien et qu'il doit s'endormir. Attendre chaque fois 10 minutes avant d'aller lui parler, cela jusqu'à ce qu'il s'endorme de lui-même. S'il se réveille au cours de la nuit, suivre strictement le même protocole : 5 minutes d'attente la première fois, réassurance très brève sans le toucher, 10 minutes d'attente ensuite, autant de fois qu'il le faudra, jusqu'à ce qu'il s'endorme, et autant de fois dans la nuit que nécessaire.

• **Le lendemain,** allonger les moments d'attente : 10 minutes la première fois, 15 ensuite entre les moments de réassurance, et toujours le même programme au cours des éveils de nuit. Pas question de lui donner à manger, de le changer, de le prendre dans les bras. Il doit juste entendre : «Endors-toi, tout va bien, nous sommes là.»

• **Le surlendemain,** même protocole, mais avec des intervalles encore un peu plus longs, 15 et 20 minutes par exemple; et cela autant de jours que nécessaire pour que l'enfant désapprenne les luttes d'endormissement et les réveils nocturnes.

Si ce programme est soigneusement suivi, si les parents arrivent à garder cette ferme attitude de tendresse active, en acceptant sans énervement excessif les mauvaises nuits que cela représente pour eux, le problème est réglé – et définitivement réglé – en très peu de nuits. Toujours moins de quinze, souvent deux ou trois, et parfois dès la première nuit. Si l'on va voir l'enfant, c'est pour le rassurer, pas nécessairement pour qu'il s'arrête de pleurer, ni pour l'aider à s'endormir. Il comprend que ce n'est pas la peine de se battre, découvre qu'il peut s'endormir seul et accepte sans lutte supplémentaire ce nouveau mode d'endormissement.

Approche comportementale des conditionnements à l'endormissement

Jour	1re attente	Deuxième	Troisième	Suivante
1	5	10	10	10
2	10	15	15	15
3	15	20	20	20
4	«	«	«	«
5	«	«	«	«
6	«	«	«	«
7	«	«	«	«

Chaque fois que vous allez voir votre enfant, ne restez pas plus de 2 à 3 minutes. Adoptez ce schéma après chaque éveil jusqu'au matin entre 5 h 30 et 7 h 30, jusqu'à l'heure que vous jugez raisonnable pour un éveil matinal.

Tenez un agenda de sommeil, ce qui vous permettra d'apprécier les progrès.

Pour certains parents, ce programme peut paraître trop dur, difficile à tenir, parce que les intervalles semblent trop longs ou parce que quitter la chambre est au-dessus de leurs forces. Il est toujours possible de choisir un moyen terme, des épisodes de 1 ou 2 minutes au lieu de 5, de s'asseoir au pied du lit sans tenir la main de l'enfant puis, nuit après nuit, d'éloigner un peu la chaise de son lit. Mais cette tentative est souvent un piège. La multiplication des étapes diminue surtout l'angoisse et l'inconfort des parents, pas ceux de l'enfant. Pour l'enfant, plus il y a d'étapes, moins il comprend le changement attendu, plus il hésite à accepter ce qui n'est pas franchement exigé par les parents. En plus, ce qui est grave, il a davantage de chances d'arriver à les faire céder sur le programme prévu. Pour toute la famille, mieux vaut quelques nuits difficiles que des semaines de lutte et de réajustement.

Lorsque l'enfant peut sortir seul de son lit

Les bases de l'apprentissage sont les mêmes, mais la négociation se complique. Quand ses parents vont le mettre au lit en lui disant de s'endormir, en refusant de rester à côté de lui, il est évident que l'enfant va se lever, traverser la chambre et rejoindre la famille dans le salon. Pour qu'il puisse comprendre ce que ses parents veulent obtenir de lui, la fermeté initiale doit être encore plus grande. Il faut lui dire : « Si tu te lèves, je ferme la porte ; si tu restes dans ton lit, je veux bien laisser la porte ouverte. »

• S'il accepte le marché et ne se lève pas, nous sommes exactement dans le cas de figure précédent, et le même programme progressif de réassurance peut être appliqué jusqu'à ce qu'il sache s'endormir seul.
• Si l'enfant refuse de rester dans son lit, la négociation va porter sur l'ouverture, ou non, de la porte, en fonction de son comportement. Dès qu'il sort du lit,

vous fermez la porte, de sorte qu'il ne puisse pas sortir, mais vous pouvez lui parler à travers la porte pour lui conseiller d'aller se recoucher. Bien entendu, vous aurez écarté de son chemin tout objet dangereux sur lequel il pourrait se blesser. S'il se recouche, vous ouvrez la porte ; qu'il continue ou non à crier, peu importe. S'il refuse de se recoucher, vous comptez 1 minute, puis vous ouvrez, vous le remettez au lit, vous lui redites que, s'il reste dans son lit, vous ouvrirez, et vous repartez. La deuxième fois, vous attendez 2 minutes avant de rouvrir la porte et d'aller le recoucher, toujours avec le même discours ferme. Petit à petit, augmentez le délai de votre intervention : 2, puis 3 minutes le premier soir, 1 minute de plus pour chaque élément du scénario les soirs suivants.

• S'il s'endort par terre, laissez-le, ne le bougez surtout pas, couvrez-le légèrement et c'est tout. En revanche, au réveil suivant, dès qu'il sortira de la pièce, replacez-le dans son lit et dites-lui qu'il doit y rester et s'endormir. S'il se relève, vous refermez la porte.

Le but de ce comportement, c'est de **lui donner le contrôle de l'ouverture de la porte.** Il faut qu'il sente bien qu'il tient les rênes, que la porte sera ouverte s'il reste dans son lit, sera fermée s'il se lève, que c'est donc lui qui commande ce point essentiel.

Pendant tout ce temps d'apprentissage, il a besoin de savoir que vous êtes juste derrière la porte, que vous entendez ce qu'il fait, que vous réagissez très vite. **Ne fermez pas la porte à clé,** mais, si c'est nécessaire, tenez le loquet pour l'empêcher d'ouvrir, en lui disant à travers la porte que vous le faites et que vous voulez qu'il retourne dans son lit.

Pendant toute cette période une fermeté sans faille, mélange de grande tendresse et de calme, est indispensable. L'enfant sentira bien que vous êtes déterminé dans votre projet et qu'il n'a rien à gagner dans l'escalade de la bagarre. En revanche, s'il vous sent flotter, nul doute qu'il sera capable de tenir pendant des nuits entières, plusieurs semaines d'affilée, jusqu'à ce que vous craquiez. Et il a de fortes chances de vous faire céder s'il vous sent fragile.

Si, pendant ce programme, l'enfant crie tellement fort qu'il se fait vomir, ouvrez la porte, nettoyez son lit ou le sol, changez le pyjama sans le gronder, puis, imperturbable, reprenez le schéma là où vous l'aviez laissé, comme si rien ne s'était passé. Votre bambin sentira que ce n'est vraiment pas la peine d'arriver à une telle extrémité et que l'inconfort est surtout pour lui. Comme il est très intelligent, il ne reproduira pas un geste désagréable pour lui et qui vous laisse indifférent.

Si l'enfant partage sa chambre

Une négociation supplémentaire peut se jouer si l'enfant ne dort pas seul dans sa chambre, mais avec un autre enfant. Le programme dont nous venons de parler est difficilement réalisable avec un aîné qui ne pourra pas dormir pendant plusieurs nuits. Il est donc nécessaire de le faire dormir dans un autre lieu pendant quelques nuits, n'importe lequel s'il s'agit d'un enfant sans troubles du sommeil.

Il est possible de dire à l'enfant qui apprend à dormir : « Si tu ne cries pas, si tu ne te lèves pas de ton lit, Pierre – ou Anne – reviendra dormir dans le lit à côté du tien. » C'est un argument qui porte, car l'enfant qui se réveille souvent aime ne pas être seul dans la chambre, et apprécie le retour de l'aîné. Là encore, lui donner le contrôle de ce retour en fonction de son comportement.

Aux environs de 3 ans

Il est possible d'établir avec l'enfant un programme de nuit. C'est un véritable contrat, dont il sera l'un des organisateurs et un participant actif. Concevez un agenda de nuit, avec des dessins colorés pour illustrer les bonnes et les mauvaises nuits, et un système de récompense et de valorisation pour les nuits où il arrive à s'endormir dans son lit, sans se lever ni crier, puis, dans un deuxième temps, pour les nuits sans réveil avant le matin. Par exemple, si l'enfant rappelle ses parents plusieurs fois après le coucher, on pourra lui permettre de rappeler une seule fois, en lui confiant chaque soir un jeton qu'il donnera à ses parents s'il les rappelle. Si les jetons ne sont pas utilisés, l'enfant pourra en échanger un certain nombre (dont le nombre est à déterminer à l'avance) contre une récompense.

Insistez sur un rituel du soir très tendre et agréable, soyez ferme sur le programme et montrez bien à l'enfant qu'il a tout à gagner, pour lui-même et dans sa relation avec vous, à apprendre l'autonomie de son sommeil. Les grands vont au cirque, par exemple. Ce peut être une motivation.

Un réapprentissage difficile pour l'enfant

Toute cette période est un moment difficile pour tout le monde, mais d'abord et avant tout pour l'enfant. Il a à surmonter une épreuve complexe. Pour prendre un autre exemple de conditionnement, c'est presque aussi difficile que d'arrêter de fumer. Il a donc un besoin gigantesque de tendresse, de présence, de disponibilité. Les punitions ou la colère ne feraient que gâcher le travail entrepris. Chaque progrès doit être soigneusement valorisé, repris, positivement commenté.

S'il est de mauvaise humeur dans la journée, très «grognon», c'est normal, avec tout ce qui «tourne» dans sa tête, et dans sa vie. Inutile de lui en faire grief. Il aimera sans doute que vous lui parliez de lui, de son humeur. Vous pouvez lui dire: «Je vois bien que tu es fâché, que c'est dur pour toi, que je te demande quelque chose de difficile. Ce n'est pas toujours simple de devenir grand et de changer d'habitude. Mais je suis là, je t'aime, et ce sera super dès que tu ne seras plus fâché.» Même très tôt, ce genre de dialogue a un sens pour l'enfant et lui donne les repères dont il a besoin pour construire sa personnalité.

Il a besoin de son environnement familial

Puisqu'il s'agit d'une période pénible pour lui, il a besoin de vous, de son environnement familial habituel pour surmonter les difficultés. Ce n'est pas le moment de partir en voyage, de le confier à une babysitter, ou de déménager. Aucun apprentissage n'est possible si d'autres causes de stress interfèrent. S'il est malade, il faudra patienter quelques jours et reprendre le programme le plus vite possible. Ne vous lancez pas dans le programme au dernier stade de la fatigue et de l'énervement, ou dans les semaines qui suivent la naissance d'un autre enfant. Le retour des vacances, après plusieurs jours de relaxation, et les retrouvailles avec sa chambre sont un bien meilleur moment.

Tous ces efforts n'ont de sens que s'ils correspondent au désir profond des parents, à leur certitude de faire vivre à l'enfant une phase essentielle de son développement. Si une maman se retrouve seule avec l'enfant et dort avec lui pour se consoler, elle, du départ du père, l'enfant le sent très bien. La réalité évidente est son besoin, à elle, de ne pas dormir seule. L'enfant aura alors toutes les audaces pour refuser un changement dont il sent l'aspect artificiel, né des conseils de l'un ou de l'autre et ne correspondant pas au désir profond de sa mère. En revanche, l'enfant comprendra vite que des parents calmes et détendus sont bien plus agréables que des parents stressés par le manque de sommeil. Il peut l'entendre ! Aux parents d'avoir assez de persuasion pour que le programme ait vraiment un sens pour toute la famille.

Il a besoin de bien dormir

Toute notre vie, nous oscillons en permanence entre nos besoins et nos désirs, et nous ne savons pas toujours les reconnaître, faute de cette éducation positive qui amène un enfant à évoluer, à grandir et à sentir dans les épreuves le soutien aimant de ses parents.

Dormir, dormir seul sans la main d'une mère dans la sienne, sans la présence d'un des parents, trouver en soi-même ses propres ressources de sommeil, ne plus dépendre de quelqu'un pour se rendormir la nuit sont des pas immenses vers l'autonomie. L'autonomie, condition majeure de toute évolution, est un besoin. Le désir de l'enfant, comme de chacun d'entre nous, tend plutôt à ne pas se bousculer, à maintenir un système dont les avantages sont connus, alors que ceux du changement ne sont qu'hypothétiques.

Refuser ce programme, ne pas vouloir imposer à l'enfant un changement difficile n'est pas l'aider.

Aucun médicament ne peut faciliter cet apprentissage

C'est une précision essentielle. Il ne peut se faire que si l'enfant a conscience de ce qui lui est demandé, et l'empêcher de penser ne fera que compliquer le problème. Sans compter que, s'il ne veut absolument pas dormir, il résistera même à une dose forte de sédatif, en développant une excitation et une agitation majeures, angoissantes pour lui, car il se débat violemment contre l'effet enivrant du produit. Le résultat obtenu est donc l'inverse de celui attendu : un enfant plus énervé, extrêmement agité, qui n'a aucune chance de s'endormir seul et qui, au lieu de percevoir la demande de ses parents, s'inquiète d'avoir à lutter contre une difficulté imprévue, une sensation nouvelle en lui, qu'il ne comprend pas.

> *La seule chose réellement importante pour un bébé ou un jeune enfant, c'est d'être en paix avec ses parents, avec le reste de la famille, et que tous le soient avec lui. Les modèles culturels changent, la sensibilité des parents à tel ou tel aspect de la relation à l'enfant conditionne les choix qu'ils font pour faire dormir leurs petits.*

Ne pas donner de médicaments puissants pour le faire dormir est capital. Nous y reviendrons au chapitre 10.

Si nous avons longuement décrit les moyens de revenir sur une association d'endormissement, ce n'est pas pour imposer rigidement une norme de sommeil et culpabiliser des parents qui feraient un choix différent. Notre but se veut d'information, d'apport clair d'éléments pratiques. Chaque famille inventera jour après jour, mais en toute connaissance, son équilibre de vie.

Chapitre 8

Cauchemars
et hurlements nocturnes

« Le jour est paresseux mais la nuit est active. »

P. Éluard, *Le Dur Désir de durer...*

Si un enfant tranquillement endormi se met à hurler dans son lit, tout le monde dit : «Il a des cauchemars.» Si ces troubles se répètent nuit après nuit, pendant des semaines, les dictons populaires disent qu'il y a de mauvais moments à passer, des âges où les cauchemars sont plus fréquents qu'à d'autres, que tout cela est normal, et qu'il vaut mieux ne pas laisser l'enfant s'affoler dans sa chambre, qu'il est préférable de le réveiller totalement, de lui faire raconter son cauchemar, ce qui lui permettra de l'oublier et de se rendormir. Si l'enfant se lève la nuit pour rejoindre ses parents, sans doute veut-il se faire rassurer, et s'il ne sait plus s'endormir ailleurs que dans leur lit, est-ce toujours la suite logique de ses cauchemars ? Est-il en train de les faire marcher, en a-t-il vraiment besoin, que cherche-t-il à dire, est-il anormalement inquiet et pourquoi ? Que veut-il, qu'est-ce qui se passe la nuit dans sa tête, alors qu'il s'était endormi calmement ?

Lorsqu'il s'agit d'un enfant de 5 ou 6 ans qui court la nuit dans tout l'appartement en hurlant, cherchant à fuir, avec un comportement bizarre, inquiet, mais incapable de raconter le moindre rêve, ni d'expliquer sa cavalcade dans la maison, les parents ne peuvent guère l'aider à se rassurer. Au contraire, tenter de le recoucher, de le faire taire, provoque souvent une agressivité importante. Lorsque enfin il arrive à s'éveiller, il est toujours interloqué de ce qui lui arrive, n'a aucune envie d'expliquer quoi que ce soit, n'a rien à raconter, veut se rendormir et qu'on le laisse tranquille. Pourtant, là encore, fréquemment, les parents parlent de cauchemars, et se demandent comment mieux réveiller leur enfant pour lui faire dire ce qui lui arrive et, ainsi, l'aider à s'en sortir.

Quand, enfin, un bambin de 4 ans hurle le soir en se couchant en disant qu'il voit des monstres sous son lit ou un voleur derrière le rideau, les parents les plus tolérants se posent vite des questions sur son état psychologique si les troubles se répètent ; alors que les moins tolérants lui proposeront carrément une fessée pour lui apprendre à raconter des bêtises au lieu de s'endormir. Pourtant, dans ces trois exemples, il existe une réalité physique, physiologique, une explication de ces troubles. Ces trois tableaux caricaturaux recouvrent des troubles du sommeil différents, des anomalies qui n'ont rien à voir l'une avec l'autre, qui se produisent à des stades différents des cycles de sommeil, mais qui sont facilement confondues par les parents et les médecins, qui parlent banalement de « l'enfant qui crie la nuit ». Pourtant, le traitement, les gestes à faire pour limiter le problème sont radicalement différents. Il est donc capital d'apprendre à les différencier pour adopter une conduite qui aidera l'enfant, quel que soit son âge. Nous

L'expression courante « terreur nocturne » ne correspond pas tout à fait à la réalité de l'enfant qui n'a peur de rien puisqu'il est profondément endormi.

allons décrire ce qui caractérise ces entités distinctes : les éveils partiels avec hurlements et les cauchemars, en reprenant également dans les illusions hypnagogiques examinées au chapitre 6 ce qui peut prêter à confusion.

Différencier les troubles

En théorie, les tableaux cliniques étant radicalement différents, des parents bien informés pourraient en faire le diagnostic eux-mêmes d'après les descriptions que nous allons en donner. La réalité est plus complexe. Les émotions de la famille, l'évolution des symptômes avec le temps, les troubles psychologiques parfois présentés par l'enfant peuvent compliquer la compréhension de ce qui se passe. Il n'est donc pas inutile de le raconter en détail.

Classification des parasomnies et des troubles moteurs liés au sommeil

Les parasomnies du sommeil lent profond ou troubles de l'éveil :
- « terreurs » nocturnes ;
- éveils confusionnels ;
- somnambulisme.

Les parasomnies en sommeil paradoxal :
- cauchemars ;
- paralysies du sommeil ;
- troubles du comportement en sommeil paradoxal.

Les autres parasomnies :
- énurésie ;
- troubles du comportement alimentaire du sommeil ;
- hallucinations du sommeil.

Les troubles moteurs liés au sommeil :
- mouvements rythmiques ; balancement, roulement et balancement pendulaire de la tête ;
- sursauts d'endormissement ;
- crampes nocturnes ;
- bruxisme ;
- impatiences des membres et mouvements périodiques des jambes.

D'après *The International Classification of Sleep Disorders, Diagnosis and Coding Manual*, American Academy of Sleep Medicine, 2005.

Les éveils partiels de nuit en sommeil lent profond

Ce sont des manifestations physiques, motrices ou neuro-végétatives, survenant au cours du sommeil lent profond en début de nuit, moins de 3 heures après le coucher. Le corps se met en mouvement alors que le cerveau dort et garde ses ondes caractéristiques de sommeil lent profond. Plusieurs comportements entrent dans cette définition.

◇ Les éveils partiels mineurs

Dans les cas les plus minimes, l'enfant s'agite dans son lit, remue légèrement, ouvre les yeux un instant, mâchonne un peu, marmonne et se rendort.

Au degré suivant, l'enfant parle en dormant, tient des discours confus de quelques mots. Si on le dérange en lui posant une question, il ne répond pas, ce qui fait la différence avec les somniloquies qui surviennent en sommeil lent léger ou en sommeil paradoxal (voir p. 42).

À un degré supérieur, l'enfant au milieu de son sommeil s'assied dans son lit, avec une expression hagarde, regardant dans tous les coins comme s'il essayait de comprendre où il est, mais en fait il est toujours inconscient. Puis, hébété, il se recouche et reprend instantanément son sommeil, d'ailleurs pas réellement interrompu.

◇ Les « terreurs » nocturnes

Il s'agit du plus impressionnant de tous les troubles du sommeil. Impossible de passer à côté. Les manifestations de l'enfant alarment toute la maisonnée et, de plus, rien ne semble l'aider. Il hurle, s'agite dans son lit, sans accepter la moindre réassurance. Parfois c'est pire : l'enfant paraît littéralement terrifié. Il pousse des cris déchirants, appelle au secours, les yeux hagards, dans une panique indescriptible. Il transpire, son cœur bat à tout rompre, mais lui parler ou le prendre dans les bras ne change rien. Impossible de le calmer, de le réconforter.

Même s'il répond par oui, non, ou « ils m'en veulent », l'interlocuteur se rend bien compte que ce laconisme est en fait le signe d'une « absence » de communication, pas d'une prise de conscience. Que lui arrive-t-il donc ?

En fait, il dort et, dès qu'il se calme, il continue son cycle de sommeil comme si de rien n'était. Essayer de le réveiller, à ce stade, le met dans un véritable état confusionnel, provoque en lui des réactions neurovégétatives encore plus intenses, et parfois un réflexe de fuite avec saut hors de son lit.

◇ Les éveils confusionnels

Ils sont très fréquents chez l'enfant de moins de 5 ans. Ils surviennent généralement au cours de la première partie de la nuit, mais peuvent se répéter au cours d'une même nuit et survenir, chez le nourrisson, au réveil d'une sieste. Le début est plus progressif que celui d'une terreur nocturne, l'enfant grogne puis pleure, s'agite et peut sortir de son lit. Ces accès ressemblent beaucoup à un caprice, l'enfant paraît réveillé, mais n'est pas conscient ; il repousse celui qui essaie de le consoler.

Terreurs nocturnes et éveils confusionnels surviennent à n'importe quel âge après la constitution des cycles de sommeil de type « adulte » et jusqu'à l'adolescence ou à l'âge adulte, avec des périodes limitées où la fréquence augmente nettement : autour de 8-10 mois, dans les deux premières années, entre 3 et 6 ans et parfois à la puberté. **La fréquence est maximale entre 3 et 6 ans.** La fièvre et le manque de sommeil en sont les causes déclenchantes les plus fréquentes. Les périodes de grandes acquisitions, de grandes découvertes, d'événements familiaux difficiles ou envahissants en sont d'autres. Souvent, dans l'interrogatoire familial d'un grand enfant amené en consultation pour ce genre de troubles, on retrouve d'autres périodes perturbées, périodes où l'enfant a hurlé la nuit, parfois chaque nuit pendant des semaines, sans que personne ne prenne en compte, puisqu'il se rendormait sans difficulté, ce qui avait été baptisé « cauchemars ». L'aggravation des symptômes motivera enfin la consultation.

◇ **Le somnambulisme**

Il représente une entité facilement reconnaissable, là encore avec des tableaux plus ou moins intenses.

• Souvent, le tableau est calme : l'enfant se lève, semble chercher quelque chose, peut allumer la lumière, rejoindre ses parents, ou partir carrément se promener de façon anormale. L'image classique du somnambule en équilibre miraculeux sur le faîte du toit est un mythe, pas une réalité. L'enfant marche de façon hésitante, ne fait que des gestes simples et peut obéir, sans se réveiller, à des ordres simples. Par exemple : « Recouche-toi. » Souvent, sa promenade n'a aucun but décelable. Parfois, au contraire, l'enfant semble se lever pour satisfaire un besoin réel, mais ne le réalise pas, ou mal. S'il va jusqu'au frigo, semblant avoir faim, il l'ouvre et retourne se coucher sans y avoir rien pris, et laissant la porte ouverte. D'autres fois, il veut uriner, mais se trompe d'endroit, urinant dans une chaussure, dans le coin d'une pièce, voire, et presque accidentellement, dans les toilettes, sans être vraiment réveillé. Dans tous les cas, il retourne se coucher sans garder le lendemain au réveil la moindre trace, le moindre souvenir de ce qui s'est passé ou alors de manière très floue, très confuse, puisqu'en fait à aucun moment il ne s'est réveillé.
• À un degré supplémentaire d'intensité, l'enfant, toujours endormi, marche de façon agitée, inquiète. Il

court dans sa chambre, parcourt la maison comme s'il tentait de fuir quelque chose, de s'évader, comme s'il était aveugle et cherchait son chemin en touchant les meubles et les murs, ou comme si une nécessité impérieuse, douloureuse, dangereuse, le poussait à agir.

◇ Le somnambulisme-terreur

Le tableau est encore plus intense : l'enfant veut fuir, se précipite hors de sa chambre ou hors de la maison en hurlant. Il peut ouvrir la fenêtre et chercher à sauter. Il fonce dans les murs, les meubles, dégringole les escaliers au risque de se blesser. Les blessures ne sont pas rares, souvent de simples hématomes ou égratignures, mais parfois plus graves.

Dans cette très grande agitation, l'enfant (en fait il s'agit plus souvent d'un adolescent) peut mettre directement sa vie en danger en sautant par la fenêtre ou en se précipitant sur la route voisine.

Rien ne peut l'arrêter. Les tentatives pour le calmer aggravent encore les signes. Cet incident peut durer plusieurs minutes, sans réconfort ni amélioration possibles, l'enfant paraissant littéralement possédé. Ensuite, il se recouche dans n'importe quel coin de son lit et continue son sommeil comme si de rien n'était. Il ne se souviendra de rien. Si les personnes de son entourage arrivent à le réveiller, il est confus, troublé, honteux de son comportement s'il se rend compte de l'intensité des symptômes, angoissé par son cœur qui tape, sa transpiration, les signes de malaise qui l'envahissent et qu'il ne comprend pas, mais il ne peut raconter aucun rêve coordonné, ni se rassurer sur ce qui lui arrive en raisonnant, car il ne garde aucune image de ce qui vient de se produire. Il ne veut que retourner au lit et se rendormir.

Les éveils partiels en sommeil lent profond sont les plus fréquentes de toutes les manifestations nocturnes des enfants. Les terreurs et les éveils confusionnels peuvent se voir dès l'âge de 9 mois, et sont très banals dans les deux premières années de vie. En dehors des dépendances d'endormissement, ils représentent 75 % des cris nocturnes, avant minuit, des bébés, soit trois fois plus que les cauchemars. Le somnambulisme est fréquent entre 6 et 12 ans, et peut se voir également à l'adolescence. 15 % des enfants ont présenté un ou plusieurs accès de somnambulisme ou de terreurs.

En résumé

L'enfant sujet à un éveil partiel en sommeil lent profond :
- *s'agite dans les trois premières heures après son coucher ;*
- *a des manifestations physiques de peur : cœur rapide, qui bat fort, transpiration ;*
- *ne reconnaît pas ses parents et refuse d'être consolé ;*
- *ne se souvient de rien le lendemain ;*
- *ne comprend rien à ce qui lui arrive si on le réveille, et traverse alors un état confusionnel désagréable.*

Les cauchemars

De façon caricaturale, les cauchemars pourraient être définis comme les réveils brutaux de nuit qui ne sont pas des terreurs nocturnes. D'abord parce qu'ils sont moins fréquents, ensuite parce que **leurs caractéristiques cliniques et neurophysiologiques sont à l'opposé de celles des éveils partiels** de nuit. En reprenant chacun des signes des terreurs que nous venons de décrire et en les regardant « à l'envers », dans un miroir, nous savons tout ou presque des cauchemars :

- il s'agit d'un rêve, d'un mauvais rêve, qui se produit en phase de sommeil paradoxal, donc presque toujours en fin de nuit ;

• puisqu'il s'agit d'un rêve, il y a **des images et une histoire parfaitement repérées** par l'enfant. S'il a l'âge de s'exprimer, il va le raconter, de façon très détaillée. Même les tout petits enfants qui parlent à peine vont tenter d'exprimer, en montrant un coin de la pièce, ce qu'ils ont « vu » ;

• malgré l'intensité de sa frayeur, de ses cris, **l'enfant n'a pas, ou peu, de manifestations physiques.** Il ne transpire pas ou peu, son cœur est à peine plus rapide, les yeux regardent partout de façon organisée, intense, pour comprendre et se défendre. Il n'a pas de sensation physique de panique intense. Il a seulement peur de quelque chose dont il a clairement l'image, l'imagination, l'imaginaire, dans sa mémoire ;

• à la fin de l'épisode de rêve, si la sensation est vraiment très intense, ou si c'est l'heure normale de son lever, l'enfant va se réveiller et, parce que le souvenir est très présent, très pénible, angoissant, il va se mettre à hurler, courir, chercher du réconfort. Cela signifie donc qu'**il est pleinement réveillé lorsqu'il pleure** et veut se faire rassurer, être consolé. Il reconnaît parfaitement ses parents, se niche dans leurs bras, ne veut plus les quitter, exige de dormir dans leur lit et, même là, met du temps pour s'apaiser. Rien à voir avec l'enfant confus, hébété, à moitié endormi des terreurs nocturnes, qui rejette ses parents, ne les reconnaît pas et continue à hurler ;

• comme la frayeur est très intense et bien mémorisée, **l'enfant a peur de se rendormir, peur de se recoucher seul,** peur de retrouver ce cauchemar dans son lit. Cette angoisse peut s'étaler sur plusieurs nuits ou plusieurs semaines, rendant le coucher difficile, acrobatique : l'enfant s'accroche au cou de ses parents, ne veut pas être posé dans son lit, se relève vingt fois pour aller dans celui des grands, refuse de gagner sa chambre, veut laisser la lumière... Il dit clairement, à son niveau de langage, qu'il a peur, vraiment peur. Ce n'est pas le même genre de comportement que celui de l'enfant qui «fait marcher» ses parents. Celui-là sait moduler ses demandes pour obtenir le maximum de bénéfices de la situation, mais n'a pas peur.

En résumé

Un cauchemar est:
- *occasionnel;*
- *situé en fin de nuit.*

L'enfant qui fait un cauchemar:
- *est totalement réveillé et effrayé;*
- *présente des manifestations physiques minimes ou absentes;*
- *sait ce qui lui a fait peur et peut raconter l'histoire, les images de ce mauvais rêve;*
- *s'en souvient longtemps;*
- *reconnaît ses parents et veut être consolé.*

Les illusions d'endormissement

Nous les avons vues p. 22, mais reprenons rapidement leurs caractéristiques pour ne pas risquer de les confondre:
- elles surviennent à l'endormissement, au moment où la vigilance commence à baisser et où l'enfant se contrôle un peu moins bien, donc en tout début de nuit;
- l'enfant est encore pleinement éveillé mais n'arrive pas à faire la part de ce qui est réel et de ce qui est son imagination;
- il a peur et veut être rassuré;
- les manifestations sont variées, physiques (sursauts, impression de chute...), sensorielles (fourmis...), ou imaginaires (monstres, voleurs...).

Deux situations peuvent prêter à confusion et empêcher cette reconnaissance :

• quand l'horaire d'appel est douteux, que l'enfant est très petit, ne peut rien raconter, s'accroche à ses parents et se calme vite dans leurs bras ou leur lit, on peut avoir un doute. Mais, s'il s'agit d'un cauchemar, il en garde le souvenir et reste inquiet, agité, perplexe dans les jours qui suivent. Il se replie sur lui-même, hésite à jouer, taraudé par les images angoissantes qu'il n'a pas encore réussi à « trier et ranger » dans sa tête. Il rit moins facilement, le changement d'humeur ne fait aucun doute et peut même évoquer une maladie en incubation ;
• parfois l'enfant, au réveil d'un cauchemar, est impressionné par l'angoisse de ses parents. Il allait se faire rassurer et il les trouve paniqués, atterrés par ses cris, agités devant sa propre peur. Personne pour le consoler, personne pour lui dire calmement que ce n'est rien, que ce n'était qu'un rêve. Les adultes autour de lui tremblent, pleurent, le serrent convulsivement dans leurs bras, le forcent à manger. Du coup, il a encore plus peur, ne sait à qui ni à quoi se raccrocher pour diminuer sa propre frayeur. Il a la sensation qu'il se passe quelque chose de vraiment très grave puisque ses parents ne contrôlent plus, ne comprennent rien et ne l'aident pas. Ce sont le comportement, l'agitation des parents qui le paniquent encore plus, et il peut se mettre à hurler de façon désordonnée, confuse, hagarde. Il peut repousser ses parents, ne faisant plus confiance à personne. Et, bien sûr, ce non-contrôle, cette confusion peuvent être secondairement pris à tort pour une terreur nocturne. Or il est réellement effrayé, a réellement besoin d'être rassuré, consolé. Il lui faudra du temps pour se calmer, jusqu'au moment, où, enfin apaisé, il pourra dormir.

Caractéristiques neurophysiologiques

Sur l'électroencéphalogramme, tout différencie ces trois troubles du sommeil. Impossible de les confondre.

• **Les illusions hypnagogiques** surviennent pendant l'endormissement (stade I). Nous n'y reviendrons pas.

• **Les éveils partiels,** quelle que soit l'intensité des manifestations, **surviennent de façon subite, dans une phase de sommeil lent profond,** peu de temps avant que l'enfant ne présente, ou plutôt ne rate, sa première phase de sommeil paradoxal. Il se retrouve totalement endormi, mais actif, dans une phase de sommeil sans rêves, donc sans mémorisation. Il n'est pas en train de rêver, puisqu'il peut bouger, parler, se lever, courir, se défendre (alors que nous avons vu que le sommeil du rêve s'accompagnait d'une paralysie motrice).

Ces manifestations motrices sont parfois provoquées par une stimulation intempestive. Certains parents ont vu leur enfant se mettre à hurler au moment où ils l'embrassaient avant d'aller eux-mêmes se mettre au lit. Un bruit léger, un craquement de l'escalier, une porte qui s'ouvre ou se ferme paraissent parfois la cause directe du hurlement. Mobiliser un enfant, le mettre sur ses pieds en pleine phase de sommeil lent profond peut déclencher un accès somnambulique.

L'important est de comprendre qu'il ne s'agit pas de rêves, qu'il n'y a pas de raisons imaginaires qui conduisent l'enfant à cette agitation. **Ce qui est libéré, ce sont tous les signes d'un accès de panique, la capacité de bouger, de se mouvoir, en plein sommeil.** L'exemple que l'on pourrait donner est celui d'une voiture qui s'est déplacée en pleine nuit. Une voiture dont le frein à main a lâché, et qui a glissé sans conducteur au bas de la pente, sans aucun contrôle. Si la pente est douce, elle s'arrêtera calmement au bord du trottoir ; si la pente est raide, elle peut se fracasser contre un mur ou un pylône, à l'ahurissement du conducteur habituel qui arrive après coup et ne comprend pas ce qui s'est passé. Ce frein à main qui lâche est presque physiologique, banal, à certaines phases de la maturation cérébrale, et tous les individus en ont des manifestations minimes ou plus intenses, à un moment ou à un autre de leur vie de sommeil. C'est la répétition des symptômes, leur violence, et les interventions intempestives des parents qui, seules, poseront problème.

Si l'on force un individu à se réveiller à ce stade, il est hagard, hébété, somnolent, n'a rien à dire, et veut se rendormir. Il ne sait pas pourquoi il s'est partiellement réveillé, pourquoi il est dans cet état-là : cœur qui bat très vite, sueurs, impression de malaise imminent. En fait, son activité mentale est nettement ralentie par son processus de sommeil et il a de grandes difficultés à raisonner, à aligner des idées et à faire le point sur ce qui se passe.

C'est un peu l'état que ressent un adulte brutalement réveillé par une sonnerie de téléphone alors qu'il dormait depuis moins d'une heure. Il va être confus, ne sachant plus où il en est, ni ce qui lui arrive, gêné pour coordonner ses idées et répondre correctement à l'appel. S'il doit s'habiller rapidement pour sortir, il a des chances de mettre son pull à l'envers, ou d'oublier sa chemise. Selon les individus, cet état de confusion durera quelques courtes secondes, ou au contraire plusieurs minutes. Ceux qui peinent le plus pour se réveiller disent : « Je dormais si profondément... » En plus, les signes physiques sont intenses, avec nausées, tachycardie... Les médecins qui font des gardes de nuit le savent bien : les appels de début de nuit sont les plus difficiles, et les réactions physiques du réveil sont parfois horribles.

Chez l'enfant, les tentatives pour le réveiller sont très souvent infructueuses. Il va rester inconscient, son cerveau profondément endormi ; mais les signes de frayeur, de panique vont, eux, s'accentuer.

• **Les cauchemars** surviennent pendant une phase de sommeil paradoxal. Comme il y a plus de sommeil paradoxal **en seconde moitié de nuit et vers le matin**, les cauchemars sont des manifestations tardives, à partir de 2 ou 3 heures du matin jusqu'à l'heure normale du lever.

Puisqu'il s'agit d'une phase de sommeil paradoxal, **l'enfant ne fait aucun mouvement pendant le cauchemar,** il ne se lève pas en dormant, il ne manifeste rien. Son corps est littéralement « débranché » de son activité mentale onirique, paralysé, et il ne peut pas bouger. L'enfant qui fait un cauchemar aura peu de réactions physiques décelables. Pour lui, c'est **l'image** désagréable qui prédomine, pas le choc physique. Et ce cauchemar le réveille.

Pourquoi de telles manifestations ?

Les causes fondamentales

• **Les cauchemars :** nous rêvons tous, toutes les nuits, plusieurs fois par nuit, et ces rêves ne comprennent sûrement pas tous des images de tendresse, de beauté, de douceur et de paix. Les rêves sont un moyen de régler, de « digérer » les acquis et les difficultés de la journée, d'en faire le tri, de prendre du recul. Chaque nuit, nous métabolisons ainsi, sans nous en rendre compte, nos moments de bonheur et nos découvertes intéressantes ou désagréables. Les seuls souvenirs sont liés au réveil en fin de rêve, soit parce que la violence du rêve a provoqué l'éveil, soit, beaucoup plus couramment, parce que le rêve, bon ou mauvais, s'est produit dans le dernier cycle de sommeil, juste avant l'éveil spontané.

> *Les cauchemars existent chez tous les enfants de façon occasionnelle et **sont particulièrement fréquents entre 2 et 6 ans**, période où les acquisitions, les découvertes sont très actives.*

• **Les éveils partiels** sont liés à la profondeur du sommeil lent de début de nuit. Plus le sommeil est profond, plus ils risquent d'apparaître. Comme si l'enfant n'arrivait pas à émerger de l'emprise de ce sommeil pour se réveiller vraiment ou pour passer en sommeil paradoxal.

Jusque vers 12 ans, c'est un trouble fréquent, traduction clinique d'une phase de maturation cérébrale où le sommeil lent est très profond, beaucoup plus que chez l'adolescent et l'adulte. Lorsque les signes perdurent largement au-delà de cet âge, les problèmes psychologiques associés sont fréquents et pourront nécessiter une thérapie spécialisée.

Les circonstances favorisantes

◇ Les cassures de rythme

Que ce soit pour les cauchemars ou les éveils partiels, tous les changements de rythme, tous les chahuts relationnels ou psychologiques de l'enfant peuvent favoriser leur survenue.

• Les moments de séparation d'avec la mère ou les parents : crèche, assistante maternelle, garderie, hospitalisation de l'enfant, arrivée d'un nouvel enfant dans la maison...

• Les grandes acquisitions de la deuxième année : la marche, le langage, la propreté.

• Parfois, une frayeur peut être le facteur déclenchant : l'enfant perd sa mère dans un magasin et se croit perdu. Ou alors la mère s'absente pendant quelques jours et il la croit disparue. Ou encore les parents ont une violente altercation devant lui et cela l'affole. Ou même les parents font l'amour pas très loin de lui et ce qu'il en perçoit lui paraît violent et dangereux. Les frayeurs peuvent aussi rôder dans l'environnement : les animaux inconnus, la peur d'une guêpe après une piqûre, les voitures bruyantes et rapides de la rue, une empoignade avec un copain pour un jouet.

• À partir de 3 ans, l'enfant est confronté à de fortes pulsions sexuelles et agressives. Il a envie de pouvoir aimer le parent de sexe opposé, d'évincer celui de même sexe que lui, et ses pensées sont très angoissantes, d'autant plus angoissantes si les parents entrent dans le jeu, acceptent de s'éloigner l'un de l'autre pour plaire à l'enfant, le laissent trop prendre la place « entre eux » et non avec eux.

• L'enfant vit parfois de grandes crises de jalousie. Le voyage d'un des parents, l'arrivée d'un nouveau bébé dans la maison, l'hospitalisation de la mère pour cette naissance, les premiers vrais jeux collectifs avec d'autres enfants du même âge peuvent lui faire croire qu'il est moins aimé, moins désiré, et il peut développer une très grande violence intérieure qui le perturbe beaucoup et ressortira la nuit sous forme de cauchemars.

• Également à partir de 3 ans, l'enfant est confronté à la découverte de la mort, cette réalité incontournable dont il n'arrive pas à définir les limites. Il peut craindre de mourir à tout moment, mais surtout quand il s'endort, quand il « se sent partir » dans le sommeil. Pour lui, pendant toute cette période, la mort est une notion confuse, vaguement synonyme d'immobilité, d'absence. En cas de deuil dans son entourage, le silence observé par les adultes sur ce sujet, le fait de cacher à un enfant les réalités de l'enterrement, des cimetières, aggravent son impression qu'il peut lui aussi disparaître brutalement à n'importe quel moment et n'être plus aimé.

• Après 6 ans, la plupart de ces grandes interrogations sont apaisées. L'enfant entre dans une période plus tranquille, appelée phase de latence. Les cauchemars deviennent beaucoup plus rares. Leur persistance chaque nuit, ou plusieurs fois par semaine, doit alors poser problème.

◊ **Le manque de sommeil**

Pour les terreurs nocturnes et le somnambulisme, le facteur favorisant le plus fréquent, à rechercher d'emblée devant des signes évocateurs, est la réduction du temps de sommeil. Lorsqu'un enfant ne peut dormir tout à loisir, lorsqu'il n'a pas sa « dose biologique » de sommeil, il va tenter de s'adapter. Pour cela, il augmente et approfondit son temps de sommeil lent. **Plus le sommeil lent est profond, plus le risque est grand.** Cela veut dire que tout ce qui réduit le sommeil d'un enfant de plus de 9 mois est susceptible de déclencher de tels symptômes : les réveils intempestifs, le bruit, les voyages, les maladies, les rhumes, les contraintes horaires des rythmes familiaux et, bien sûr, la diminution des siestes.

L'hérédité joue aussi un rôle : avoir un papa ou une maman qui ont fait dans l'enfance des terreurs nocturnes ou du somnambulisme augmente le risque de faire des éveils partiels.

Conduite pratique devant ces différents troubles

Là encore, tout oppose les terreurs nocturnes et les cauchemars. L'enfant en éveil partiel n'a besoin que de continuer son sommeil, quelle que soit l'intensité des signes qu'il présente. En revanche, l'enfant qui fait un cauchemar a besoin d'être rassuré.

Devant une terreur nocturne
ou toute autre manifestation d'un éveil partiel brutal

Pendant un éveil partiel, modéré ou brutal, l'enfant est encore pratiquement endormi, non conscient, ne rêvant pas. À la fin de l'épisode, il retombe dans le sommeil sans transition, sans angoisse, sans difficulté. Puisqu'il dort profondément, il ne mémorise rien, ne sait même pas que quelque chose a pu arriver dans son sommeil et n'a pas du tout envie de le savoir. Du coup, il n'a pas peur, aucune angoisse particulière, et n'a aucun besoin d'être consolé ou rassuré. Il n'a aucune idée de la raison pour laquelle on le réveille, de ce qu'il vient de manifester, et ne demande qu'à poursuivre calmement sa nuit de sommeil, pour lui pas vraiment interrompue.

La conduite pratique devant de tels phénomènes découle de ce que nous venons de dire et doit vous paraître maintenant évidente. On pourrait, et on devrait, la résumer en une phrase que les parents colleraient sur la porte de la chambre de l'enfant pour s'obliger à réfléchir avant d'aller l'« aider » :

> **Ne pas intervenir, ne pas le réveiller,
> accepter de ne rien faire.**

C'est la seule et unique solution pour que l'enfant ne souffre pas de réveils inutiles et brutaux qui casseraient ses rythmes. C'est la meilleure réponse que des parents attentifs peuvent apporter à leur petit. Cela peut paraître dur à entendre, car il semble impossible, quand les signes sont importants, de laisser l'enfant, seul, dans un tourbillon d'une telle violence. L'immobilité, la non-intervention paraissent épouvantables. Pourtant, c'est la seule chose à faire, la seule chose dont l'enfant ait besoin. Prendre le recul nécessaire pour ne pas s'alarmer là où ce n'est pas utile est le plus grand service à rendre à l'équilibre-sommeil de nos petits. Confondre systématiquement une terreur avec des cauchemars est une erreur lourde de conséquences, car réveiller l'enfant et le consoler risquent d'aggraver les signes et de faire durer le trouble.

◊ **S'il s'agit d'un tout-petit, de moins de 2 ans**

Il faut vraiment le laisser crier dans son lit, ne pas le prendre dans les bras, attendre sans bouger qu'il se calme, puis, simplement, le recouvrir lorsqu'il est apaisé. De toute façon, il ne vous entend pas, ne vous voit pas, et une contrainte physique ou une stimulation ont plus de chances d'aggraver et de prolonger les signes que de les apaiser.

À cet âge-là, les promenades et accès somnambuliques sont exceptionnels, il n'y a donc pas de risques d'accident. Le seul rôle des parents, et il est fondamental, sera d'assurer à l'enfant une quantité suffisante de sommeil de nuit, de longues siestes avec des horaires très réguliers. Cette seule amélioration des conditions de sommeil entraîne le plus souvent à très court terme une diminution, voire une disparition, des symptômes. L'erreur classique, à éviter à tout prix, serait de s'inquiéter, de vouloir apaiser ou maintenir physiquement l'enfant et, bien pire, de se fâcher contre lui. Se réveiller brutalement pour se trouver en tête à tête avec des parents furieux, énervés, qui proposent une fessée, est sûrement un très grand traumatisme pour un enfant. Puisqu'il ne sait pas ce qui lui arrive et croyait dormir sans problème, la violence incompréhensible de ses parents l'agresse, l'affole. Il ne sait pas pourquoi, ni comment la contrôler, comment se protéger. Il a vraiment peur, mais est trop confus, trop endormi pour analyser ce qui lui arrive.

Les parents se doivent donc de prendre leurs distances par rapport aux signes présentés par l'enfant et ne pas se laisser troubler par le fait qu'il crie, hurle, jette ses couvertures et semble très mal. L'enfant n'a pas besoin d'eux, l'enfant est en « roue libre de sommeil ». Mieux vaut le laisser se débrouiller avec ses cycles intérieurs et leur régulation.

◇ **S'il s'agit d'un plus grand enfant ou d'un adolescent**

Le rôle des parents est un peu plus complexe, du moins en dehors des épisodes nocturnes.

• **La nuit,** la conduite à tenir est la même : ne pas intervenir, ne pas réveiller, ne pas chercher à le maintenir physiquement, ne pas se fâcher. La seule chose à contrôler est le risque d'accidents. Si l'enfant quitte son lit, il faudra enlever de la chambre les meubles aux angles dangereux et tous les objets avec lesquels il pourrait se blesser en tombant dessus, ou en se cognant. Si les troubles sont majeurs et que l'enfant quitte sa chambre, il faudra vérifier les portes et les fenêtres, pour parer à une sortie dangereuse, et surveiller de près, en n'intervenant que si l'enfant court un risque imminent. En raison du risque de défenestration, la surveillance des fenêtres au cours des nuits d'été sera particulièrement vigilante.

• **Dans la journée,** trois points aussi essentiels les uns que les autres :

~ **Procurer à l'enfant un maximum d'heures de sommeil et avec des horaires réguliers.** Si les signes apparaissent vers 4 ans, au moment de la disparition de la sieste, il sera indispensable de la maintenir ou de la rétablir, peut-être en la prolongeant un peu ou en en modifiant l'horaire. Le but de cette manœuvre, c'est que l'enfant, moins fatigué le soir, ait moins besoin de sommeil lent profond.

~ **Ne pas l'interroger sur ce qui lui arrive, ne pas tenter de le faire raisonner,** ne pas lui demander d'expliquer, ni en pleine nuit ni le lendemain, ce qui a bien pu lui arriver. Il n'en a pas la moindre idée, nous l'avons vu, mais il nous paraît fondamental de le redire. Il est donc totalement inutile de lui demander pourquoi il a crié au secours, ou pourquoi il a jeté un objet par terre ou uriné dans ses bottes. Découvrir en se réveillant ce qui s'est produit la nuit est déjà un traumatisme. Avoir à en rendre des comptes est insupportable. Il faut absolument dédramatiser les signes de nuit, ne pas donner à l'enfant l'occasion de se retrouver en pleine nuit devant ses parents dans une situation embarrassante ou ridicule, dont il prendra conscience parce qu'on le réveille, alors que normalement, en se rendormant, il en aurait perdu tout souvenir. La connaissance de cette face cachée de lui-même, cette zone d'ombre où il ne se contrôle plus, la répétition des questions à ce sujet peuvent beaucoup l'inquiéter. Il se demande qui il est, pourquoi un tel fonctionnement. L'impression d'« inconnu incontrôlable », d'échappement à soi-même peut lui apparaître comme une forme de folie, donc comme un événement très angoissant.

~ **Expliquer à l'enfant les raisons physiques qui provoquent ce genre de symptômes.** Il est très facile de lui dire qu'à un moment précis de son sommeil il se produit ce curieux phénomène, qu'il n'y est, lui, pour

rien, qu'il n'est pas fou et que ce non-contrôle temporaire n'est qu'un « gag physiologique » de son sommeil,
dont il n'est pas plus responsable que d'une crampe ou
d'un sursaut musculaire. Cette simple explication cal-
mera bien des angoisses.

Ce qui frappe dans le suivi de grands enfants présen-
tant ce genre de troubles, c'est la tranquillité apparente
des journées, contrastant avec les difficultés nocturnes.
Les parents parlent d'enfants très calmes, au très bon
rendement scolaire, presque trop sages le jour, agréables,
prêts à rendre service, qui ne se fâchent jamais, montrent
peu leurs sentiments, se contrôlent beaucoup. Leur non-
contrôle nocturne, lorsqu'on leur en fait grief, en est
d'autant plus insupportable. C'est évident.

Parfois, il s'agit d'enfants vivant une réalité difficile
et qui « prennent sur eux » pour la dominer, sans rien
en dire. Deuil récent, séparation des parents, difficultés
scolaires ou affectives. L'enfant n'en parle jamais directement, de peur d'aggraver ses difficultés avec ses parents
ou ses professeurs, pour ne pas raviver le chagrin de ceux
qu'il aime, ou par peur profonde d'exprimer ce qu'il ressent et d'encourir leur réprobation. Il est donc amené à se
taire, à assumer un contrôle au-dessus de ses moyens et
manifeste la nuit à quel point cela le perturbe.

L'aider, c'est ouvrir le dialogue à distance de la nuit
et, dans des moments de calme et d'intimité, l'amener à
dire ce qui le préoccupe, lui proposer de prendre un peu
de recul par rapport aux exigences de ses professeurs ou
aux demandes de ses parents. L'assurer qu'il est aimé, que
tous les efforts qu'il fait sont reconnus et admirés, lui donner des occasions de faire du sport, d'avoir des loisirs pour
défouler un peu ses tensions, l'aider à formuler un chagrin
ou les idées négatives sur lui-même qui l'envahissent. La
seule prise en charge vraiment utile se joue en ces termes-là.

Si la patience attentive des parents ne suffit pas, l'aide d'un psychothérapeute peut tout à fait se justifier et il ne faut surtout pas hésiter à la proposer et à l'accepter.

Pour toute la famille, c'est une décision qui fait peur. Toute remise en cause de soi-même ou d'un équilibre familial est angoissante mais, devant des terreurs nocturnes intenses et répétées, c'est la solution sur laquelle il serait trop dommage de buter, pour l'avenir psychologique de l'enfant. Car c'est cela l'enjeu...

◇ **Et les médicaments ?**

Un dernier point à préciser : malgré l'intensité des symptômes et le poids éventuel du retentissement sur toute la famille, les médicaments n'ont presque aucune indication.

• **Pour les jeunes enfants de moins de 2 ans** qui crient la nuit, un traitement médicamenteux non seulement ne résout rien puisqu'il modifie l'architecture du sommeil mais risque, en plus, de créer une dépendance. Le « petit sirop du soir pour qu'il ne braille pas cette nuit et nous laisse dormir » est **une grosse erreur** que des parents responsables ne devraient pas se permettre sans une sérieuse consultation médicale préalable pour explorer toutes les autres solutions. **L'abstention de toute thérapeutique chimique devrait être la règle.**

• **Pour l'enfant de plus de 4 ans et à l'adolescence,** un sédatif de type benzodiazépine peut être prescrit dans deux cas (et ce sont les seules exceptions à cette règle de l'abstention de thérapeutique chimique) :

~ soit lorsque les signes sont extrêmement **fréquents** et violents et que l'enfant risque de se blesser, en attendant que la prise en charge psychologique déjà entreprise ait des effets notables ;

~ soit pour permettre à un enfant vivant des crises sévères de dormir chez un copain ou en colonie sans se retrouver dans une situation difficile : risque de blessure dans ce lieu inconnu non contrôlé par les parents, railleries traumatisantes d'adultes ou de copains indélicats. Ce traitement apporte habituellement une amélioration rapide mais il ne doit être prescrit que pour un temps court (jamais plus de trois mois), et son arrêt, très progressif, doit être soigneusement contrôlé par le médecin traitant. L'aggravation du trouble et l'apparition éventuelle de signes psychiatriques au décours d'un traitement trop vite arrêté méritent de telles précautions.

Devant des cauchemars

Un appel de fin de nuit, un enfant pleinement réveillé, réellement effrayé, jamais confus, quelle que soit l'intensité de sa frayeur, qui raconte son rêve, qui a peu de réactions physiques, fait sûrement un cauchemar. Il a besoin d'aide.

Il faut bien comprendre que **les cauchemars, tout comme les rêves, sont normaux, absolument indispensables à l'enfant pour grandir et évoluer.** Les phases où ils sont plus fréquents, plus intenses font partie du processus normal de l'évolution. Pendant les premiers jours de vie, le nouveau-né a de très longues périodes de sommeil paradoxal, avec des mouvements et des mimiques du visage qui authentifient la réalité du sommeil paradoxal. Mais il est impossible de dire quelles sortes d'images, de sensations peuvent alors le traverser. À quoi peuvent bien rêver les nouveau-nés ou les bébés dans le ventre de leur mère ? Nous ne le saurons sans doute jamais, et peut-être que c'est mieux ainsi.

Vers 2 ans, l'enfant commence à dire ce qui le tracasse, à raconter les images qui défilent dans ses cauchemars. Plus il grandira, plus il arrivera à en préciser les thèmes et l'intensité, racontant du même coup ses principaux soucis, et les inquiétudes qui l'assaillent. D'abord images simples, presque du quotidien, puis peu à peu symbolisées, élargies à des créatures imaginaires plus ou moins monstrueuses ou extravagantes.

Comment prendre en charge un enfant qui fait des cauchemars, comment l'aider à s'en sortir ? La réponse dépend bien sûr de l'âge, mais le point essentiel, valable pour tous, c'est que **l'enfant a besoin, terriblement besoin, d'être rassuré.** Il est pleinement éveillé, mais voit encore les images terrifiantes qui l'ont tiré du sommeil. Sa mémoire est très précise, bien présente, et il est réellement effrayé.

◊ Pendant les deux premières années de vie

L'enfant ne peut pas analyser la notion de rêve. Pour lui, tout ce qu'il voit, tout ce qu'il a dans la tête est **réel**. Lui dire : « Ce n'est rien, ce n'est qu'un cauchemar » ne l'aide absolument pas. Il voit encore ce qui lui a fait peur, il sait que cela lui est arrivé dans son lit, il a peur que cela recommence. En même temps, comme il est bien réveillé, il sait que ses parents sont là, qu'il peut s'agripper à eux, se blottir dans leurs bras, demander à faire le tour de la pièce, ou même demander à finir la nuit contre eux dans leur lit. Si la panique du cauchemar est grande, pourquoi pas ? Il risque d'être beaucoup trop mal pour pouvoir se rendormir seul dans son lit. Ce dont il a besoin, c'est de parents calmes, apaisants, qui lui disent et lui répètent qu'il ne risque plus rien puisqu'ils sont là. Ce serait une erreur de nier la réalité de ce qu'il vient de vivre. Il sait qu'il a vu quelque chose d'effrayant et, donc, ne comprendrait pas que des adultes lui disent : « Il n'y a rien, il n'y a rien du tout, recouche-toi et rendors-toi. » Il veut simplement entendre : « Je suis là, tout va bien, tu ne risques rien ; contre moi, tu peux te rendormir. » Plus ce genre de phrase pourra être exprimé doucement, calmement, plus il sentira la paix de ses parents, et plus vite il pourra sortir de ses images intérieures effrayantes.

◇ **Entre 2 et 4 ans**

L'enfant commence à bien raconter le sujet du cauchemar, à situer dans un coin de la chambre l'animal, le monstre à l'origine de sa frayeur. Mais, en même temps, il se met à comprendre la notion de rêve, que certaines images ne sont que dans sa tête et qu'il n'y a rien de réel dans la chambre. Il a toujours besoin d'être rassuré, d'entendre qu'il ne risque rien. Mais, tout comme nous l'avons raconté p. 22 pour les illusions de l'endormissement, mieux vaut **se contenter de cette réassurance, sans rentrer dans le jeu du cauchemar.** Vérifier sous le lit qu'aucun monstre n'y est caché, faire semblant de tuer une abeille sur le mur ou d'éteindre un incendie, ces gestes lui donnent l'impression que le risque était bien réel. Pour lui, ses parents ne mentent jamais, et ce simulacre de combat avec un monstre imaginaire entérine la véracité de ce qu'il a rêvé et, du coup, renforce sa peur. Là encore, la tendresse chaleureuse et tranquillement rassurante de ses parents est la meilleure des aides à lui offrir.

◇ **Aux environs de 4 ans**

L'enfant comprend clairement la différence entre le rêve et la réalité. Il sait qu'il voit des images effrayantes, mais il peut prendre un peu de recul et en discuter avec son entourage. Il aime alors découvrir que ce genre de frayeur arrive à tout le monde, qu'il ne se passe jamais rien de grave quand on rêve. Lire des livres pour enfants racontant des histoires de cauchemars, lui montrer des illustrations de rêves rocambolesques ou un peu inquiétants mais finissant bien lui apporte un grand soulagement.

C'est un bon moyen que de lui offrir plusieurs livres parlant des rêves et des cauchemars, et de le laisser choisir, au moment du coucher, l'histoire qu'il a envie d'entendre avant de s'endormir. Il peut ainsi conceptualiser sa peur, la dire sous différents modes symboliques et souvent, du coup, les cauchemars s'espacent et disparaissent.

S'il n'arrive pas à les surmonter, s'il continue à rejoindre ses parents au milieu de la nuit, ou à les appeler, il a sûrement une raison profonde d'inquiétude ou un malaise important. Il aura besoin d'une relation d'aide avec un psychologue pour arriver à dire, à mettre au clair ce qui le perturbe, ce qui le réveille. Là encore, mieux vaut ne pas hésiter à faire appel à des personnes compétentes pour faire cesser sans trop attendre ces épisodes pénibles pour toute la famille. Si les cauchemars sont extrêmement violents, très fréquents, ils témoignent d'un état émotionnel anormal de l'enfant, d'une difficulté à être en paix dans le quotidien. D'ailleurs, dans la journée, l'enfant est souvent nerveux, agité, exigeant, mal dans sa peau, et les parents remarquent les modifications de son caractère, qu'il serait trop rapide de rattacher d'emblée au manque de sommeil et aux cauchemars. Trouver ce qui fatigue anormalement l'enfant ou l'origine de ses soucis, c'est déjà aborder avec lui les moyens d'y remédier et, bien souvent, cela seul suffira.

◊ Jouer les difficultés pour les mettre à distance

Un autre moyen d'aider l'enfant, c'est de jouer avec lui, de manière symbolique, les difficultés qu'il traverse. Comprendre quelle est la cause de son état émotionnel, et le lui faire revivre dans la journée en le faisant trembler de rire, et non plus d'angoisse. Nous pratiquons tous cette réassurance à longueur d'année. Connaître ce qui nous agresse et apprendre à en rire, découvrir l'humour, n'est-ce pas l'une des bases de notre équilibre ? Pour nos enfants, ce n'est pas plus difficile. Nous pouvons en donner quelques exemples à des âges différents. Aux parents, ensuite, de découvrir avec joie ce qui marchera le mieux pour leur enfant.

• Un bébé de 8 mois pleure la nuit de façon dramatique depuis la reprise de travail de sa mère et son entrée en crèche. Dans la journée, il est calme, un peu triste. Le soir, il se couche assez facilement mais se réveille en hurlant à 4 heures du matin. À ce moment-là, il s'accroche à sa mère, pleure désespérément, ne veut plus la lâcher, et refuse de se rendormir hors de ses bras. Très probablement, l'enfant souffre de cette première expérience de séparation, découvre que sa mère peut disparaître de son univers, et revit la nuit avec angoisse la peur de la perdre. La qualité du temps que ses parents passent avec lui chaque jour, matin et soir, leur disponibilité, ne sont pas toujours suffisantes pour l'aider à s'adapter à sa nouvelle vie. Ce qui peut l'aider, c'est de rire d'un jeu de disparition-réapparition, un banal jeu de cache-cache. Voir ses parents se cacher sous le drap ou derrière une porte, les entendre respirer ou chuchoter, trembler d'émotion au mot « coucou », avant même qu'ils ne se montrent, exploser de rire tous ensemble à leur réapparition ; c'est cela, symboliser.

• Un bambin de 2 ans est propre depuis quelques semaines. Il arrive à bien contrôler ses sphincters, demande à temps le pot, sait même quitter seul sa culotte et annonce fièrement à sa mère que « ça y est ». Les journées sont très gaies, mais les nuits sont parsemées de cauchemars violents, apparus au même moment que ce contrôle de lui-même. Il est logique de penser que la propreté dont il est si fier représente une réalisation difficile, qu'il a peur de déplaire en étant « sale », et que, quelque part au fond de lui, il a peur de ne pas y arriver, ou peur de renoncer à ce produit de lui qui l'intrigue. Prendre du recul sera peut-être jouer avec des jeux qui salissent, remuer de la terre et de l'eau, écraser des pâtes à modeler, faire de grandes taches de peinture sur de larges feuilles de papier. Jouer à n'être pas propre, avoir le droit de se salir, de s'en mettre plein les mains, plein la figure pour se maquiller en riant aux éclats, puis se baigner, toujours en riant, pour effacer tout ça.

• Cette fois, c'est un petit garçon de 4 ans, qui se réveille chaque nuit depuis des mois, hurle de frayeur, atterrit dans le lit de ses parents, puis s'agite, remue, gratte ses pieds contre les jambes de son père, jusqu'à ce que celui-ci, excédé, finisse par quitter le lit et aille dormir sur le canapé du salon. L'enfant, alors, s'endort calmement... jusqu'au lendemain où les cauchemars recommencent. Plus il est gagnant au milieu de la nuit, et plus les cauchemars redoublent. Le jeu (et la réalité doit suivre), c'est la reconquête de son propre lit par le père. Il peut arriver en riant, provoquant, là aussi, un jeu de cache-cache pour dénicher l'« intrus », le chercher partout sans le reconnaître, l'attraper, l'envoyer en l'air pour le faire rire, puis finir à trois dans le lit pour un grand câlin, puisque c'est dimanche matin, et que, le matin, ce n'est pas pareil.

Il est ainsi possible d'inventer mille et un scénarios, de jouer sur le mode symbolique les difficultés de l'enfant et la réaction des parents. Les grandes explications théoriques à cet âge n'apportent pas grand-chose, sinon une aggravation de l'angoisse car l'enfant sent ses parents fâchés contre lui, comprend qu'« il y a un problème », et ne sait pas du tout où est le fond du problème, où et comment les satisfaire. Le jeu, le rire feront bien mieux que tous les discours. L'enfant a besoin de sentir comment son père se positionne par rapport à lui dans cette histoire de nuit, il veut sentir en même temps l'amour, la tendresse, et la revendication de la juste place du père. Si le père retrouve sa place, l'enfant retrouve la sienne du même coup ; il sera davantage en paix et réapprendra à dormir.

Plus tard, chez le grand enfant et l'adolescent, les cauchemars existent toujours mais, normalement, un enfant peut les dominer de lui-même. Il sait très bien ce qui lui arrive et peut, petit à petit, apprendre à les gérer seul. Il s'assied dans son lit, peut avoir besoin de la lumière pour mieux retrouver la sécurité de sa chambre, de son domaine, mais il n'est plus obligé de déranger ses parents pour avoir leur appui. Sauf rêve particulièrement dramatique, il a les moyens de surmonter ces crises tout seul.

Terreurs nocturnes et cauchemars **Comment faire la différence ?**		
	Terreurs nocturnes	**Cauchemars**
Définition	Un éveil partiel brutal en stade de sommeil lent profond.	Un rêve terrible survenant pendant une phase de sommeil paradoxal suivi d'un plein éveil.
Signes	L'enfant s'agite et hurle **pendant** l'épisode de terreur nocturne. Ensuite, il est calme.	L'enfant crie, pleure ou appelle **après** le rêve quand il se réveille.

	Terreurs nocturnes	**Cauchemars**
Survenue	Dans les premières heures de la nuit, moment où le sommeil profond est le plus fréquent.	Dans la seconde partie de la nuit, au moment où les rêves sont le plus intenses.
Comportement de l'enfant	Enfant très agité, confus, bizarre. Le cœur tape fort. Il transpire, crie, hurle, se lève, parle, court dans sa chambre, marmonne, se fâche...	Cris et grande frayeur persistant après le plein réveil.
Réassurance des parents	Enfant non conscient de la présence de ses parents, parfois agressif. Ne supporte pas d'être tenu ou recouché.	Indispensable. L'enfant est conscient, très effrayé, s'accroche à ses parents, a peur de se recoucher.
Retour au sommeil	Habituellement rapide et sans difficulté.	Peut être difficile car la peur persiste.
Au réveil le lendemain	Aucun souvenir : ni de rêve, ni des cris, ni de l'agitation.	Description du cauchemar si l'enfant sait parler.

D'après Richard Ferber, *Solve your Child's Sleep Problems*, p. 172-173.

Chapitre 9

L'enfant qui fait pipi au lit

L'énurésie est l'une des manifestations nocturnes les plus connues. Connue parce que très fréquente, et aussi car ses conséquences la rendent difficile à supporter, pour l'enfant lui-même comme pour son entourage. Le drame de l'énurésie, c'est de survenir chez un enfant profondément endormi, qui ne s'aperçoit de ce qui lui arrive qu'après coup, en se réveillant. S'il se réveille au moment même, le choix est bien dur entre réveiller ses parents au risque d'encourir leur réprobation, voire carrément leur colère, ou ne rien dire et tenter de se rendormir dans des draps et un pyjama inondés et vite très froids. Dans bien des cas, le fait de faire pipi au lit ne le réveille même pas. L'odeur d'urine qui refroidit, les vêtements qui collent à la peau et les draps mouillés lui annoncent alors, au matin, que quelque chose est encore arrivé cette nuit-là.

L'énurésie est un trouble extrêmement répandu. Les chiffres moyens cités en France sont de 8 à 12 % à 6 ans, 3 à 5 % à 10 ans, 2 à 3 % à 12 ans, 1 % à 14 ans. Dans 60 % des cas, il s'agit de garçons. Cette difficulté diminue avec l'âge, quel que soit le type de traitement proposé, et ce dans le monde entier. Quelques adultes, anciens adolescents énurétiques, ont encore, de façon épisodique, des « accidents » nocturnes.

Comprendre l'énurésie

L'énurésie n'est pas une maladie

C'est un phénomène normal, simple prolongation d'un fonctionnement vésical sphinctérien qui, d'ordinaire, se modifie entre 2 et 4 ans. L'enfant subit pour différentes raisons physiques ou psychologiques un « non-contrôle vésical nocturne », dont il n'est pas plus responsable que d'une terreur, ou d'un éveil partiel brutal de n'importe quel autre type. L'énurésie a la même signification, se produit pendant son sommeil, sans contrôle volontaire possible, et pose problème uniquement à cause de l'inondation qui en résulte. S'il parle en dormant ou se lève la nuit, ni lui ni ses parents ne seront au courant, ou alors de façon confuse, un peu irréelle. S'il fait pipi, impossible de le cacher ; les signes au matin parlent d'eux-mêmes, sans échappatoire possible. C'est le seul cas des éveils partiels de nuit où l'enfant est confronté chaque jour avec la réalité de son non-contrôle.

En plus, un lit mouillé, c'est désagréable pour tous. Désagréable pour les parents, à partir du moment où ils ont enlevé les couches de l'enfant ou lorsqu'ils voudraient bien pouvoir les enlever. Désagréable pour l'enfant, car il se sent coupable et doit payer les conséquences de quelque chose **dont il n'a pas le contrôle.** L'énurésie n'est pas une maladie mais, d'une certaine façon, c'est un handicap social. L'âge de la propreté, longuement exposé dans toutes les revues grand public, est l'un des tests de l'évolution de l'enfant. Celui qui ne réalise pas cet acquis en même temps que ses « camarades de promotion » se heurte au regard vite interrogatif, soupçonneux, voire franchement hostile et rigolard de son entourage qui se demande « ce qu'il attend pour s'y mettre ». Même si ses parents lui laissent pendant un temps l'esprit libre en ne le culpabilisant d'aucune manière, il y aura toujours un copain à l'école, une grand-mère, des amis pour lâcher des réflexions désobligeantes et lui faire découvrir brutalement qu'il est hors norme. Comme l'enfant ne peut pas contrôler, ne sait pas comment cela se produit chaque nuit dans son sommeil, il se sent anormal, terriblement gêné devant les autres enfants, embarrassé, honteux devant son propre corps qui lui joue ce sale tour. Si les agressions se répètent, l'enfant se replie sur lui-même, s'isole de ses copains, refusera d'aller dormir chez eux ou de partir en colonie, se fait un monde du moindre événement, vacances ou voyage, qui remettrait en cause l'espèce de système de protection qu'il se construit pour éviter les quolibets. Le moindre changement dans son existence devient période à risques, où il devra affronter la moquerie et les sarcasmes, sans compter sa propre angoisse, sa propre culpabilité, majorées par ces agressions. Plus le temps passe, plus il grandit et plus être confronté à cette réalité lui devient difficile. Les parents ne peuvent guère le protéger.

• S'ils sont compréhensifs, chaleureux, tolérants, l'enfant se réfugie dans une attitude infantile, profitant de leur tendresse pour masquer son angoisse. Il joue au bébé, se fait prendre en charge, accepte les couches à un âge qui n'est plus vraiment celui d'être langé, évitant ainsi de se poser le problème et d'affronter sa propre réalité. Il s'en remet à ses parents pour cette fonction corporelle et ses conséquences, exactement comme s'il était encore un nourrisson et, bien souvent, il s'installe dans ce mode régressif pour toutes les autres fonctions : il refuse de manger seul, se fait couper sa viande jusqu'à un âge avancé, n'apprend pas à se servir d'un couteau, d'une fourchette, a peur de l'école, des rencontres, ne sait pas se défendre si un copain lui fonce dessus, ne peut faire seul le moindre devoir scolaire... Il perd toute autonomie ou, plutôt, oublie de la construire.

• Si, au contraire, les parents ne peuvent tolérer les inondations nocturnes – il serait plus juste de dire **quand** les parents ne peuvent plus les tolérer –, l'enfant est en situation critique. L'escalade va vite du simple énervement d'avoir encore à laver des draps et de ne savoir où les faire sécher au ressentiment et à la punition. La passivité de l'enfant devant ce qu'il ne peut contrôler ennuie et fâche ses parents. Ils se sentent coupables de n'avoir pas un enfant comme les autres, le culpabilisent en retour de ce qu'il ne parvient pas à surmonter, le punissent et le cajolent à contretemps. Ils lui tiennent rigueur de ce travail supplémentaire tout en le faisant, lui reprochent de ne pas se contrôler tout en lui permettant encore un comportement infantile en matière d'alimentation ou de vie sociale. L'enfant ne sait plus où il en est. Il se sent dévalorisé, coupable d'abord à ses propres yeux. Confronté à cette image de lui-même, il est de moins en moins capable de s'exposer au regard des autres, se renferme davantage. Ses difficultés relationnelles se multiplient, s'aggravent, tandis que les signes nocturnes, eux, continuent de plus belle !

Des causes complexes

L'énurésie isolée n'est presque jamais le signe d'une maladie. S'il existe des anomalies urinaires dans la journée, avec des pertes d'urine en goutte à goutte, des fuites inopinées, des accès de fièvre inexpliqués, une soif anormale, une anémie, des besoins urgents répétés ou de franches douleurs, le bilan s'impose (recherche d'infection, recherche échographique et radiologique d'une anomalie de l'appareil urinaire).

Faut-il le prescrire à l'enfant énurétique qui n'a aucun de ces signes ? Peut-être, s'il faut rassurer tout le monde et pouvoir affirmer, preuves en main, que tout est normal, que l'enfant va bien, qu'il n'a aucune anomalie et qu'il pourra dominer ce problème si son entourage prend conscience qu'il est bien normal, qu'il n'est coupable de rien et peut être aidé !

Schématiquement, il y a trois causes possibles à l'énurésie primaire (celle où l'enfant n'a jamais réussi à acquérir un contrôle sphinctérien).

◇ Le retard de maturation neurologique

Savoir reconnaître une sensation de vessie pleine, retenir ses urines même devant un besoin pressant, uriner à la demande, même si la vessie n'est pas pleine, interrompre un jet d'urine à volonté sont des activités à **commande cérébrale volontaire** d'abord conscientes, puis, par un mécanisme d'habituation, partiellement inconscientes. Cette commande apparaît chez l'enfant entre 2 ans et 2 ans et demi, et mûrit pour acquérir puissance et précision aux environ de 4 ans. Jusque-là, l'enfant sent couler ses urines, sent le relâchement sphinctérien, mais ne peut rien contrôler, rien retenir. Peu à peu, il apprendra à reconnaître la sensation de vessie pleine, il pourra retenir, renforcer, retarder le flux urinaire, l'interrompre à la demande tout au long de la journée. Quand ce contrôle diurne est bien acquis, et à ce moment-là seulement, il peut exercer un contrôle au cours du sommeil. Avant, sa maturation neurologique ne le lui permet pas. Il est bien évident que tous ces signes de contrôle n'existent jamais avant d'autres acquisitions fondamentales, comme la marche, la motricité coordonnée des membres inférieurs. Pas question de demander à un enfant de contrôler ses sphincters tant qu'il n'est pas capable de marcher, de courir, de s'accroupir, de trouver le mouvement de pédalage sur son tricycle. Réussir de telles performances prouve que l'enfant a atteint l'âge de contrôler aussi sa fonction urinaire. Mais, comme dans tous les domaines, certains enfants sont plus précoces que d'autres, plus concernés que d'autres, ou, au contraire, beaucoup moins motivés. Question de personnalité et de relations avec les parents et l'environnement.

L'énurésie se produit pendant toutes les phases de sommeil. Les mictions sont cependant plus fréquentes, surtout chez les enfants les plus jeunes, au cours des trois premiers cycles et lors du sommeil lent profond.

Il n'y a pas d'anomalie du sommeil chez ces enfants, même si les parents les décrivent souvent comme des enfants « gros dormeurs », au sommeil très profond. Les tracés électroencéphalographiques de sommeil sont normaux. **L'anomalie, c'est que ces enfants n'ont pas « branché » dans leur cerveau que la sensation de vessie pleine, l'envie d'uriner sont des raisons valables pour se réveiller.** Ils n'ont pas appris à reconnaître la sensation des contractions vésicales et l'envie d'uriner qui en résulte comme importantes pour eux, comme l'un des mécanismes d'éveil impératif. Ils laissent leur cerveau flotter sur cette fonction, ne prennent pas les commandes, laissent leur vessie « en roue libre de nuit ». Ce n'est pas un désintérêt volontaire, mais plutôt un apprentissage de soi-même incomplet, fragmentaire, une méconnaissance de ses propres sensations profondes occultées au cours du sommeil. Nous verrons que ces éléments sont du plus haut intérêt, puisqu'ils sont à la base des interventions thérapeutiques efficaces.

◊ L'instabilité vésicale

Il s'agit de l'augmentation ou de la persistance de contractions vésicales importantes aussi bien le jour que pendant la nuit. Ces enfants énurétiques urinent souvent dans la journée, ce qui a pu laisser croire qu'ils avaient une vessie de plus faible volume que les autres. En réalité, les explorations sous anesthésie générale montrent que le volume vésical est strictement normal. Les «petites vessies» n'existent pas. En revanche, ces enfants ont une motricité vésicale très tonique, avec des contractions puissantes, contractions qui se déclenchent trop tôt, avant le remplissage de la vessie. Ils ressentent donc le besoin d'uriner avant que leur vessie ne soit pleine.

◊ L'énurésie nocturne primaire isolée à composante héréditaire (ENPH, 70 % des cas)

Dans ces énurésies familiales, on retrouve une anomalie de sécrétion hormonale : l'ENPH correspond à **une anomalie de sécrétion d'hormone antidiurétique** (ADH). Normalement, elle devrait augmenter pendant le sommeil, réduisant ainsi le volume d'urine produite. Dans ces familles, le volume urinaire nocturne est trop élevé car l'ADH n'est pas sécrétée à la bonne heure.

Les chiffres sont éloquents : 12 à 15 % des enfants sont énurétiques. Mais le taux passe à 45 % pour les enfants dont l'un des parents l'a été, et à 75 % pour ceux dont les deux parents ont connu ce problème dans leur enfance. Dans 60 % des cas, il s'agit de garçons.

Ce facteur hormonal héréditaire, au long des générations, s'accompagne probablement d'une composante psychologique. La prise en charge familiale dans le processus de la conquête de la propreté, les habitudes des parents devant cette fonction, créent sans doute une tolérance plus grande, puisqu'ils se souviennent et revivent à travers l'enfant leur propre histoire. En quelles proportions cela favorise-t-il les chiffres de fréquence ? Le mystère reste entier.

Les enfants énurétiques n'ont pas de fragilité émotionnelle particulière. Si l'on décrit parfois des enfants solitaires, peu communicatifs, qui se mêlent peu aux compagnons de leur âge, qui répugnent à toute vie collective, n'est-ce pas plutôt une conséquence de l'énurésie, par peur des railleries, que sa cause initiale ? Les cas où l'on perçoit nettement, en consultation, une difficulté émotionnelle sont rares. Dans une étude néo-zélandaise ayant suivi 1 000 enfants pendant 8 ans, aucune cause psychologique n'a été rapportée.

Quelques enfants sont surprotégés, couvés par des adultes angoissés, d'autres sont un peu laissés à eux-mêmes, sans support affectif réel, ou affrontent des parents trop rigides et exigeants dans leurs demandes. De très rares enfants présentent une authentique dépression. Il sera important de les déceler pour proposer un soutien psychologique sans tarder.

Le plus souvent, l'énurésie paraît être un symptôme, totalement isolé, d'un enfant gai, créatif, tonique, dans un milieu familial équilibré et rassurant.

◇ L'énurésie secondaire

C'est celle où les troubles surviennent secondairement. L'enfant avait réussi, à l'âge habituel, à contrôler sa fonction vésicale nocturne. Il a été propre pendant plusieurs semaines ou plusieurs mois. Les parents avaient supprimé les couches puis, brutalement, l'enfant a recommencé chaque nuit à mouiller son lit.

Un **facteur déclenchant** est parfois clair : la naissance d'un nouvel enfant dans la famille, la maladie d'un des deux parents, une situation familiale difficile, une maladie de l'enfant, une hospitalisation... Tous les stress de la troisième ou quatrième année peuvent se manifester par une régression des grands acquis récents, dont le langage ou la propreté. Cette régression est souvent très brève, surtout si elle est bien supportée, bien encadrée par la famille. Mais, malgré une prise en charge des parents chaleureuse et compréhensive, certains enfants n'arrivent plus, ensuite, à reconquérir une autonomie sphinctérienne correcte et s'installent pour de longues années dans une énurésie chronique. Il est donc logique de se demander si la troisième année n'est pas une période charnière dans l'acquisition de ce contrôle, **une période sensible** au-delà de laquelle l'enfant a de bien plus grandes difficultés à régler le problème.

Exceptionnellement, une énurésie secondaire est le symptôme d'une **pathologie pédiatrique** avérée : diabète insipide, anomalie vésico-urinaire, apnées du sommeil, anomalies neurologiques vésicales ou épilepsies, maladie sanguine (thalassémie). Des avis spécialisés seront nécessaires.

Les traitements

Que peut-on proposer pour faire cesser une énurésie ?
Quels sont les moyens thérapeutiques possibles, et comment les mettre en jeu ? C'est là une question posée très fréquemment dans les consultations pédiatriques et parfois urologiques spécialisées, et qui mérite, nous semble-t-il, une réponse détaillée.

Trois grands principes

◇Attendre l'âge correct

L'âge moyen d'acquisition du contrôle nocturne est entre 2 et 4 ans, avec de fortes variations individuelles. **Il n'est donc pas logique d'envisager de traiter une énurésie avant l'âge de 5 ou 6 ans,** et incohérent de commencer le traitement par un appui médicamenteux. Dans les premiers temps, un entraînement vésical et sphinctérien suffit souvent à en venir à bout.

◇ **La patience**

Il vaut mieux ne rien faire, attendre calmement qu'avec l'âge l'enfant ait envie de résoudre lui-même le problème, plutôt que d'intervenir trop vite, trop fort, au risque de fixer un comportement qui aurait pu disparaître spontanément. Le danger de vouloir trop en faire est réel et doit moduler toutes nos décisions.

◇ **Le désir de l'enfant**

Le traitement ne peut être efficace, n'a de chances de fonctionner que si l'enfant souhaite qu'il réussisse, s'il souffre de son énurésie, de ses conséquences par rapport à ses copains ou à ses parents, et désire vraiment être aidé. Lorsque la demande est faite par des parents exaspérés qui voudraient bien avoir moins de draps à laver, alors que l'enfant, lui, n'a pas encore perçu le problème, aucune solution thérapeutique ne peut être envisagée.

Des erreurs classiques

◇ **La réduction des boissons**

Cette méthode, de même que celles qui préconisent au repas du soir la suppression de tel ou tel aliment soupçonné d'avoir un effet diurétique, ne présente d'intérêt que dans les énurésies avec instabilité vésicale. Or souvent, comme nous l'avons expliqué, le problème ne réside pas seulement dans le volume urinaire important. Si l'enfant ne perçoit pas les signaux de sa vessie et laisse couler ses urines, **qu'il y ait ou non remplissage,** la diminution de volume n'apporte rien. L'assoiffer le soir n'a aucun effet positif sur l'apprentissage qu'il doit faire sur lui-même, et l'inconfort qu'on lui inflige, comme tous les traitements non adaptés, peut le dégoûter de tenter d'autres efforts bien plus utiles.

◇ Les réveils nocturnes

Lever l'enfant au milieu de la nuit pour le conduire aux toilettes est presque aussi inopérant. Cela peut permettre en de rares occasions d'économiser une lessive, mais rien n'empêche l'enfant d'uriner dans son lit une heure avant ou dix minutes après. Si l'enfant dormait en sommeil lent léger, il sent peut-être ce qui lui arrive et peut uriner dans un demi-sommeil, pas très conscient. Ce n'est pas du tout formateur. S'il dort profondément, on ne lui propose guère qu'un « somnambulisme de propreté », dont il ne gardera aucun souvenir, aucune notion claire, et qui ne l'aidera en aucun cas à analyser les sensations de son corps. S'il urine à ce moment-là dans les toilettes, c'est tout à fait par hasard, totalement inconsciemment. Il est, en revanche, physiquement agressé, comme par tout éveil partiel de nuit. Si, enfin, on le réveille en phase de sommeil du rêve, il peut toujours rêver qu'il urine... mais cette fonction, chez un garçon, pourra être entravée par l'érection physiologique du sommeil paradoxal, donc là encore, il ne comprend rien, n'apprend rien, et puisqu'il rêve, n'arrive même pas à se tenir correctement debout. Comme, de plus, les enfants énurétiques n'urinent jamais à heure fixe, mais à n'importe quel moment de la nuit, impossible de viser un théorique « bon moment ».

> *Faire uriner un enfant la nuit sans qu'il soit vraiment réveillé est l'inverse du but recherché et donc un véritable « contre-apprentissage ». On voudrait lui apprendre à percevoir les signaux de sa vessie quand il dort et à se réveiller spontanément, et on le « dresse » à uriner en dormant ou presque. Le risque de faire perdurer les symptômes n'est pas négligeable...*

Un si piètre résultat mérite-t-il l'énergie que les parents vont déployer pour être réveillés, eux, à ce moment-là, pour traîner l'enfant jusqu'aux toilettes et attendre plus ou moins patiemment qu'il arrive à émettre quelques gouttes ?

◇ **Laisser les couches**

Ne pas enlever les couches parce que l'enfant mouille son lit pour éviter lessives et changements de draps est très tentant dans un quotidien déjà bien lourd, mais contre-productif. Les couches, c'est fait pour uriner à n'importe quel moment, n'importe où. L'enfant connaît la sensation des couches mouillées toutes chaudes et agréables au début, moins confortables ensuite. Il y est habitué... et souvent il aime ça. C'est une incitation inconsciente, tacite, à continuer « comme avant », comme quand il était petit.

Il est très logique donc, en commençant l'apprentissage actif du contrôle urinaire de nuit, de supprimer les couches, en expliquant bien pourquoi on les supprime, ce qui se passera s'il mouille son lit, parler de sensations nouvelles sur la peau quand l'urine n'est pas confinée dans l'espace étanche... Il y a là une prise de conscience indispensable pour l'enfant à sa motivation d'aboutir à une réussite de cet apprentissage.

Les solutions efficaces

◇ **Une rééducation vésicale**

Le premier traitement efficace, à notre avis, sera de faire prendre conscience à l'enfant des sensations de son propre corps et, pour cela, lui proposer une véritable **gymnastique d'entraînement vésical et sphinctérien**.

> • **Première étape : découvrir les sensations d'une vessie pleine.** Au cours de la journée, lui proposer de larges rations d'eau et lui demander de ne pas aller uriner au moment où il commence à en ressentir l'envie, mais d'attendre : 5 minutes le premier jour, 10 minutes le

deuxième jour, 15 le troisième, etc. Pour que le test soit encore plus efficace, on peut le faire uriner dans un flacon, en lui apprenant à mesurer le volume émis. Le volume de chaque miction pendant 48 heures avant le début de l'entraînement sert de référence, de « record à battre ». Chaque jour, l'enfant tentera d'uriner un volume un peu plus important.

• **Deuxième étape : apprendre à uriner sur commande.** D'abord d'un seul jet, puis en s'arrêtant au milieu du jet, en ne repartant qu'au signal de l'adulte. Le but est de lui faire sentir qu'il peut à volonté ouvrir et fermer ses sphincters vésicaux, qu'il en possède le contrôle volontaire cérébral. C'est une sensation fondamentale. Ensuite, il sera très simple d'expliquer à l'enfant que le système qui, dans son cerveau, lui permet ce fonctionnement marche aussi la nuit, ne s'arrête pas au cours du sommeil, n'a aucune raison de ne pas fonctionner.

Pour que cette gymnastique ne soit pas trop ennuyeuse, formelle, imposée de l'extérieur, pourquoi ne pas la vivre comme un jeu au cours de promenades « entre hommes » ou « entre femmes », le père emmenant, par exemple, son fils « pisser dans les bois », et lui montrant le rythme à suivre. C'est là, semble-t-il, un excellent moyen de déculpabiliser l'enfant, de surmonter des pudeurs qui pourraient le bloquer, de lui montrer qu'il n'est pas malade et qu'il va, tout comme ses parents ou ses amis, réussir une chose bien banale. Et puisque tout est normal le jour, il va aussi, c'est évident, en être de même la nuit. Pour peu que père et fils en profitent pour s'offrir de grands fous rires sur eux-mêmes, la partie est quasiment gagnée. **Tout ce qui peut dédramatiser la situation, la rendre banale et drôle, a une énorme valeur thérapeutique.**

À partir de ces deux idées, les parents pourraient inventer un agenda d'entraînement pour enregistrer les progrès et tout un lot de récompenses et de valorisations qui motiveront l'enfant.

• **Augmenter la tolérance vésicale à un volume donné :** il n'y a pas de volume urinaire qui garantisse une continence nocturne, pas de chiffre théorique valable pour tous. Raisonnablement, 180 à 200 cm³ d'urine par miction pour un enfant de 5 ans est un excellent résultat. Le but à atteindre est une capacité vésicale supérieure d'environ 50 % à celle du volume initial.

Si cet entraînement porte ses fruits et si l'enfant ne mouille plus son lit pendant 2 semaines consécutives, on peut lui suggérer de boire davantage dans la journée, et même près de l'heure du coucher, afin de lui faire découvrir une nouvelle sécurité sur ses propres capacités de contrôle.

Cet entraînement nécessite une bonne coopération de l'enfant. Il doit avoir exprimé son envie de surmonter l'énurésie nocturne, et puis être assez grand, assez responsable pour en comprendre le sens et les applications. Il n'est donc pas justifié, ni raisonnable, de tenter cet effort avant la cinquième et, pour certains, la sixième année.

◇ **Rendre l'enfant responsable de lui-même**

Le meilleur moyen de résoudre une énurésie, c'est de **rendre l'enfant plus responsable de sa vie, de son propre corps.** Lui donner la maîtrise de ce qu'il vit dans le quotidien, aussi bien à la maison qu'à l'école. Lui permettre d'accéder à un nouvel état d'autonomie. S'il sait se prendre en charge, le contrôle nocturne de ses mictions se fera de lui-même.

Cette prise en charge de l'enfant par lui-même doit être globale, dans tous les gestes de sa vie.

Il est peut-être temps de lui donner le droit d'aller à pied seul jusqu'à la boulangerie, de le laisser acheter ses premiers gadgets ou ses premières friandises. Peut-être temps de l'autoriser à bricoler, avec l'aide des parents, un gâteau dans la cuisine, une étagère en bois dans le garage ou un mini-potager pour lui seul dans le jardin. Liberté de faire seul ses devoirs scolaires (ou de ne pas les faire, c'est un risque qu'il peut prendre, pourquoi pas, puisqu'il en assumera la responsabilité), liberté d'un peu d'argent de poche dont il n'aura pas à rendre compte, liberté d'aller passer un moment chez un copain, liberté d'apprendre à traverser la rue, de prendre le car, de choisir ses vêtements... Toutes ces activités « de grand » l'attireront progressivement vers le monde des adultes et donc vers leur comportement.

Être responsable de soi-même, pour contrôler l'énurésie, c'est assumer les réalités matérielles concrètes : mettre ses draps et son pyjama mouillés dans la machine à laver, la faire marcher, étendre la lessive, faire son lit avec des draps propres. Un enfant de 6 ans peut parfaitement assumer ce type de travaux ménagers, avec l'aide de ses parents dans un premier temps, puis tout seul. Il peut en être responsable. Si les draps mouillés sentent mauvais, que toute la chambre est désagréablement imprégnée d'une odeur d'urine, c'est **son** problème, et lui seul peut, ou pourra, y changer quelque chose. Si, chaque matin, sans rien dire, la mère « gomme » les signes de la nuit, se charge de la lessive, l'enfant n'apprend rien de sa responsabilité. Il continue, comme un tout-petit, à se faire porter, à dépendre d'elle. D'ailleurs, dans les consultations pédiatriques, le leitmotiv des mères excédées est : « Il **me** fait pipi au lit », comme on entend souvent « Il me fait un rhume ou une rougeole », ce qui sous-entend que tout ce que vit l'enfant serait vécu pour ou contre sa mère et non pour lui-même. Rendre sa propre vie à l'enfant, lui donner une vraie capacité d'intervention dans son domaine, c'est-à-dire son corps, son lit et ce qui s'y passe, est la première des nécessités. L'aider, c'est lui dire avec beaucoup d'amour: «Écoute, tu es assez grand, ton lit est à toi. Si tu veux des draps propres, voilà une pile pour toi, change-les. Le bouton de mise en route de la machine, c'est le deuxième du haut, tu dois mettre sur le numéro 4, il faut deux mesures de savon.»

Attention, **l'erreur à ne pas commettre serait de confondre responsable et coupable.** Responsable, cela signifie être maître de ses actes, libre de les réaliser, apte à en assumer les conséquences. L'éducation au contrôle ne peut en aucun cas être punitive. L'enfant n'est coupable de rien, il a besoin de comprendre quelque chose de lui-même. Il a besoin d'être encouragé, valorisé dans chaque acquisition, avec tendresse et fermeté. Besoin que sa mère prenne du recul sur les détails matériels, lui en donne les rênes, tout en l'accompagnant positivement dans son évolution. Pour cela, il lui faut une vie normale, comme à n'importe quel enfant de son âge, un lit normal, ne pas mettre de couches, aller dormir chez les copains sans que sa mère pense à mettre des freins ou des avertissements. C'est à lui d'y penser.

◇ L'agenda de nuit

L'aider, c'est souvent aussi lui apprendre à tenir un agenda de nuit, un suivi écrit de ses réussites et de ses échecs. S'il ne sait pas encore lire et écrire, il est déjà capable de s'exprimer par signes, un dessin de soleil pour une nuit sèche, un dessin de pluie pour une nuit avec pipi au lit, par exemple. Pour être efficace, l'agenda peut mentionner les événements importants de la journée: voyage, entrée à l'école, séjour en colonie ou chez un copain, grande peur, grande joie, entraînements «dans les bois» décrits plus haut... Tant de nuits sèches valent tel ou tel type de récompense, définie à l'avance par contrat et dessinée sur l'agenda au fur et à mesure que l'enfant en bénéficie. Bien entendu, l'agenda doit être entièrement rédigé et tenu par l'enfant, affiché aux murs de sa chambre, et l'un des points importants du rituel du coucher, où l'enfant discute avec ses parents de ce qui s'est passé la nuit précédente et de ses désirs pour celle qui vient. L'agenda est un merveilleux moyen pour l'enfant de comptabiliser ses progrès, d'être clair devant les difficultés et les échecs, de savoir à chaque instant où il en est exactement.

◇ **Une consultation médicale**

Si l'enfant demande un coup de main supplémentaire et que vient l'idée d'une consultation médicale, les parents peuvent prendre rendez-vous, l'accompagner, mais devraient lui laisser formuler lui-même son problème et sa demande. Je connais plusieurs enfants de 6 ans venus seuls en consultation, laissant volontairement leurs parents dans la salle d'attente. Ce qui m'a paru d'emblée excellent. Un enfant capable de s'assumer ainsi a de fortes chances de résoudre son problème sans tarder.

◇ **Le pipi-stop**

Il existe dans le commerce des systèmes électriques appelés « pipi-stop » qui déclenchent une sonnerie pour réveiller l'enfant aux premières gouttes d'urine dans le lit. L'idée est d'aider l'enfant, en créant un **véritable réflexe conditionné**, à associer la sensation de miction imminente ou plutôt commençante à la nécessité de se réveiller. Le défaut, c'est que le mécanisme ne s'enclenche qu'après le début de l'émission d'urine. Mais le conditionnement à l'éveil ainsi programmé peut aider quelques enfants que la prise de conscience vésicale dans la journée n'a pas suffi à améliorer. Ce système, pour être valable, doit à notre sens répondre à un certain nombre de conditions :

~ il ne peut guère être utilisé avant 7 ou 8 ans, après que l'enfant se sera déjà pris en charge pendant plusieurs mois, sans succès suffisant ;

~ ce système doit être installé en accord avec l'enfant, qui en comprend le fonctionnement, deux électrodes séparées par un léger intervalle de drap. Quelques gouttes d'urine, riche en électrolytes, suffisent à établir le contact électrique et à déclencher la sonnerie ;

~ l'enfant doit dormir nu, ou avec un pyjama peu épais, pour que le temps de réaction de l'appareil soit le plus court possible, et que la sonnerie se déclenche très vite au début d'une miction. Des vêtements épais absorberaient l'urine, retarderaient l'alarme, et l'enfant s'éveillerait chaque fois trop tard, dans un lit trempé, ce qui ne pourrait que lui saper le moral ;

~ l'enfant doit vivre le déclenchement sonore comme un appui, pas comme une brimade, et savoir à l'avance que si l'on installe ce système dans son lit, ce sera pour de longs mois, toutes les nuits, voire plusieurs fois par nuit, jusqu'à ce qu'il ait appris à se réveiller assez vite pour se rendre aux toilettes quand il ressent le besoin d'uriner ;

~ si l'enfant ne se réveille pas pleinement au moment de la sonnerie, les parents doivent intervenir pour le stimuler, l'aider à se réveiller, mais il devra être responsable, arrêter la sonnerie, se lever, aller uriner, changer lui-même le drap au-dessus des électrodes si c'est nécessaire pour rendre le système à nouveau fonctionnel, et rebrancher la sonnerie ;

~ utiliser le système de temps en temps n'a rigoureusement aucun intérêt. La seule chance d'être efficace, c'est de ne jamais donner à l'enfant une possibilité d'uriner sans se réveiller. Le réflexe conditionné dans son cerveau : « J'ai besoin d'uriner, donc je me réveille » ne peut s'apprendre qu'à plein temps, aussi longtemps que ce sera nécessaire ;

~ si le système est correctement utilisé toutes les nuits, plusieurs fois par nuit, l'efficacité est réelle ; 25 % des enfants sont continents en moins de six semaines, 50 % en moins de trois mois, et 90 % en quatre à six mois. Cela vaut la peine d'essayer ;

~ après trois semaines sans aucun accident énurétique, l'appareil peut être enlevé du lit. Mais si l'énurésie recommence, il faudra le reprendre exactement dans les mêmes conditions et le laisser en place plus longtemps avant de tenter de l'ôter.

L'enfant peut inconsciemment être dépendant de l'appareil et continent uniquement parce qu'il sait que le système d'éveil est dans son lit. Il faudra peut-être du temps pour le «déconditionner», lui faire découvrir, par exemple, qu'il n'y a plus d'accident avec une sonnerie moins forte ou avec l'appareil en place dans le lit mais débranché.

◇ Existe-t-il des médicaments?

Que peut-on en attendre et comment les utiliser? Il n'existe pas de traitement direct de l'énurésie, pas de drogues qui apprennent à contrôler son corps. Il n'y a que des médicaments adjuvants, palliatifs, assez rapidement efficaces, mais qui permettent rarement une guérison définitive: les rechutes sont fréquentes après l'arrêt du traitement puisque les médicaments n'agissent que sur un symptôme et non sur les causes profondes du trouble. Leur action pharmacologique peut intervenir à deux niveaux: sur le sommeil ou sur le système vésico-urinaire. Ces médicaments ne doivent être préconisés qu'après l'échec de toutes les méthodes décrites ci-dessus, en expliquant bien aux parents et à l'enfant leur mode d'action, leurs risques et leurs limites.

Il existe actuellement deux types[1] de médicaments préconisés en France dans le traitement de l'incontinence nocturne: l'hormone antidiurétique (Desmopressine,

---

1. L'imipramine a été utilisée pendant plus de vingt ans dans le traitement de l'énurésie car elle modifiait le sommeil, favorisait les éveils et diminuait les contractions vésicales. Son usage a été complètement abandonné car sa toxicité est trop importante.

Minirin®) pour les énurésies de type héréditaire et le Ditropan® pour les instabilités vésicales.

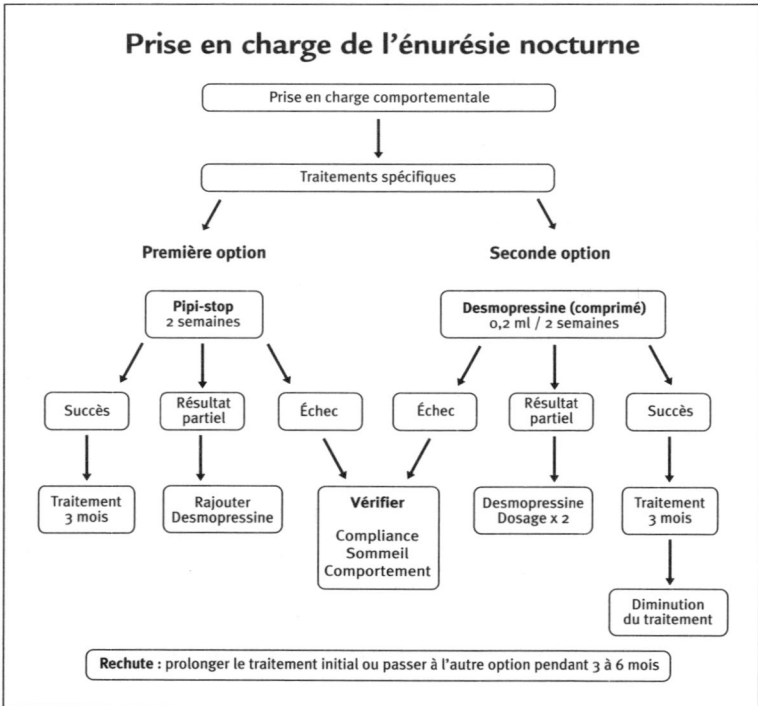

Prise en charge de l'énurésie nocturne

Prise en charge comportementale

↓

Traitements spécifiques

Première option — Seconde option

Pipi-stop 2 semaines

Desmopressine (comprimé) 0,2 ml / 2 semaines

| Succès | Résultat partiel | Échec | Échec | Résultat partiel | Succès |

Traitement 3 mois — Rajouter Desmopressine — **Vérifier** Compliance Sommeil Comportement — Desmopressine Dosage x 2 — Traitement 3 mois

Diminution du traitement

Rechute : prolonger le traitement initial ou passer à l'autre option pendant 3 à 6 mois

• **La 1-désamino-8-D-arginine-vasopressine** (Minirin®) est un analogue synthétique de l'hormone antidiurétique naturelle (vasopressine), hormone qui régule en permanence la quantité d'urine sécrétée par les reins, et donc règle l'équilibre hydrique de l'organisme. Son véritable rôle thérapeutique est le traitement du diabète insipide, maladie grave de l'enfant liée à l'absence de vasopressine, par lésions cérébrales hypothalamiques.

Son mode d'administration est une prise nasale, à l'aide d'un embout souple permettant de doser le produit et de le vaporiser sur la muqueuse nasale. La dose moyenne proposée chez l'enfant est de 0,21 à 0,42 ml le soir au coucher, en évitant de boire après la prise du médicament pour ne pas provoquer un surdosage en eau. Là encore, il est préférable de tester des doses faibles du produit puis d'augmenter très lentement jusqu'à ce qu'on trouve la plus petite dose efficace possible. Il peut être dangereux pour un enfant de moins de 2 ans, car il peut entraîner un œdème cérébral. Donc ne pas le laisser traîner.

• **L'oxybutiryne** (Ditropan®) est un traitement spécifique de l'instabilité vésicale. Il agit sur la fréquence et la violence des contractions. Il permet donc de diminuer l'envie d'uriner.

Il est important de se rappeler que ces médicaments ont des effets secondaires et peuvent être dangereux. Ils ne seront prescrits qu'après l'échec de toutes les techniques comportementales et pour un temps court. En cas d'inefficacité, inutile de prolonger leur prescription. **S'ils peuvent agir, ils le font en quelques semaines.** Sinon, ils ne servent à rien. Ils s'accompagneront toujours des méthodes globales de prise en charge et d'entraînement.

Si l'enfant peut se passer de médicaments, c'est beaucoup mieux !

Chapitre 10

Sommeil et somnifères

Après avoir dévasté la nature qui l'entoure, l'homme n'est-il pas en train de dévaster son propre cerveau ? Un seul chiffre montre l'urgence du problème, celui de la consommation d'un des médicaments les plus vendus dans le monde : les benzodiazépines... Ils calment l'angoisse et aident le sommeil. Sept millions de boîtes sont vendues par mois en France et des chiffres semblables se retrouvent dans la plupart des pays industrialisés. Un adulte sur quatre se «tranquillise» chimiquement. L'homme moderne doit-il s'endormir pour supporter les effets d'un environnement qu'il a produit ? Il est temps de considérer le problème avec sérieux.

J.-P. Changeux, *L'Homme neuronal*

es médicaments ne sont pas, ne peuvent pas être la solution aux «insomnies» de l'enfant. Tout ce que nous avons évoqué dans les chapitres précédents a déjà dû vous en convaincre, vous comprenez maintenant aussi bien les subtils mécanismes du sommeil que les possibilités éducatives que nous avons longuement exposées.

Donner un somnifère n'est jamais un geste anodin, beaucoup moins anodin encore chez un enfant que chez un adulte puisque le cerveau est en pleine construction, en pleine organisation. Donner un somnifère à un très jeune enfant, c'est compromettre la très fine et subtile alchimie des cycles et des branchements cérébraux qui s'organisent peu à peu pour équilibrer son sommeil. C'est un peu comme si, à un enfant qui réclame à manger, on donnait un anorexigène, un médicament coupe-faim. Bien sûr, la plainte engendrée par la faim s'arrêterait quelques heures, mais au prix d'une excitation et de perturbations cérébrales majeures. Quand un enfant a sommeil, il convient de lui apprendre à dormir, pas de modifier son fonctionnement cérébral.

Les Français sont champions du monde de la consommation de psychotropes. Ils avalent 67 millions de boîtes d'hypnotiques par an. Et les enfants ne sont pas les derniers servis : une enquête INSERM effectuée en 1978 auprès de 1 000 enfants du XIVe arrondissement de Paris[1] montrait que 7 % des bébés avaient avalé des somnifères ou des sédatifs avant l'âge de **3 mois,** et que **16 %** d'entre eux en prenaient **régulièrement à l'âge de 9 mois.** Et cela apparemment avec l'accord des médecins puisque, huit fois sur dix, il y avait eu prescription médicale. La consommation de tranquillisants et d'hypnotiques des adolescents français place la France dans les premiers pays européens avec 13 % d'élèves de 11 à 18 ans ayant déclaré l'usage de médicaments psychotropes sans ordonnance. Une enquête récente aux États-Unis révèle que 81 % des enfants « insomniaques » ont eu une prescription d'hypnotiques ou d'anxiolytiques par leur médecin traitant ! Ces simples chiffres devraient déjà nous faire sauter au plafond. Si l'on ajoute que les enfants ainsi « drogués » ont le plus souvent des parents qui absorbent eux aussi des somnifères parce qu'ils sont « énervés, épuisés, déprimés, insomniaques... », c'est toute une société qui se détruit par incapacité à se vivre, comme le dit très justement Jean-Pierre Changeux.

Nous allons décrire les risques de ces prescriptions médicales, leur mode d'action sur les mécanismes du sommeil, l'évolution de leur action dans le temps et, surtout, les moyens d'arrêter une intoxication déjà entamée. Volontairement, nous n'entrerons pas dans la pharmacologie détaillée des différents somnifères. Hypnotiques, barbituriques, benzodiazépines, neuroleptiques, antihistaminiques ou autres sédatifs, leurs effets potentiels sont les mêmes ! En pratique, chez l'enfant, seules les deux

---

1. M. Choquet et F. Davidson, « Les facteurs favorisant l'administration des sédatifs chez les nourrissons et leur signification », *Archives françaises de pédiatrie*, 1978.

premières catégories ne sont pas prescrites couramment mais seulement dans les préparatifs d'une intervention chirurgicale. Les autres sont largement utilisés, sous la forme trompeuse du sirop, grand calmant et grand consolateur dans notre société, où les sucreries sont un moyen très largement utilisé pour apaiser les chagrins et les angoisses. Un certain nombre d'entre eux sont même en vente libre dans les pharmacies sous des noms connus de tous, que nous nous interdisons de citer. Même les produits qui bénéficient d'une telle tolérance sont, en fait, des produits toxiques qui justifient la plus extrême prudence dans leur utilisation, et cela d'autant plus que l'enfant est plus jeune, que son cerveau est plus immature, en cours de développement.

Les effets trompeurs des somnifères

Un mauvais repos

Les somnifères ne font pas dormir, ils empêchent de se réveiller. Pour comprendre ce point capital, repartons des bases neurophysiologiques.

Le sommeil hypnotique n'est pas un sommeil normal. Il y a **une nette diminution du sommeil lent profond et du sommeil paradoxal au profit de plus de sommeil lent léger.** La qualité du sommeil (mesurée par le rapport de la quantité de sommeil lent profond et de sommeil paradoxal sur le temps de sommeil total d'une nuit) est diminuée. Si vous vous rappelez que le sommeil lent profond sert au repos du corps, à la cicatrisation ou à la construction des tissus, à la sécrétion de l'hormone de croissance, et après la puberté à celle des hormones sexuelles, et que le sommeil paradoxal sert à l'équilibre psychologique de l'individu, inutile d'épiloguer.

◇ Des substances anti-éveils

Les somnifères bloquent les substances biochimiques de l'éveil comme l'histamine, l'acétylcholine. Ces neuromédiateurs, sécrétés dans le cerveau selon une périodicité déterminée, régulent nos rythmes intérieurs. C'est donc toute la chimie très fine de la vie cérébrale qui est modifiée.

◇ Une action dépressive

Les somnifères diminuent l'excitabilité de toutes les structures nerveuses centrales. Ils ont donc un retentissement sur le rythme cardiaque, sur la respiration, sur la thermorégulation, le tonus musculaire. Chez le nourrisson, certains de ces médicaments ont été incriminés dans la multiplication des morts subites inexpliquées, par dépression des fonctions vitales cardiaques et respiratoires. Le risque est donc bien à prendre en compte. D'ailleurs, cette action dépressive est évidente quand on constate chez l'adulte leur toxicité à doses croissantes. Ils entraînent successivement une sédation, un sommeil, une disparition des réflexes, un coma, et finalement la mort par arrêt respiratoire. Très peu d'études sur la toxicité chez l'enfant ont été effectuées. On peut seulement dire que les risques pour lui sont probablement encore plus grands, et que la marge de sécurité entre la dose thérapeutique efficace et la dose toxique est nettement plus faible.

◇ Une fausse impression

Ces produits donnent une **impression subjective** d'avoir bien dormi. L'endormissement est plus rapide, car ils facilitent la baisse de tension psychique, permettant de se « laisser aller » vers le sommeil. Il y a moins d'éveils et, surtout, des éveils de plus courte durée au cours de la nuit. Élémentaire pour des substances anti-éveils, me direz-vous, mais à quel prix pour le fonctionnement du plus précieux de nos équilibres ?

Des effets secondaires

C'est un point essentiel. Évidemment, ces effets ne sont pas exactement les mêmes s'il s'agit d'hypnotiques à élimination rapide (demi-vie : 6 à 8 heures), moyenne (12 à 30 heures) ou longue (plus de 30 heures).

◇ Une dégradation de l'éveil

Ils perturbent la qualité de l'éveil du lendemain ou des jours qui suivent. C'est le point le plus ennuyeux. La diminution du sommeil lent profond et du sommeil paradoxal se traduit dès les premiers jours par des troubles de l'attention, de la concentration et de la mémoire. Au cours des « intoxications » prolongées de l'adulte qui prend chaque soir depuis des années « quelque chose pour dormir », ces troubles sont souvent importants, repérés par l'entourage et attribués à tort à un syndrome psychiatrique ou à un vieillissement prématuré. Alors que le somnifère n'est plus du tout efficace, les effets sur la mémoire sont tels que l'insomniaque oublie même qu'il s'est réveillé !

◇ Un véritable cercle vicieux

Les hormones qui font dormir comme par exemple la sérotonine et l'adénosine sont sécrétées au cours de la journée. Si la qualité de l'éveil baisse, la sécrétion de ces hormones est moins bonne et le sommeil qui suit sera compromis. Il y a donc détérioration progressive non seulement des journées mais des nuits de sommeil. C'est tout un très fin équilibre biochimique cérébral qui se trouve bousculé, voire enrayé.

◇ Un danger pour l'enfant

Chez l'enfant, les effets secondaires sont essentiellement des troubles du caractère : **agitation, énervement, agressivité** qui, bien sûr, font qualifier cet enfant de « nerveux », de « pénible ». La tentation d'augmenter les doses pour le calmer aussi dans la journée est bien grande, ce qui évidemment ne fera qu'aggraver le problème.

Une action transitoire

L'organisme ne peut supporter la privation de ses temps physiologiques de sommeil. Il échappe aux substances anti-éveils exactement comme il échappe à la privation expérimentale de sommeil. Si vous empêchez un individu de dormir, **au bout de dix à quinze jours** il s'endort quand même, quoi que vous fassiez pour l'en empêcher. Si vous lui donnez des somnifères, au bout du même délai il échappe au traitement. Si la cause de l'insomnie persiste, les éveils réapparaissent. Et même si la cause de l'insomnie a disparu, si l'on arrête le médicament, l'individu ne dort pas, ou très mal, les nuits suivantes. Que se passe-t-il?

Une réaction de manque

Les somnifères fonctionnent comme de véritables drogues. Leur arrêt brutal provoque un syndrome de sevrage, véritable réaction de manque, avec **rebond d'insomnie**, souvent totale pendant plusieurs nuits, en tout cas très importante. Si le sujet s'endort, il fera des cauchemars provoqués par un rebond de sommeil paradoxal. Et même après la prise d'un seul comprimé d'hypnotique !

Ce rebond d'insomnie et ces cauchemars font croire à tort que le médicament était efficace et, logiquement, l'on est tenté de reprendre le traitement. Mais l'efficacité s'épuise, et repartir « au-delà » du syndrome de manque nécessite souvent d'augmenter les doses, ou de rajouter un autre produit. Petit à petit se constituent ainsi les circuits aberrants de somnifères: prise au long cours, à doses abusives, sevrage impossible.

Des réactions paradoxales chez l'enfant

C'est un point d'expérimentation que les vétérinaires connaissent bien. Si vous donnez à un chien une dose forte de benzodiazépine, il ne se couche pas de la nuit. Il tangue sur ses pattes, laisse pendre sa tête et sa langue de façon lamentable, réclame à boire de façon massive pour tenter d'éliminer ce qui l'intoxique. Même en le forçant, il n'est pas possible de lui faire plier les pattes et, en aucun cas, il ne se laisse aller, sachant sans doute intuitivement que ce qui lui arrive est anormal, dangereux, et qu'il doit lutter contre.

Un certain nombre d'enfants réagissent de la même manière lorsqu'on leur donne un sédatif ou un somnifère. Affolés par la sensation nouvelle d'ébriété et de somnolence provoquée par le médicament et ne comprenant pas ce qui leur arrive, ils s'agitent de façon violente, paradoxale, hurlant et remuant de plus belle, saisis par la panique de s'endormir « malgré eux », et ils ne fermeront pas l'œil de la nuit. Impossible pour eux de se laisser aller à cette sensation anormale, d'accepter l'ivresse chimique inexpliquée. Les adultes s'y laissent glisser facilement, pas les petits enfants. Cette aggravation de l'agitation et des difficultés de sommeil liée au médicament touche plus d'un enfant sur trois pendant la première année. Elle est plus fréquente avec les sirops antihistaminiques qui, pour leurs effets sédatifs, ont été largement donnés aux enfants. Là encore, le risque est grave. Pour arrêter le processus, les parents spontanément augmentent les doses, parvenant vite à la dose toxique, où l'enfant assommé s'écroulera.

Un traumatisme cérébral qui, s'il se reproduit souvent, peut compromettre gravement l'équilibre ultérieur, équilibre psychologique et équilibre de sommeil, pour bien des années.

Vous voyez que la conséquence commune de tous ces points est la tendance à augmenter les doses, à s'engager vite et sans s'en rendre compte dans une consommation abusive d'hypnotiques.

Comment sortir de l'engrenage des médicaments : l'histoire de Florian

Florian a une histoire bien banale. Il dort normalement de 1 à 5 mois. Dès l'âge de 6 mois, il se réveille plusieurs fois par nuit. Quand il atteint 18 mois, les parents épuisés demandent de l'aide et il leur est prescrit un sirop calmant, largement utilisé chez les enfants de moins de 2 ans. Il en prend deux cuillerées à café chaque soir. Le sommeil s'améliore pendant deux mois, puis réapparaissent progressivement des éveils en cours de nuit. L'enfant a 2 ans lorsque les parents, inquiets à l'idée de le droguer trop, décident d'arrêter le sirop le week-end, pensant logiquement que, même si Florian crie beaucoup, ils pourront, eux, se reposer dans la journée. L'essai est désastreux : l'arrêt du médicament le vendredi soir entraîne une insomnie presque totale jusque dans la nuit du dimanche, et un week-end d'enfer pour tout le monde. Les parents, convaincus que le traitement est efficace puisque son arrêt entraîne une insomnie majeure, le reprennent. Entre 2 et 4 ans, l'efficacité du sirop diminue progressivement et les parents, pour compenser, augmentent donc peu à peu les doses. Au moment de la première consultation, Florian est un petit garçon de 4 ans. Il prend chaque soir cinq cuillerées de sirop, et le sommeil obtenu ne paraît pas franchement mauvais : quelques difficultés au coucher, plusieurs éveils avec pleurs au milieu de la nuit, en moyenne trois à cinq par semaine, pas mal de cauchemars. Dans la journée, c'est un enfant sans gros problèmes, mais trop calme. Les parents l'amènent en consultation, persuadés qu'une anomalie cérébrale grave l'empêche de dormir. Ils sont aussi convaincus qu'il ne dort pas assez et qu'il est rigoureusement incapable de se passer de somnifères.
Au cours de cette consultation, nous expliquons aux parents que leur bambin est tout à fait normal, qu'il n'a sûrement rien de grave au cerveau. Puis une longue explication sur les associations d'endormissement (Florian ne s'était jamais endormi seul) leur montre la nécessité de lui apprendre à s'endormir sans eux. Pour que l'endormissement soit plus facile, il leur est proposé de retarder un peu l'heure du coucher. Enfin et surtout, il leur est demandé de tenir un agenda.

Date	0 h	2 h	4 h	6 h	8 h	10 h	12 h	14 h	16 h	18 h	20 h	22 h	0 h	
17/4														
18														
19														10 minutes de pleurs légers
20														
21														
22														Début sevrage 5 minutes de s.
23														4 1/2
24														4
25														3 1/2
26														3
27														2 1/2
28														2
29														2
30														1 1/2
1/5														1 1/2
2														1
3														1
4														1/2
5														Plus de sommnifères
6														Multiples éveils
7														Multiples éveils
8														
9														Parle 1 ou 2 fois dans la nuit
10														Parle 1 ou 2 fois dans la nuit
11														Depuis ce jour, nuits sans
12														aucun éveil, c'est formidable

Agenda somnifère

Le résultat est spectaculaire. Dès les premières nuits, il n'y a plus d'éveils et le coucher ne pose qu'un court problème le troisième soir. Rassurés par la consultation et vite convaincus par l'agenda que leur enfant dort finalement assez, les parents sont moins angoissés, du coup Florian s'endort plus facilement.

Dès le sixième jour, les troubles du sommeil ayant disparu, il est décidé de commencer à diminuer les doses de sirop. Sevrage très lent, très progressif, prévu sur 12 jours, en conseillant aux parents de ne pas lui faire faire une sieste de compensation.

Malgré cette diminution très lente, Florian présente au dixième jour un rebond de cauchemars, et deux jours après l'arrêt total du traitement sept éveils dans la nuit. Les parents tiennent bon, enfin presque, puisque la maman le laisse se lever un peu plus tard et lui autorise une sieste ! Néanmoins, ils ont le courage de ne pas reprendre le traitement.

Trois jours après, le problème est définitivement réglé. Il y a quelques nuits où l'enfant parle un peu en dormant, puis plus rien. Le sommeil est tout à fait normal. Florian, enfant renfermé, trop calme, devient joyeux, dynamique, se mêle à ses petits camarades. Il reprend goût à la vie.

Cette histoire est vraie. Il a fallu, vous le voyez, moins d'un mois pour régler un problème qui durait depuis plus de quatre ans.

Avec cet exposé des dangers des somnifères, nous espérons avoir convaincu les parents qu'ils ne sont presque jamais la solution aux difficultés de sommeil de leur enfant. Souhaitons simplement que leur prescription devienne exceptionnelle, parce que les parents auront su intervenir plus tôt, plus efficacement, et n'auront pas laissé leur enfant s'égarer dans de telles errances thérapeutiques.

Les autres médecines du sommeil

Dans l'arsenal thérapeutique pour faciliter le sommeil d'un enfant, il n'est pas inutile de citer les autres possibilités, celles des médecines alternatives. N'ayant pas de compétences spécifiques pour en parler, nous nous contenterons de les évoquer. Elles peuvent être intéressantes, soit directement sur l'endormissement et le sommeil, soit indirectement, en modifiant un état d'angoisse ou de nervosité. Ce qui les caractérise, c'est leur totale innocuité. Ce seul argument, face à tout ce que nous venons de dire sur les somnifères traditionnels, mérite notre attention.

L'ostéopathie

Elle a pour but de manipuler doucement les différents tissus de l'organisme, pour leur redonner une bonne mobilité. L'idée de départ est que si un tissu ou son enveloppe a subi un choc, un traumatisme, il perd de son élasticité, est moins bien vascularisé, et qu'il se crée alors une zone de tension mécanique. Un ostéopathe peut intervenir sur tous les tissus : os, articulations, organes centraux, enveloppes des muscles et du système nerveux.

Dans un certain nombre de maternités de France, des ostéopathes interviennent auprès des nouveau-nés qui pleurent beaucoup après un accouchement traumatique : trop long, trop rapide, avec forceps. Souvent ces bébés ont un comportement douloureux, plaintif. Ils ont franchement « mal à la tête » et, pour le dire, hurlent pendant des heures. Lorsque les sutures retrouvent leur mobilité et leur élasticité, l'enfant s'endort calmement pendant la séance de manipulations.

La phytothérapie

Nos grands-mères prescrivaient des tisanes pour dormir. Ce n'est peut-être pas un moyen génial pour un petit enfant qui n'a guère soif d'autre chose que de lait, et qui va inonder ses couches. En revanche, les **herboristes** préconisent souvent des massages doux avec des huiles essentielles soigneusement sélectionnées. Masser, caresser sur tout son corps un petit enfant le soir, lentement, dans une pénombre tranquille, en lui parlant doucement, ne peut lui faire que du bien et l'aider à s'endormir. Inutile sans doute de chercher des recettes et des techniques, il suffit d'inventer jour après jour les gestes qui plaisent à l'enfant et qui l'apaisent.

L'homéopathie

C'est certainement une méthode thérapeutique intéressante, aussi bien pour la prise en charge de certains états anxieux que, spécifiquement, pour certains troubles du sommeil comme les cauchemars. Mais les traitements homéopathiques dépendent du « terrain », donc des caractéristiques physiques et fonctionnelles de chaque individu. Ils seront donc différents selon les symptômes présentés et, pour le même symptôme, différeront d'un enfant à l'autre. Seuls des médecins confirmés peuvent prescrire utilement de tels traitements.

De nombreuses autres possibilités pourraient être citées : oligoéléments, techniques de relaxation, yoga, sophrologie... Toutes ont leur intérêt si elles sont dans les mains de personnes attentives et compétentes.

Sans doute n'est-il pas judicieux de faire confiance sans réfléchir au traitement prescrit pour un autre enfant, dans un autre contexte.

Un dernier point de grande importance : un traitement ne se conçoit que pour un temps bref, passer un cap difficile, une période douloureuse. Donc pour un très petit nombre de semaines, même avec des produits apparemment sans risque. Vous l'avez compris, n'importe quel geste, n'importe quel produit peut créer une dépendance d'endormissement. Certains adultes insomniaques ne peuvent s'endormir quand ils pensent ne pas avoir eu leur somnifère habituel et dorment comme des loirs quand ils croient l'avoir pris, même si on a remplacé le produit actif par un peu de sucre, ou lorsqu'ils le retrouvent le lendemain à côté du lavabo... Ce n'est pas le somnifère qui est utile, mais *l'idée* de l'avoir eu, le conditionnement inconscient à un geste inutile.

Pour des enfants, comme pour les adultes, l'équilibre c'est de s'endormir sans aide extérieure, sans sirop, sans granules, sans gouttes, sans leurre chimique d'aucune sorte. Même trois granules, lorsqu'ils sont donnés systématiquement peuvent induire cette dépendance, susceptible d'avoir des répercussions au très long cours. L'équilibre, c'est de s'endormir sans aide, dans son environnement de sécurité, en laissant paisiblement monter en soi les ondes calmes de l'endormissement spontané.

Discuter avec le médecin traitant, choisir ce qui semble le plus adapté à chaque enfant, bien comprendre ce qui se joue et le prendre directement en charge est autrement plus important.

En résumé

- *Aucune médication pour le sommeil n'a reçu une autorisation de mise sur le marché chez l'enfant.*

- *Les somnifères ne devraient jamais être prescrits en première intention et leur prescription devrait toujours être accompagnée par une prise en charge psychologique et/ou comportementale.*

- *Dans tous les cas, le traitement doit être de très courte durée, au grand maximum de trois semaines.*

- *Tous les traitements doivent être arrêtés progressivement sur plusieurs jours, même les traitements très brefs, puisque la prise d'un seul comprimé peut entraîner un rebond d'insomnie.*

- *Avant l'âge de 2 ans, seules des raisons médicales graves peuvent justifier l'utilisation de sédatifs et d'hypnotiques : en particulier la prévention de convulsions, ou la prise en charge d'affections neurologiques ou psychiatriques sévères. Dans ces derniers cas, la prescription de mélatonine remplace souvent celle des hypnotiques.*

- *Chez l'enfant, si le climat familial est très détérioré, il est parfois envisageable de prescrire un sédatif doux vers 17 heures pour faire baisser la tension psychique et favoriser l'endormissement. Éviter au maximum les hypnotiques, qui ne régleront rien.*

- *Chez l'adolescent, en cas d'insomnie aiguë réactionnelle à un événement stressant, une prescription d'hypnotique ou d'anxiolytique pendant une à deux semaines peut être envisagée.*

- *Et on ne le dira jamais assez : ne jamais donner à un enfant le sirop qui reste de son grand frère, de son cousin ou du voisin. Ne jamais banaliser ce geste, il n'est pas inoffensif. Seule une ordonnance médicale précise, et accompagnée d'une prise en charge des parents et de l'enfant, peut le justifier.*

- *C'est dans l'arsenal des câlins, des rites doux du soir, des «histoires à dormir», des massages tendres, des berceuses et des rires apaisants que se trouve la solution aux problèmes de sommeil.*

Chapitre 11

Les maladies du sommeil

Ce chapitre est tout à fait particulier. Nous allons y aborder brièvement les cas de maladie réelle du sommeil, anomalie du sommeil lui-même, ou anomalie survenant au cours du sommeil. Ils concernent un petit nombre d'enfants; le diagnostic et la prise en charge nécessiteront une hospitalisation en centre spécialisé, avec des enregistrements polygraphiques prolongés. Vous avez vu que tous les troubles dont nous avons parlé jusqu'ici ne nécessitaient en rien de telles explorations. Nous citons ici ces maladies pour sensibiliser les parents au fait qu'elles peuvent exister et qu'il ne faudra pas hésiter, au moindre signe, à demander une consultation médicale.

Les hypersomnies et les somnolences diurnes anormales

Une hypersomnie, c'est dormir trop. C'est l'association d'un sommeil prolongé la nuit et d'une somnolence anormale dans la journée.

Les hypersomnies banales de l'enfant malade

Vous les connaissez tous : ce sont celles des accès de fièvre, celles des maladies infectieuses même banales comme la rubéole, la rougeole ou la varicelle, et puis celles, plus durables, de quelques semaines, survenant après une maladie un peu plus sévère comme une hépatite virale, une mononucléose, certaines pneumopathies.

Comment reconnaître une hypersomnie ?

Les signes principaux

• Temps de sommeil augmenté de plus de 2 à 3 heures par rapport au temps moyen de sommeil pour l'âge de l'enfant.

• Accès de sommeil irrésistibles dès que l'enfant est calme ou fait une activité monotone : en classe, devant la télévision, au cours d'un repas, lors de trajets très courts en voiture...

• Persistance d'une sieste quotidienne après 6 à 7 ans.

• Réveil très difficile, avec état confus et véritable « ivresse ».

• Apparition d'une baisse des résultats scolaires inexpliquée.

• Apparition soudaine de troubles comportementaux et émotionnels : agressivité, impulsivité, intolérance à la moindre frustration...

Les signes particuliers à l'enfant jeune

• Hyperactivité importante associée à des siestes inopinées et anormalement longues.

• Fatigue.

• Signes oculaires : l'enfant se plaint d'avoir l'impression de loucher, de voir trouble, d'avoir les yeux qui piquent.

• Bâillements très fréquents.

**Tous ces signes ne doivent inquiéter
que s'ils sont importants ou permanents.**

Les hypersomnies liées à une cause pathologique

Certaines maladies neurologiques ou psychiatriques graves de l'enfance peuvent également se manifester par une hypersomnie, mais il y a toujours de nombreux autres signes qui attirent l'attention et permettent le diagnostic. Ces hypersomnies, que l'on dit secondaires, puisque liées à une cause pathologique repérable, sont surtout observées avant l'âge de 10 ans.

Les hypersomnies et les somnolences anormales de l'adolescent

Plus tard, chez l'adolescent, il ne faudrait pas méconnaître une somnolence anormale symptomatique d'un abus de drogues ou de médicaments, d'une phobie scolaire ou d'un syndrome dépressif.

N'oublions pas les somnolences anormales par insuffisance de sommeil : selon une enquête de la SOFRES en 2005 auprès de 509 adolescents français de 15 à 19 ans, 55 % d'entre eux se plaignent d'être somnolents et 30 % ont une tendance aggravée aux endormissements dans la journée.

Dans tous les cas, il ne s'agit pas d'une maladie du sommeil, mais juste du retentissement sur le sommeil d'un malaise général ou d'une privation de sommeil, et c'est extrêmement fréquent...

Les hypersomnies pathologiques

Elles sont, en revanche, très rares, mais leur méconnaissance par la famille et par le médecin traitant pourrait être grave. Les préadolescents et adolescents hypersomniaques (ce ne sont presque jamais de jeunes enfants) non reconnus peuvent être pris, à tort, pour des individus paresseux, pour des porteurs de pathologie psychiatrique sévère d'où un traitement aberrant... Et, dans les deux cas, les conséquences sur la scolarité sont désastreuses. Nous allons rapidement dresser le tableau des deux affections rentrant dans ce cadre.

◇ **La narcolepsie**

Décrite en 1880 par Gelineau, c'est une affection relativement fréquente chez l'adulte puisqu'elle atteint un sujet sur 2 000. Elle débute dans 60 % des cas avant 20 ans, et dans 16 % des cas avant 10 ans. Pourtant, elle n'est presque jamais reconnue chez l'enfant. C'est une maladie parfois familiale, mais pas véritablement congénitale. On connaît, par exemple, des jumeaux monozygotes dont l'un est narcoleptique et l'autre pas. Le terrain génétique ne représente donc pas une condition suffisante pour déclencher la maladie ; cela met en cause un facteur autre encore inconnu : immunologique ? On ne sait toujours pas, mais la découverte récente d'un effondrement, dans le liquide céphalorachidien des patients narcoleptiques, d'un neuromédiateur important de l'éveil, l'hypocrétine, suscite, pour le futur, de très grands espoirs thérapeutiques.

Quatre signes la caractérisent :
~ Des **accès de sommeil** irrésistibles. L'enfant jeune alterne une hyperactivité anormale et des siestes inopinées.
~ Une **cataplexie**, c'est-à-dire une perte soudaine du tonus musculaire. Cette perte de tonus peut être complète et entraîner une chute de l'enfant. Si elle n'est que partielle, elle se manifestera par la chute de la tête, une ouverture de la bouche, ou par un simple fléchissement des genoux. Ces chutes, et c'est caractéris-

tique, sont provoquées par une émotion, en particulier par le rire. Les frères et sœurs, les copains d'école des enfants malades les font volontiers éclater de rire pour les voir s'écrouler ou, à table, piquer du nez dans l'assiette. Ces épisodes durent quelques secondes, l'enfant reste conscient. Ils sont plus ou moins fréquents, de quelques-uns dans toute une vie jusqu'à cent par jour...

~ Des **hallucinations hypnagogiques**, les mêmes que celles que nous avons décrites p. 22, mais très intenses et très angoissantes.

~ Des **paralysies transitoires**, conscientes, avec une grande angoisse à l'endormissement et au réveil.

À ces quatre signes s'associent presque toujours un **mauvais sommeil nocturne**, et dans un quart des cas, surtout lorsque la maladie survient avant 15 ans, **une prise de poids très rapide et très anormale**.

L'enregistrement polygraphique de sommeil sur 36 heures est indispensable pour confirmer le diagnostic. Il montre un sommeil de durée anormalement longue et dans la journée, lorsque l'on demande à l'enfant d'essayer de dormir (tests itératifs des latences d'endormissement), des endormissements très rapides, parfois instantanés, **et qui se font en sommeil paradoxal** (rappelez-vous, comme celui du nouveau-né !). Les différents signes cliniques sont en fait les manifestations, anormales à l'état de veille, des caractéristiques du sommeil paradoxal.

◇ Le syndrome de Kleine-Levin

C'est une hypersomnie encore plus rare que la narcolepsie. Elle est souvent méconnue, prise à tort pour une affection psychiatrique. Elle apparaît chez l'adolescent garçon entre 10 et 20 ans. Elle évolue par crises de quelques jours à une ou deux semaines, se répétant une ou plusieurs fois par an. Entre les crises, il n'y a aucun signe de la maladie. L'adolescent est strictement normal. L'origine n'est pas connue. La guérison complète et définitive survient presque toujours avant 30 ans.

Comment la reconnaître ? Là encore, on observe quatre signes typiques :

- **Une hypersomnie constante,** mais parfois limitée au cours de la journée à une simple somnolence.
- **Une boulimie intense.** Les enfants mangent dès qu'ils sont réveillés. Parfois, ils n'acceptent plus que des aliments sucrés ou, au contraire, se gavent de produits salés.
- **Une sexualité débordante et non contrôlée :** certains adolescents se masturbent anormalement et surtout présentent des conduites exhibitionnistes.
- **Des troubles du comportement constants,** avec alternance d'apathie et d'irritabilité aux stimulations. Ces troubles peuvent être majeurs, simulant un véritable délire ou des hallucinations. C'est ce qui inquiète le plus les parents, qui en oublient presque l'hypersomnie dans la description des symptômes.

On décrit parfois chez la jeune fille un syndrome voisin, encore plus rare, avec des épisodes avec hypersomnie survenant uniquement en période menstruelle.

Les apnées obstructives du sommeil

Il est important de les reconnaître puisque le syndrome d'apnées obstructives du sommeil n'est pas rare. Il touche près de 4 enfants sur 100 avec un pic de fréquence entre 3 et 6 ans, expliqué par une hypertrophie des amygdales et des végétations très commune à cet âge.

Beaucoup d'enfants ronflent la nuit, ronflent quand ils ont des rhumes ou, de temps en temps, quand ils sont dans certaines positions. C'est banal. En revanche, si le ronflement est présent presque tous les jours, permanent, très sonore, entendu même d'une pièce à l'autre, il est utile d'observer l'enfant un peu attentivement. S'il respire la bouche ouverte et présente, au milieu de ces ronflements, des pauses respiratoires avec signes de lutte, mieux vaut consulter un médecin. Le tableau page suivante permet de résumer tous les signes cliniques.

◇ Un sommeil très agité

Pendant la nuit, le sommeil est très agité, interrompu de pleurs, de réveils fréquents, et souvent de cauchemars, de terreurs nocturnes et de somnambulisme. L'enfant dort dans une position anormale, bouche grande ouverte. Si les efforts respiratoires sont importants, la tête bouge rythmiquement à chaque mouvement respiratoire.

◇ Des pauses respiratoires impressionnantes

Elles surviennent plutôt pendant la seconde moitié de la nuit, quand le corps (et donc le pharynx) est plus hypotonique. Le ronflement s'interrompt brutalement et est remplacé par un petit bruit de gargouillement au niveau de l'arrière-gorge. Les mouvements du thorax et de l'abdomen deviennent de plus en plus amples : le thorax se creuse et l'abdomen se gonfle. L'enfant est pâle, transpire abondamment, les narines sont un peu pincées. Ces épisodes peuvent durer de 15 secondes à parfois plus de 1 minute. Puis l'enfant se débat, le ronflement très sonore réapparaît et reprend son rythme régulier. Tous ces signes traduisent une obstruction des voies aériennes, gênant le passage de l'air respiratoire. Pendant les ronflements, le passage aérien est simplement rétréci. Pendant les pauses, il est presque

ou complètement bloqué (hypopnées[1] ou apnées obstructives). Le déficit en oxygène, l'accumulation du gaz
carbonique non éliminé et surtout la fragmentation du
sommeil par les petits éveils survenant après les pauses
respiratoires sont responsables des signes cliniques observés : agitation, agressivité, irritabilité, migraines, somnolence diurne, difficultés scolaires, et si les difficultés
respiratoires sont importantes : hypertension artérielle,
anomalies cardiaques par fatigue cardiovasculaire. Le
tableau caricatural du grand enfant ou de l'adulte est
celui si bien décrit par Charles Dickens dans le personnage de Joe, le valet de Monsieur Pickwick : très gros garçon, glouton, aux joues rouges, ronchon, et qui s'endort
souvent, même debout. Bien sûr, le jeune enfant qui fait
des apnées ne correspond guère à ce tableau. Il s'agit
plutôt d'enfants chétifs, perpétuellement enrhumés, agités, capricieux et grognons, qui font de longues siestes
et peinent à se réveiller le matin.

Il faudra être particulièrement attentif chez les grands
enfants et adolescents en surpoids chez qui le risque de
syndrome d'apnées obstructives du sommeil est beaucoup plus fréquent.

Au moindre doute à propos d'un tel syndrome, il est
bon de consulter un médecin. Neuf fois sur dix, la cause est
toute simple : l'hypertrophie des amygdales ou des végétations suffit à tout expliquer. Leur ablation supprime tous
les signes et améliore considérablement le comportement
et aussi le rendement scolaire de l'enfant. Très rarement,
une autre cause d'obstruction pourra être décelée : malformation de la bouche ou des maxillaires, hypotonie du pharynx. Toutes peuvent bénéficier d'un traitement efficace.
Cela vaut la peine de ne pas trop tarder avant de consulter...

---

1. Hypopnée : diminution franche de la respiration.

Le syndrome d'apnées obstructives du sommeil

I. Les symptômes

Au cours du sommeil
- ronflement plus ou moins permanent très sonore ;
- respiration avec la bouche ouverte ;
- pauses respiratoires avec signes de lutte et reprise respiratoire bruyante ;
- transpiration anormale ;
- position de sommeil anormale : assis ou tête rejetée très en arrière ;
- sommeil très agité ;
- énurésie secondaire ;
- possibilité de cauchemars, terreurs nocturnes ou accès de somnambulisme ;
- réveil le matin très difficile.

Dans la journée
Chez l'enfant jeune : agressivité, hyperactivité, encombrement rhino-pharyngé, otites.
Chez l'adolescent : céphalées matinales, somnolence anormale, difficultés scolaires.

II. Les données de l'examen
- anomalies du poids : mauvaise prise de poids chez le jeune enfant, obésité chez l'adolescent ;
- hypertrophie des amygdales et des végétations ;
- anomalies maxillo-faciales.

III. Renseignements apportés par l'enregistrement polygraphique du sommeil
- met en évidence les pauses respiratoires obstructives ;
- permet d'apprécier l'importance du syndrome obstructif : sur le nombre de pauses, sur les mesures de l'oxygène et du gaz carbonique ;
- évalue l'importance des perturbations du sommeil ;
- dépiste la possibilité de troubles du rythme cardiaque.

La mort subite inexpliquée du nourrisson

Le tableau est presque toujours le même. Un bébé en pleine santé ou à peine enrhumé s'est endormi calmement, comme d'habitude. Quelques minutes ou quelques heures plus tard, on le retrouve mort dans son berceau. Si des adultes n'ont pas quitté la pièce, ils n'ont rien entendu. Ni les antécédents médicaux ni l'autopsie ne révèlent la moindre maladie ou malformation pouvant expliquer la mort. Elle est inopinée, inexplicable. Elle s'est produite de façon très rapide, dans le plus grand silence, probablement sans souffrances, et sans que qui que ce soit puisse s'en rendre compte. Devant un tel drame, les parents risquent de se culpabiliser, de penser qu'ils n'ont pas assez surveillé l'enfant, qu'il s'est peut-être étouffé en vomissant. Tout cela est faux, même si un vomissement, survenu après la mort, souille l'oreiller. Il y a donc eu « autre chose ». Les mamans dont le bébé est nourri au biberon se reprochent de ne pas l'avoir allaité – là aussi à tort, cet accident survient aussi chez des enfants nourris au sein. Et les consultations médicales antérieures, parfois le matin même de l'accident, sont strictement normales.

Très exceptionnellement, certains enfants appelés à tort « rescapés de mort subite » sont trouvés dans leur berceau au cours d'un épisode de sommeil très pâles ou bleuâtres, tout mous, ne respirant plus, dans un tableau suffisamment alarmant pour que des stimulations vigoureuses et parfois une véritable réanimation avec ventilation par bouche à bouche aient été entreprises, ayant permis une récupération des principales fonctions. Ces malaises graves imposent une hospitalisation surtout pour rechercher une cause, et parce que ces enfants ont un risque non négligeable (5 %) de refaire un malaise.

Statistiquement, la mort subite touche plus de garçons que de filles. Elle survient le plus souvent entre 2 et 4 mois, moins de 20 % des morts subites surviennent après 6 mois, moins de 1 % après 1 an.

La fréquence de la mort subite du nourrisson est en très net recul

Encore redoutée par de nombreux parents et à juste titre puisqu'elle reste en France la cause la plus fréquente de mort des nourrissons entre 1 mois et 1 an, la mort subite est devenue, à la suite des campagnes de prévention, beaucoup plus rare. Elle touche aujourd'hui moins de 1 enfant sur 1 000. Son incidence a chuté de 2,3 nourrissons sur 1 000 naissances vivantes à la fin des années 1980 à 0,4 pour 1 000 aujourd'hui, le nombre de décès par an passant de 1 500 à 250 en 2005 dans notre pays !

Pourquoi ces bébés meurent-ils ?

Cela reste une des terribles énigmes de la pédiatrie. Quand on pratique une autopsie systématique, dans 15 % à 50 % des cas (selon le nombre d'analyses pratiquées) on retrouve la preuve d'une infection foudroyante survenue sans signes d'appel, d'une maladie cardiaque due ou non à une malformation, d'une maladie métabolique... Mais dans les autres cas, ceux qui justement sont ceux appelés mort subite du nourrisson, il n'y a pas de raison apparente à la mort. On tente pourtant de trouver des causes à ce drame afin d'en déduire le plus de facteurs protecteurs possibles. Mais leur compréhension reste partielle. On peut cependant dégager de toutes les avancées scientifiques de ces dernières années un modèle pour la maladie : **le décès résulterait de trois facteurs.** Il surviendrait chez **un enfant vulnérable** en raison d'une grande prématurité, d'un petit poids de naissance, parfois d'une prédisposition génétique : il vient d'être découvert très récemment par Jhodie Duncan et ses collègues de Boston une diminution de la sérotonine dans le tronc cérébral (la sérotonine joue un rôle important dans la régulation du cœur, de la respiration, de la température interne et du rythme veille-sommeil).

La mort subite survient au cours d'une période de développement à risque entre 2 et 6 mois. C'est la période où la maturation des structures responsables de la régulation cardiaque et respiratoire et surtout du sommeil est très rapide. C'est le moment où le sommeil devient plus profond, moment où l'enfant est peut-être moins à même de se réveiller s'il fait une pause respiratoire prolongée et est donc plus vulnérable.

Enfin, et c'est capital, **le rôle de l'environnement est majeur.** Certains facteurs dans l'environnement du bébé augmentent le risque de mort subite : nourrisson qui dort sur le ventre, sous une couette, dans une pièce trop chaude, dont le visage est recouvert par une couverture ou qui a été privé de sommeil, ou encore à qui ont été prescrits des médicaments calmants qui diminuent les capacités de se réveiller en cas de danger ; un nourrisson dont les parents fument (le tabagisme dans l'environnement doublerait le risque de décès). En revanche, on commence à identifier des facteurs protecteurs qui réduiraient le risque de mort subite : l'allaitement maternel, l'usage de la tétine, l'usage de la gigoteuse ou du surpyjama et dormir dans la chambre des parents (mais non dans leur lit, surtout si le nourrisson a moins de 2 mois). Nous avons déjà abordé ce sujet p. 122.

Y a-t-il une prévention?

Oui, un grand nombre de morts subites ont et pourraient encore être évitées. Le seul fait par exemple de coucher les nourrissons sur le dos et non sur le ventre ou sur le côté a diminué la fréquence de la mort subite de 50 %. Malheureusement, aujourd'hui encore, **70 % des enfants décédés de mort subite sont retrouvés dans une position de couchage ou une literie inadaptées**.

Les multiples études scientifiques de ces dernières années ont dégagé des facteurs de risque qu'il est facile d'éviter:

- **Supprimer** pendant la grossesse puis pendant l'allaitement **tous les toxiques**: tabac surtout, café, sédatifs, et bien sûr toutes les drogues.
- **Vivre la grossesse le plus paisiblement possible.** La surveiller médicalement pour dépister très vite une hypotension ou une hypertension artérielles, une anémie, une hypotrophie fœtale...
- **Coucher l'enfant sur le dos:** de nombreuses études ont associé la fréquence de la position sur le ventre à celle des décès de mort subite. Les nouveau-nés et les nourrissons doivent être couchés **sur le dos**.
- **Assurer la sécurité de l'enfant dans son berceau:** le matelas doit être ferme, il ne doit pas laisser d'espace libre avec le bord du lit. Il est préférable de ne pas utiliser de couverture. Les oreillers et les couettes doivent être proscrits. Il est recommandé d'éviter les tours de lit, les grosses peluches, de ne pas ajouter de matelas dans un lit parapluie.
- **Protéger le sommeil des enfants** de moins de 6 mois en évitant les dérangements multiples ou prolongés.
- **Éviter les ruptures de rythme de vie** et les changements brutaux. Par exemple, si l'enfant doit aller en crèche, l'adapter à ce lieu de façon progressive.

• **Éviter les privations de sommeil :** le manque de sommeil diminue les possibilités d'éveil, et l'enfant serait plus vulnérable.

• **Éviter les hyperthermies et les hypothermies :** le nourrisson ne doit avoir ni trop chaud ni trop froid. Essayer de maintenir la température de sa chambre entre 18 et 20°C, et ne pas trop le couvrir.

• **Être vigilant au cours des tout premiers mois en cas de maladie,** consulter son médecin si l'enfant devient bleu ou très blanc pendant son sommeil, s'il présente des régurgitations anormalement fréquentes, s'il existe un ronflement permanent ou une obstruction nasale persistante, s'il transpire de façon tellement importante que ses vêtements sont mouillés.

• **Éviter tous les médicaments calmants,** vérifier que ceux prescrits pour la toux ou pour faire baisser la fièvre ne contiennent pas de produits susceptibles d'entraîner une diminution des possibilités d'éveil. Les médecins sont maintenant bien avertis. Une des marques de suppositoires antipyrétiques a retiré ses boîtes pour les enfants de moins de 1 an, en plein succès commercial, parce que la présence de phénothiazines (comme dans le Phénergan®, le Théralène®...) pouvait être à l'origine d'accidents. Tous n'ont pas eu cette conscience professionnelle. À nous de rester vigilants.

Il est de très rares cas où les médecins proposeront une surveillance polygraphique pour vérifier l'absence de pauses respiratoires ou d'anomalies du rythme cardiaque :

~ chez les enfants nés très prématurément et qui présentent encore, alors qu'ils sont presque à terme, des pauses prolongées et récidivantes ;

~ chez les très rares nourrissons rescapés d'un malaise grave, et encore plus rarement chez des frères et sœurs d'enfants décédés de mort subite, surtout en cas de gémellité. Bien que cette mort inexpliquée ne soit ni familiale, ni héréditaire, ni contagieuse, le risque dans une même fratrie est un peu plus élevé que dans la population générale.

Dans ces cas, l'enregistrement de la respiration et du rythme cardiaque continu sur 48 heures environ, réalisé en hospitalisation, permet de déceler les enfants ayant des pauses anormales, enfants pour lesquels il sera peut-être utile de proposer un traitement médical ou plus rarement une surveillance transitoire du sommeil par monitoring à domicile.

Mais c'est un protocole très lourd, envahissant : des électrodes doivent être fixées sur le thorax de l'enfant et reliées au système d'alarme dès que l'enfant s'endort... Les assistantes maternelles ne veulent pas en entendre parler, les crèches se font tirer l'oreille, les parents s'affolent pour une sonnerie due au dérèglement de l'appareil... Bref, beaucoup d'angoisse pendant des mois. Pourtant ce protocole est aussi indiscutablement un excellent moyen de réassurance pour des parents qui ont vu leur enfant en réanimation dans un état alarmant. Les parents d'un enfant rescapé d'un très grave malaise à l'âge de 2 mois et qui ont parfaitement assumé ce compagnonnage de l'appareil appelaient leur petit enfant « bébé branché »...

Le problème le plus délicat est de savoir quels bébés doivent bénéficier de cette surveillance à domicile et à partir de quand l'arrêter. Dans les unités médicales de référence, que ce soit en France ou ailleurs dans le monde, les critères de mise sous surveillance cardiorespiratoire et les critères pour arrêter cette surveillance sont actuellement bien codifiés.

Et pourtant, l'angoisse de certains parents est tellement forte, les émotions des médecins également, que certains enfants sont ainsi enregistrés en continu pendant de trop longs mois. Au-delà de la technique médicale et de tout ce qu'elle peut nous apporter, nous touchons là à l'une des plus grandes interrogations philosophiques de l'humanité. Le désir passionné de contrôler les risques est-il un bon moyen d'éviter le stress et la peur de la mort ? Quelles pourraient être à long terme pour nos bébés les conséquences psychologiques d'avoir vécu leurs premiers mois dans le regard d'adultes angoissés par l'idée que leur vie est si fragile ? Nul ne le sait. Nos bébés sont le symbole de la vie qui naît, qui se transmet, le signe de « quelque chose » qui passe à travers nous et qui nous dépasse. Modestement, humainement, faire confiance à la vie, créer un environnement sans facteur de risques doux et paisible autour d'un tout-petit restent peut-être en définitive nos meilleures armes.

Annexes

Les fonctions
du sommeil et du rêve

> *« Si l'homme ne peut plus dormir, tant mieux, disait Arcadio Buendia avec bonne humeur. Pour nous, la vie n'en sera que plus féconde. » Mais l'Indienne leur expliqua que le plus à craindre dans cette maladie de l'insomnie, ce n'était pas l'impossibilité de trouver le sommeil, car le corps ne ressentait aucune fatigue, mais son évolution inexorable jusqu'à cette manifestation critique : la perte de mémoire. Elle voulait dire par là qu'au fur et à mesure que le malade s'habituait à son état de veille commençaient à s'effacer de son esprit les souvenirs d'enfance, puis le nom et la notion de chaque chose, et pour finir l'identité des gens, et même la conscience de sa propre existence, jusqu'à sombrer dans une espèce d'idiotie sans passé.*
>
> Gabriel García Márquez, *Cent ans de solitude*

Pourquoi dormons-nous ? Pourquoi rêvons-nous ? Pourquoi nous réveillons-nous ? Les bébés rêvent-ils ? Que se passe-t-il si nous ne dormons pas ? Les réponses sont encore vagues, souvent de simples hypothèses. Pourtant, à 30 ans, nous avons dormi près de 12 ans... À quoi donc ont servi toutes ces années ?

La privation de sommeil

Les expériences de privation totale de sommeil nous apprennent peu de chose. Le chat que l'on empêche totalement de dormir meurt d'épuisement en quelques jours. Chez l'homme, les expériences se sont toujours arrêtées vers le dixième jour et, bien sûr, n'ont été tentées que chez l'adulte.

Après une nuit sans dormir, l'état dépend de la qualité des activités demandées. S'il s'agit d'un travail monotone ou ennuyeux, le sujet est très somnolent. Un travail ou des activités intéressantes provoquent, au contraire, une hyperactivité. Après deux jours sans sommeil, il est difficile de rester éveillé. Le sujet est agressif, irritable, soupçonneux, intolérant à la moindre frustration. Les pulsions fondamentales, appétit et pulsion sexuelle, sont libérées. Mais le cerveau sommeille, l'attention est faible, les gestes sont automatiques. Après trois jours, les yeux se ferment d'eux-mêmes, impression de ne plus voir clair, de loucher. Les mains tremblent, la parole est lente, l'irritabilité s'aggrave encore. La plus petite stimulation, bruit, lumière, effleurement de la peau, devient douloureuse. Commencent de véritables hallucinations. Après cinq jours, le sujet délire.

Que pouvons-nous déjà retenir des expériences de privation totale de sommeil ? La privation prolongée de sommeil a peu d'effet physique mais un retentissement majeur sur la vigilance, l'attention, la parole, l'humeur, la mémoire.

◇ Quand la privation de sommeil cesse, que se passe-t-il ?

D'abord se rattrape le sommeil lent profond, puis ensuite seulement, et s'il y a le temps, le sommeil paradoxal. C'est sans doute pour cela qu'un enfant qui a mal dormi n'est guère fatigué physiquement, mais au contraire est hyperactif, irritable, capricieux et ne tient pas en place, pour lutter contre l'envie de dormir.

Chez l'adulte, une privation de sommeil se compense vite. Après une privation de 205 heures, Kales, en 1970, a démontré que les performances à divers tests redevenaient normales après trois nuits de sommeil, et cela alors qu'un tiers seulement du temps de sommeil paradoxal avait pu être récupéré.

Certains chercheurs envisagent donc la possibilité qu'il y ait chez l'adulte deux zones de sommeil : un **sommeil obligatoire** comportant la totalité du sommeil lent profond et environ la moitié du sommeil paradoxal, et un **sommeil facultatif**, optionnel, comprenant tout le sommeil lent léger, et le reste du sommeil paradoxal. Ces notions pourraient expliquer les différences entre longs dormeurs, qui utilisent tout leur potentiel, et courts dormeurs, qui, eux, ne feraient que leur sommeil obligatoire. Mais à quoi sert ce sommeil facultatif ? À attendre le lever du jour, à économiser son énergie, à ne dormir que d'un œil, à se soustraire aux dangers de la nuit ? La question reste entière. Peut-être avons-nous seulement besoin de rêver...

Les théories pour tenter de donner une réponse à toutes les interrogations sur les fonctions du sommeil sont multiples et souvent contradictoires, mais cette contradiction n'est peut-être qu'apparente si l'on admet que le sommeil n'a pas les mêmes raisons d'être, les mêmes fonctions chez le bébé et chez l'adulte, et que ces fonctions évoluent, se modifient avec l'âge.

◇ **Les privations partielles de sommeil et le manque de sommeil chez l'enfant**

En fait, ce sont elles qui nous permettent de mieux comprendre à quoi sert le sommeil.

Les expériences de privation de sommeil expérimentale, même partielles, sont exceptionnelles chez l'enfant : une étude américaine révèle qu'une privation de sommeil, sur une seule nuit, chez des jeunes adolescents de 10 à

14 ans (sommeil de minuit à 5 heures du matin), suffirait à perturber l'apprentissage des tâches les plus complexes (tâches de créativité) et les plus éloignées des tâches habituelles ; une autre démontre chez 74 enfants de 9 à 12 ans, dont on a diminué puis augmenté d'une heure la durée du sommeil, une amélioration spectaculaire du comportement et des résultats scolaires après augmentation de la durée du sommeil.

◇ **Quels sont les signes d'un manque de sommeil chez l'enfant ?**

Les besoins de sommeil varient beaucoup d'un enfant à l'autre et il est parfois difficile de savoir si son enfant a suffisamment dormi. Pourtant la simple observation du bambin nous apprend déjà beaucoup : un petit enfant anormalement agité, fatigable, irritable et capricieux manque probablement de sommeil ; en revanche, même si le temps de sommeil paraît court, il est probablement suffisant si l'enfant est calme, émotionnellement stable et joyeux – il s'agit sans doute d'un court dormeur.

Chez l'enfant d'âge scolaire, l'enfant a suffisamment dormi s'il se réveille facilement et de bonne humeur le matin, s'il est calme et attentif à l'école, s'il n'est pas agressif, agité et intolérant à la moindre frustration le soir.

◇ **Quelles sont les conséquences d'un manque de sommeil ?**

• **Le manque de sommeil diminue les capacités d'apprentissage.** Manquer de sommeil perturbe très vite les capacités d'attention, d'apprentissage, en particulier des mathématiques et des sciences.

• **Le manque de sommeil induit des troubles de l'humeur et du comportement.** Une étude canadienne récente dirigée par Évelyne Touchette montre chez 1 492 enfants âgés de 2 ans et demi à 6 ans qu'une durée de sommeil de moins de 10 heures par 24 heures multiplie par 3 le risque de difficultés scolaires à 6 ans, et qu'il existe dans cette population d'enfants une relation significative entre la courte durée du sommeil et des scores élevés d'impulsivité et d'hyperactivité.

Chez l'adolescent, le manque de sommeil augmente aussi le risque d'accident et peut engendrer des syndromes dépressifs avec risque suicidaire si la privation de sommeil est sévère.

• **Le manque de sommeil fait grossir.** En 1992, Élisabeth Locard attirait l'attention sur la relation, chez des enfants de 5 ans, entre diminution du temps de sommeil et obésité. Ces dernières années, cette relation a été largement confirmée par de nombreuses études. Elle concerne surtout les enfants de moins de 10 ans.

Les mécanismes par lesquels la réduction du temps de sommeil entraîne un excès de poids sont inconnus. Certains font l'hypothèse que la réduction du temps de sommeil donnerait plus d'opportunité pour manger, qu'elle entraînerait une dépense énergétique moindre du fait de la somnolence diurne ; mais chez l'enfant, cette somnolence diurne se traduit surtout par une hyperactivité. L'explication est plus probablement métabolique : Karine Spiegel et ses collègues démontrent qu'une réduction expérimentale de la durée du sommeil chez de jeunes adultes volontaires sains augmente l'appétit pour les aliments gras ou sucrés, entraîne une diminution de la sécrétion de la leptine et une élévation de la ghréline – deux hormones essentielles pour la régulation de l'appétit. Manquer de sommeil chez l'enfant peut avoir des conséquences graves, à vous parents d'éviter tout ce qui peut diminuer la durée du sommeil de votre enfant, de traquer les « voleurs de sommeil » !

Les «voleurs de sommeil»

- Rythmes de coucher et de lever irréguliers
- Couchers trop tardifs
- Temps passé devant un écran de plus de 2 heures chez le jeune enfant, de 3 heures chez l'adolescent
- Absence d'exercice physique ou exercice physique trop tardif le soir
- Trop nombreuses activités extrascolaires
- Début d'école trop matinal, trajet scolaire trop long
- Consommation de caféine, alcool, tabac, drogues
- Diminution de l'influence parentale

Rôle du sommeil lent profond

C'est le sommeil le moins connu. Son rôle est sûrement moins schématique que celui qui lui est volontiers attribué : la réparation physique.

On sait que, par l'intermédiaire de l'hormone de croissance, il favorise le développement corporel, la synthèse des protéines et la réparation des tissus. Au moment de la puberté, il permet la maturation sexuelle puisque les hormones sexuelles sont, elles aussi, sécrétées en sommeil lent profond.

Mais ce rôle physique n'est sûrement pas le seul. Pourquoi un adulte qui a eu une activité intellectuelle intense et prolongée sans effort physique commence-t-il néanmoins par récupérer son sommeil lent profond ?

Certaines hypothèses avancent l'idée que ce sommeil aurait un rôle dans la mémorisation des faits rationnels logiques, ceux de notre cerveau gauche, le cerveau du raisonnement. D'ailleurs, un éveil en sommeil profond permettrait de meilleures performances pour les tests cognitifs explorant le cerveau gauche. Tout ce qui est, en revanche, du domaine émotionnel, affectif, sensible, artistique, ce qui dépend plutôt de notre cerveau droit, s'entretiendrait plutôt en sommeil paradoxal.

Rôle du sommeil paradoxal

Tous les mammifères dont les petits naissent très immatures ont une grande proportion de sommeil paradoxal, proportion qui diminue ensuite au fur et à mesure que la maturation cérébrale évolue. C'est le cas des chatons, des ratons, des bébés kangourous. À l'inverse, le cobaye, qui naît cérébralement adulte, a peu de sommeil paradoxal. D'où l'hypothèse de Roffwarg suggérant que **le sommeil paradoxal sert à la mise en place et au développement des circuits nerveux, donc à la maturation cérébrale, au cours de la vie fœtale et des tout premiers mois de vie.** Par exemple : le bébé non né ne reçoit aucune stimulation visuelle dans sa boîte utérine, pourtant, dès la naissance, son système visuel est fonctionnel. Il peut suivre des yeux un visage, un jouet coloré. Il est logique de penser que pendant son sommeil agité fœtal il a branché ses circuits visuels, activé les neurones spécifiques de la vision. Il aurait littéralement inventé sa propre vision, en « rêvant » de stimulations visuelles. De même, il a été démontré par des études échographiques récentes que les fœtus respiraient pendant les moments de sommeil agité, s'entraînaient à la ventilation thoracique avant de naître, et cela d'autant plus fort et plus longtemps qu'ils étaient près du terme. Il y a donc bien une maturation progressive anténatale des circuits de la respiration grâce au sommeil paradoxal.

Michel Jouvet a émis une hypothèse sur le rôle du sommeil paradoxal, très proche de ce que nous venons de dire, et qui, en plus, est démontrée par des travaux expérimentaux chez l'animal. C'est **l'hypothèse de la programmation génétique** grâce au sommeil paradoxal : « L'une des fonctions de l'activité onirique serait de reprogrammer chacun de nous au cours du sommeil pour faire que nous soyons différents l'un de l'autre[1]. »

Comment le démontrer ? En supprimant la paralysie du sommeil paradoxal et en regardant ce que fait l'animal lorsqu'il rêve. Le chat se comporte en chat : toilettage, chasse, etc. Si l'on donne pour la première fois des noisettes à un écureuil adulte né et élevé en cage avec de la nourriture en poudre, il va chercher à cacher son butin, comme le font tous les écureuils en liberté. Pour Michel Jouvet, le sommeil paradoxal lui aurait permis de garder au fond de lui quelque chose de la mémoire de l'espèce, mémoire d'un programme génétique inné, au-delà des expériences actives et des acquis, permettant d'éviter que les modifications de l'environnement ne modifient la structure fondamentale de l'espèce.

Une parasomnie du sommeil paradoxal récemment individualisée chez l'adulte âgé est l'équivalent de ces comportements oniriques : ces adultes ont perdu la paralysie du sommeil paradoxal et « passent à l'acte » au cours de leurs rêves.

Un travail que nous avons effectué sur le sommeil paradoxal du nouveau-né permet lui aussi de formuler une hypothèse qui va dans le même sens : **le sommeil paradoxal du tout-petit assurerait certaines fonctions qui seront plus tard celles de l'éveil.** En regardant ou en filmant le visage de nouveau-nés endormis en sommeil paradoxal, il est possible de repérer les six mimiques émotionnelles fondamentales des humains : la joie, la tristesse, la surprise, la colère, le dégoût et la peur. Toutes ces mimiques servent aux humains à se communiquer mutuellement leurs états d'âme. Elles sont universelles, indépendantes des origines ou des cultures et existent dès la vie fœtale.

---

1. M. Jouvet, *L'Unité de l'homme*, Le Seuil, 1974.

On sait en particulier par des lectures échographiques que les fœtus sourient dans le ventre de leur mère.

Les nouveau-nés répètent « à blanc » au cours de leur sommeil agité les mimiques qui plus tard leur permettront de communiquer leurs émotions à l'état de veille. Ces mimiques, facilement repérées en sommeil agité, disparaissent progressivement dans les premiers mois de vie, au fur et à mesure que l'enfant les utilise consciemment. Sachant en jouer en éveil conscient, il n'aurait donc plus besoin de « s'entraîner » en sommeil paradoxal.

Plusieurs autres hypothèses ont également été évoquées :

~ Le sommeil paradoxal favoriserait la « gestion » des émotions, du fait de liaisons fonctionnelles étroites en sommeil paradoxal entre le système limbique – lieu du cerveau primitif, celui de nos instincts – et le néocortex – cerveau de nos fonctions supérieures.

~ Le sommeil paradoxal **permet probablement de confronter nos programmes instinctifs innés avec l'activité cognitive de l'apprentissage,** de confronter l'inné et l'acquis. De cette confrontation naît la meilleure adaptation possible au milieu et aux conditions de vie. On peut se demander si la persistance chez le bébé humain d'une grande quantité de sommeil paradoxal – beaucoup plus que chez le bébé singe par exemple, dont le sommeil est plus mature à la naissance –, n'a pas été un avantage biologique sérieux, permettant le développement maximal (sinon idéal !) de son cerveau cortical supérieur.

C'est peut-être en sommeil paradoxal que l'humain est devenu ce qu'il est.

Les fonctions du rêve

Rêver et dormir en sommeil paradoxal ne sont pas deux données superposables. Le rêve est une pensée, une

activité symbolique, il ne peut être réduit à des phénomènes biologiques. Le nouveau-né dort beaucoup en
sommeil agité, mais a-t-il des rêves? À quoi servent les
rêves des humains, enfants et adultes? Les hypothèses
concernant la fonction du rêve sont aussi nombreuses
que celles concernant le sommeil paradoxal.

Presque tous ceux qui se sont intéressés aux rêves,
qu'ils soient biologistes, psychiatres, philosophes, en font
**un moyen de résoudre les problèmes et les conflits de
la journée.** Le dicton populaire « La nuit porte conseil »,
ou la petite phrase banale « Je vais me coucher, j'y verrai
plus clair demain » correspondent bien à cette réalité.

Quand on étudie le contenu des rêves, deux éléments
principaux se dégagent:

~ Les rêves représentent la poursuite au cours du sommeil de l'activité psychique de la journée. Beaucoup d'événements des heures précédentes sont ainsi revécus.

~ Au cours de la nuit, le contenu des rêves évolue dans
le sens d'une résolution des problèmes. Au début, les
images sont désagréables, angoissantes, les mécanismes
de défense importants. En revanche, en fin de nuit, les
rêves sont beaucoup plus agréables, l'angoisse disparaît,
les conflits se résolvent favorablement. Cette donnée a
été démontrée par Berger chez l'adulte et par Braconnier
chez l'enfant à partir de récits du contenu de rêves au
cours d'éveils multiples en sommeil paradoxal. Les cauchemars répétés représenteraient un échec partiel de cette
fonction, soit parce que les acquis angoissants sont très
nombreux, soit dans les périodes de déprime ou de fatigue psychique anormale.

Pour Freud, le rêve est une « mise en scène du désir ».
Au-delà du contenu manifeste (le récit, les images) appa-
raîtrait tout un contenu latent: les désirs refoulés. **Le travail du rêve serait de créer les artifices pour déguiser
les désirs et les rendre acceptables pour la conscience.**

Pendant le rêve, le « moi » et le « surmoi » seraient en relation étroite. La psychanalyse permettrait ainsi d'aborder l'inconscient du rêveur, en confrontant le récit aux associations d'idées pour accéder au contenu latent.

Pour certains, **le rêve compense la vie, permet de l'accepter.** On pourrait citer d'innombrables textes qui vont dans ce sens :

> « Je leur donne des nuits qui consolent des jours. » (Alfred de Vigny, *Eloa ou La Sœur des anges*)
>
> Margarete Buber-Neumann, internée à Ravensbrück pendant plusieurs années, traduit très bien cette fonction dans son ouvrage *Milena* :
> « Dans un camp de concentration les rêves jouent un rôle important ; il est intéressant de constater d'ailleurs qu'en détention on a bien plus souvent des rêves beaux et heureux qu'en liberté, et les images qui y surgissent sont très souvent pleines de couleurs. »
>
> De nombreuses théories s'attachent à l'**action antidépressive du rêve** : ce serait un moyen d'éviter le déplaisir grâce à une régression ; pour Platon, un moyen de satisfaire symboliquement des désirs impossibles ; un moyen d'accepter la solitude.
>
> « La solitude de la poésie et du rêve nous enlève à notre désolante solitude. » « Au cœur du rêve je suis seul... je me retrouve dans l'isolement parfait de la créature devant le monde. » (Albert Béguin, *Poésie de la présence*)

◇ Que dire du rêve chez l'enfant ?

Rêver, au sens adulte du mot, sous-entend un niveau de développement mental permettant d'avoir accès à la pensée symbolique. Il faut pouvoir associer aux objets perçus un signe qui leur correspond. Le tout début de cette phase n'apparaît chez l'enfant que vers 18 mois. Encore faut-il, pour comprendre ce dont rêve l'enfant, qu'il soit capable de le raconter, ce qui intervient encore plus tard, vers 3 ans environ.

Bien sûr, les nouveau-nés ont des mimiques émotionnelles en sommeil paradoxal, mais sont-ils réellement émus,
et que peut-on en conclure sur eux-mêmes? « Le tableau
d'une émotion ne peut nous renseigner sur la nature de
l'être ému », dit Jean-Didier Vincent, dans *Biologie des passions*.
David Foulkes a analysé 788 rêves recueillis chez
26 enfants suivis de façon longitudinale pendant une
période de cinq ans, donc venus dormir dans son laboratoire de temps en temps pendant plusieurs années.
Selon ses conclusions, il est difficile de parler de rêve
avant 5 ans. Si on réveille un enfant en sommeil paradoxal
vers cet âge-là, moins d'une fois sur trois il raconte un
rêve, et les images sont très statiques, souvent des images
d'animaux. L'enfant n'est presque jamais impliqué émotionnellement dans son rêve, on dirait qu'il est simple
spectateur objectif. Seuls les rêves du matin seraient un
peu plus affectifs.
Entre 5 et 7 ans, l'enfant participe plus à son rêve, les
images deviennent plus mobiles mais sont très directement liées aux événements de la journée, à l'état physique
du dormeur (faim, fatigue), aux livres ou dessins animés
familiers.
Entre 7 et 9 ans, l'enfant est bien plus impliqué dans
son rêve, l'affectivité est beaucoup plus importante, et
cela d'autant plus que le développement intellectuel de
l'enfant est plus avancé.
Le rêve de l'adulte, lui, est toujours très « égoïste » :
nous sommes toujours le personnage central, et les impli-
cations émotionnelles sont fortes.

Ces quelques informations répondent-elles un peu à
la grande question? Pourquoi dormons-nous, pourquoi
dormons-nous autant, pourquoi rêvons-nous, pourquoi
nous réveillons-nous? La nuit garde et gardera encore
tout son angoissant mystère.

La controverse
de la sucette
Les médecins peuvent-ils
avoir un avis[1] ?

Cette sucette, faut-il la donner ou non ? Tout médecin, tout soignant accompagnant de jeunes parents va entendre cette question une dizaine de fois par semaine : à votre avis, ce serait mieux, moins bien, qu'en pensez-vous ? Nous sommes tenus de nous prononcer directement sans savoir d'ailleurs quel choix les parents ont déjà fait ni le comportement qu'ils adoptent avec leur bébé. Sans savoir ce que disent les mamies, les amies, les nounous et les gourous ; sans toujours prendre le temps de se demander pourquoi la question vient d'être posée, comme ça, incidemment en fin de consultation, sur le seuil de la porte, au moment où il est trop tard pour ouvrir un vrai débat et amener de vraies explications.

Or ce débat existe. Il est même extrêmement complexe. Depuis plusieurs années des équipes de chercheurs publient activement sur ce sujet, mais selon les raisons qui les ont poussés à ces recherches, selon les priorités pédiatriques qu'ils ont en tête, les résultats et les prises de position sont radicalement opposés. Difficile de faire le tri parmi toutes ces lectures. Je vais pourtant tenter de le

1 . In « La Sucette dans tous ses états », t. II, *Spirale* n° 23, Érès, mai 2002, p. 53-64.

faire pour vous, pour chaque argument invoqué, à partir d'une revue récente de la littérature.

◇ **Premier point de vue : la succion non nutritive est utile à l'acquisition de la motricité bucco-pharyngée**

Les bébés humains ont deux types de succion. La succion nutritive qui apparaît après la naissance se caractérise par des salves de succions longues, lentes, avec une déglutition régulière de tous les mouvements de succion et avec peu de pauses. Au contraire, la succion non nutritive (NNS) se caractérise par des mouvements de succion très rapides, en salves brèves, entrecoupées de longues pauses. Cette NNS est la première séquence motrice à apparaître chez le fœtus humain, vers la dixième semaine de vie intra-utérine ; elle mature progressivement. Elle met en jeu l'activité synchrone de muscles striés innervés par cinq nerfs crâniens dont le centre de coordination est le tronc cérébral. Cette région encéphalique semble jouer un rôle essentiel dans la programmation de fonctions végétatives vitales telles que la ventilation et la déglutition. (Ainsi, une anomalie congénitale du tronc cérébral peut entraîner une malformation oro-faciale type syndrome de Pierre Robin et apparentés et/ou une défaillance néonatale de la séquence succion-déglutition-ventilation rendant impossible toute alimentation orale pendant plusieurs mois.) Ce n'est que vers 4 à 6 mois après la naissance que la coordination succion-déglutition-ventilation passe sous contrôle cortical (donc partiellement volontaire), ne dépend plus de ce programmateur du tronc cérébral et que les bébés pourront être alimentés à la cuillère.

Une étude japonaise a montré que l'habileté buccale alimentaire des bébés après la naissance nécessitait un entraînement par la succion et qu'en son absence – sur des bébés nouveau-nés ne pouvant être alimentés par voie orale pendant de longues semaines – la succion d'une sucette améliorait notablement leur comportement alimentaire ultérieur par rapport aux bébés privés de succion.

Plusieurs études chez des enfants prématurés montrent l'importance des stimulations buccales (sucette et kinésithérapie au doigt) pour l'acquisition d'une efficacité lors des premières tétées.

◊ **Deuxième point de vue : la sucette est un bon moyen d'apaiser un bébé**

Les nouveau-nés pleurent, mais pourquoi pleurent-ils ? De faim et de souffrance, peut-être. Mais plus souvent du fait de la séparation, de l'isolement d'avec la mère. Il est décrit chez tous les petits mammifères un « cri de détresse à la séparation » (SDC, *separation distress call*) qui s'apaise dès que le contact physique avec la mère est rétabli. Chez le bébé humain, on décrit un comportement de SDC qui évolue en s'aggravant progressivement pendant les deux premiers mois, puis se calme lentement au cours du troisième mois. Dans des études chez le petit animal, il est prouvé que le niveau de stress et de cris des premiers temps conditionne le nombre de récepteurs à cortisol dans l'hippocampe et programme la capacité ultérieure du petit à gérer ses stress dans la vie adulte. Conclusion logique, mieux vaut calmer les bébés.

Remplir systématiquement la bouche n'est pas l'unique moyen : le sein, le bercement, la promenade, la simple odeur d'un corps humain peuvent également calmer. Mais la sucette peut être utile. D'autant que certains bébés plus agités et désorganisés que d'autres pleurent beaucoup, que tous ne sont pas allaités, que certaines mères ne supportent pas les cris et interviennent vite : la solitude des jeunes mères est cruelle en l'absence des nounous et grands-mères qui, pendant des siècles, berçaient longuement les bébés. Bien sûr, donner le sein à un bébé allaité chaque fois qu'il pleure est aussi un excellent moyen de le calmer, mais ce ne peut être qu'un choix personnel des mères, choix peu valorisé culturellement et vite stigmatisé par l'entourage, donc difficile à vivre.

Faire sucer un bébé (sein ou sucette) sert depuis la nuit des temps à faire supporter des soins désagréables ou douloureux. Les services de néonatologie l'ont redécouvert récemment et remplissent même la sucette de sucre concentré, geste très discutable sur le plan de l'équilibre glycémique, mais très efficace sur l'apaisement des bébés... donc en voie de se « protocoliser » dans les services.

◇ Troisième point de vue : la sucette compromet la réussite de l'allaitement au sein

Les problèmes décrits entre sucette et allaitement au sein se situent à trois niveaux :

• Parlons d'abord de la période néonatale précoce : les chercheurs appellent confusion sein-tétine ou confusion sein-sucette un défaut d'apprentissage de la bonne technique de tétée au sein. Les bébés qui ont dans la bouche, dès les premières expériences nutritionnelles, autre chose que le sein de leur mère ont statistiquement beaucoup plus de difficultés que les autres à déclencher la sécrétion lactée. Pour certains, le contact de ces longs objets en caoutchouc raide, souvent introduits en force alors que leur bouche est à peine entrouverte, leur fait désapprendre le comportement inné de la tétée : ouvrir très grand la bouche, baisser la langue, attirer le mamelon et l'aréole très loin dans l'arrière-bouche en les orientant en oblique vers le palais mou postérieur. Puis le mouvement de langue sur la sucette n'est pas le même qu'au sein. Enfin, pour garder la sucette en bouche, le bébé ne peut abaisser son maxillaire inférieur, ce qui est l'un des paramètres de l'écoulement du lait. Tous ces éléments vont compromettre le transfert actif de lait du sein vers le bébé. Le lait venant moins vite et moins bien, les bébés s'énervent, accentuent leurs efforts de bouche. Du coup ils font mal à leurs mères, favorisent les crevasses et les hypersensibilités du mamelon... Pour d'autres bébés au contraire qui ont pris comme référence ces objets rigides dans la bouche, le sein souple et doux ne les « inspire » pas. L'hyperstimulation de l'objet leur manque et ils s'endorment au sein. Le sein devient apaisement, la tétine nutrition. Le monde à l'envers, et un échec presque assuré de l'allaitement...

• **Pendant les premiers mois, et surtout pendant les 4 à 6 premières semaines,** la lactation se met en place. L'on sait que la quantité de lait produite est corrélée directement à l'efficacité de la succion, mais aussi à la fréquence et à la durée des tétées, avec d'énormes variations d'un bébé à l'autre, d'une mère à l'autre. Parfois une mère a besoin que ses seins soient beaucoup stimulés (surtout les primipares) ; si le bébé suce une sucette au lieu de lancer la lactation, la production va chuter très vite. Il est aussi prouvé que les tétées de nuit donnent des niveaux d'hormones et des quantités de lait très élevées. Vouloir trop tôt faire patienter les bébés avec une sucette, ou leur donner un biberon la nuit compromet la lactation. Pour optimiser l'allaitement, du strict point de vue physiologique, il faudrait s'interdire de limiter en quoi que ce soit l'horaire, la fréquence et la durée des tétées, dans cette période. Cela est d'autant plus important que la capacité de production quotidienne de lait pour les mois à venir se met en place pendant ces premières semaines et restera ensuite remarquablement stable. Plus le bébé tète, plus il reçoit de lait, et plus sa mère produira de lait pendant les mois suivants. Ce n'est pas le moment de « régler » les bébés, c'est le moment pour eux de régler la lactation de leur mère !

Il est facile de comprendre que cet ajustement précis du corps de la mère à la demande de l'enfant peut être compromis par des interventions extérieures, les dressages pseudo-éducatifs d'horaires, et les conseils moralisants de « faire patienter ». Les bébés qui s'apaisent avec une sucette ratent une partie de leur « temps de travail ».

• **Le moment du sevrage** en fonction de la présence ou non de sucette a fait l'objet de nombreuses études concordantes : les bébés avec sucette sont sevrés plus tôt que les autres. Mais pourquoi ? s'interrogent les chercheurs. Est-ce parce que la lactation a été compromise par l'introduction précoce de la sucette ? Est-ce parce que les mères qui donnent une sucette sont celles qui tolèrent le moins le corps à corps de l'allaitement et se distancient plus tôt ? La sucette est-elle le signe que quelque chose ne va pas dans cet allaitement ou la cause de cette difficulté ? Question non résolue, mais débat ouvert...

... débat ouvert dans lequel s'engouffrent les passions militantes. Reprenons une à une les différentes positions :

Les uns vont soutenir l'allaitement contre toute intrusion. La sucette est interdite. Culture de la proximité qui tente, dans certains discours, de combattre farouchement notre culture européenne de la séparation. Puisque la physiologie interactive de la lactation est en exacte adéquation avec le comportement culturel de nombreuses sociétés où les mères portent leur bébé contre elles, donnent le sein à volonté, plusieurs fois par heure, dorment avec leur bébé, et ce pendant des mois, que ces mères ont du lait pendant des années tout en mangeant mal et en travaillant dur, ce serait LA solution, la seule qui marche et que devraient s'imposer toutes les mères qui allaitent leur bébé.

Pour d'autres, ce qui prime c'est la rencontre, l'harmonie, la qualité de l'interaction entre le bébé et sa mère, entre lui et le reste de la famille. Or les premiers mois sont difficiles, les bébés pleurent beaucoup, nous l'avons dit. Certaines mères épuisées par cette maternité, certains pères qui travaillent, ne tolèrent plus les pleurs et veulent que le bébé s'apaise le plus vite possible, espace ses tétées le plus vite possible. Parfois l'entourage ne se prive d'aucun commentaire acerbe sur leur façon de s'y prendre, sur leur faiblesse ou leur trop grande rigidité. Dans un tel contexte, si en donnant une sucette le bébé est plus calme, la mère sera moins stressée, le lait coulera mieux, la lactation sera relancée, et l'allaitement se passera mieux.

Pour d'autres enfin, l'entretien de la lactation n'est qu'un petit paramètre, dans les mille et un fondements des premiers mois après la naissance. Ce qui compte, c'est l'équilibre qui se construit. Or le bébé se construit sur deux bases fondamentales : sur la sécurité donnée par ses parents (donc sur la résolution rapide des stress), mais aussi dans l'espace et l'attente entre les tétées. Il découvre qu'il EST parce qu'il espère l'autre, qu'il l'attend. Passé la première période fusionnelle, la réponse à ses demandes ne saurait être toujours alimentaire, ni toujours immédiate. La sucette peut être alors objet médiateur de l'attente, au sens strict objet transitionnel. La séparation est positivement vécue comme l'un des éléments de la découverte de soi.

Alors, la sucette est-elle nocive ou non pour l'allaitement ? Les premiers jours sûrement, tant qu'une bonne technique de tétée n'est pas en place. Pendant les premières semaines peut-être : une mère qui peut vivre une grande proximité physique avec son bébé, qui le désire contre elle et se garde des éventuels commentaires désobligeants de l'entourage, donne les meilleures chances à sa lactation. Ensuite, tout dépend du bébé et des parents, de leur sensibilité, de leur choix, de leur niveau de stress, de leur disponibilité physique à calmer et à apaiser l'enfant autrement. Nous n'avons pas d'avis à donner.

◊ **Quatrième point de vue : la sucette en dormant diminue le risque de mort subite inexpliquée**

Les statistiques le disent : il existe une très nette différence de fréquence de ce drame entre les bébés qui tètent en dormant et les autres. Ce risque est moindre lorsqu'ils tètent le sein en dormant, c'est vrai aussi avec une sucette. Mais pourquoi ? Pour certains auteurs, c'est le partage du lit avec la mère qui protège, tout en favorisant la réussite de l'allaitement au sein (puisque la proximité multiplie les épisodes de tétées de nuit). Pour d'autres, l'augmentation de fréquence des épisodes de succion non nutritive améliorerait la ventilation et la saturation en oxygène en renforçant la tonicité des muscles de l'oropharynx. Pour d'autres, avoir la bouche ouverte et non jointive autour de la sucette diminuerait le risque de reflux œsophagien et favoriserait l'apparition d'une respiration buccale qui est normalement très faible pendant les premiers mois de vie. Pour d'autres encore, les bébés « suceurs » ont un seuil d'éveil au moindre bruit ou à la moindre stimulation nettement abaissé, donc se réveillent dès que la sucette ou le mamelon sort de leur bouche. Les études montrent que ce comportement d'éveils faciles et de sommeil moins profond se poursuit tout au long du sommeil, alors même que la sucette est depuis des heures au fond du lit...

◊ **Cinquième point de vue : la sucette facilite l'acquisition des rythmes et l'auto-apaisement**

Au bout de quelques mois, certains bébés « font leurs nuits » et d'autres non. Certains passent de longs moments éveillés, calmes dans un hamac. Beaucoup exigent une présence constante. Traditionnellement, dans ces conditions, la sucette leur est souvent donnée pour les faire patienter. Donner une sucette, c'est donner au bébé un leurre buccal du corps parental et lui permettre une activité rythmique prolongée, répétée à volonté. Or le besoin d'une activité rythmique est fondamental pendant de longs mois, d'où le succès intemporel du portage, du bercement, des promenades, des virées en voiture. Les épisodes de succion non nutritive donnent à l'enfant la possibilité de moduler lui-même ce besoin majeur, en fonction de son tempérament, en fonction aussi de ses épisodes de stress. Il a ainsi été démontré que les bébés ont plus de succion non nutritive lorsqu'on les change de chambre ou de lit, ou lorsqu'ils ont vécu un épisode angoissant ou douloureux ; qu'ils en ont moins quand ils dorment dans le lit d'un adulte. Les bébés suceurs seraient capables plus tôt que les bébés non suceurs de se rendormir la nuit après leurs éveils et d'espacer leurs prises alimentaires de nuit, se contentant de cette activité rythmique sans faire appel aux parents nourriciers. Enfin, les suceurs au long cours (au-delà de la première année) seraient plus souvent ceux pour lesquels avaient été décrits en période néonatale une hyperexcitabilité et des pleurs intenses.

◊ Sixième point de vue : la sucette est l'une des causes de troubles du sommeil

Il ne s'agit plus là de nouveau-nés, mais de bébés de plus de 6 mois. Pour tous, les éveils de nuit sont fréquents et normaux. Ce qui peut poser problème, c'est de ne pas savoir se rendormir seul. Les bébés qui se réveillent toutes les nuits, à heures fixes, parfois toutes les heures, et ne peuvent se rendormir sans l'intervention des parents sont presque toujours des bébés qui veulent retrouver, à chaque éveil de nuit, les conditions de leur premier endormissement de début de nuit : être dans le même lieu, avec la même musique, la même luminosité, la même position, les mêmes objets dans la bouche... c'est là ce que les chercheurs appellent les dépendances d'endormissement. Quand la sucette est l'un des repères d'endormissement et qu'elle tombe de la bouche pendant le sommeil (elle tombe toujours !), les bébés la réclameront à chaque éveil, parfois pendant des mois ou des années, au grand dam de parents épuisés. La supprimer des conditions de l'endormissement est alors la seule solution, en trouvant comment compenser le stress induit par ce changement – apport d'un autre doudou ou d'un autre objet transitionnel par exemple.

◇ **Septième point de vue : la sucette déforme le palais et les fosses nasales et favorise les otites**

Pendant les premiers mois de vie, la voûte palatine est très molle et va se modeler en fonction du système de pressions qui s'exerce dessus. Normalement, la succion du sein fait travailler tout l'arc musculo-tendineux de la bouche et du pharynx, entraînant un élargissement de la cavité buccale et un abaissement du palais osseux. Au contraire, la tétine des biberons et les sucettes, toujours beaucoup plus rigides que le sein maternel, exercent sur le palais une pression dure dirigée vers le haut. Le palais ainsi surélevé réduit l'espace respiratoire au-dessus. Comme le bébé avec sa sucette respire plus vite et plus souvent par la bouche, la cavité nasale rétrécie est peu fonctionnelle et le bébé, pour peu qu'il s'enrhume, « oublie » de s'en servir pour respirer. D'où obstructions fréquentes, pouvant aller jusqu'à d'authentiques apnées obstructives. D'où aussi la fréquence des otites aiguës, parce que le système de pression entre l'oreille moyenne et le nasopharynx est totalement inversé et parce que les germes prolifèrent dans l'arrière-nez insuffisamment ventilé. Les otites font mal, les bébés pleurent. On leur donne alors encore plus souvent la sucette pour les calmer... le cercle vicieux est en place.

◇ **Huitième point de vue : la sucette modifie gravement et durablement la motricité bucco-pharyngée**

Nous avons vu dans le premier point de vue que l'innervation de la séquence succion-déglutition-ventilation se modifie après 6 mois. Depuis la vie fœtale, cette commande se faisait dans le tronc cérébral et la déglutition (de type 1 = infantile) est celle de liquide qui coule vers l'œsophage latéralement par les sinus pyriformes au moment où la langue s'abaisse et s'avance. Au milieu de la première année, la commande neurologique devient corticale, et la séquence neuromusculaire se modifie. La déglutition langue en avant du nouveau-né devient une déglutition « adulte » de type 2 où les aliments sont propulsés vers l'œsophage par la langue qui remonte et recule vers le pharynx. Il serait essentiel que cette transformation, très progressive, justement au moment où l'enfant peut commencer à goûter à quelques nouveaux aliments, introduise la séquence qui sera ensuite fondamentale toute notre vie : la mastication. Au moins jusque vers 2 ans, l'idéal serait que les bébés puissent continuer à téter pour se nourrir. (Si possible au sein, puisque l'abaissement du maxillaire inférieur et la dépression intrabuccale qu'il entraîne ont deux rôles essentiels : modeler toutes les structures osseuses de la face et de l'étage moyen du crâne d'une part, et de l'autre permettre l'évacuation de la salive : il n'y a pas de salivation réflexe avant 12-18 mois.) Dans le même temps s'installerait la mastication progressive des aliments solides. Le pire de tout, et là orthodontistes et spécialistes de chirurgie maxillo-faciale sont formels, c'est l'introduction des bouillies à la cuillère vers 4 à 6 mois. Citons ce qu'en dit le Pr Chancholle : « [La bouillie] supprime tous les efforts musculaires (qui font développer les structures osseuses) et réduit l'action de manger à la seule déglutition, ne permettant pas à la mastication de s'installer normalement [...], cette façon de s'alimenter fait des boulimiques qui ne savent pas manger. »

Dans la succession d'événements neuromusculaires qui se situent autour de la fin de la première année et tout au long de la deuxième année, la sucette n'a évidemment plus aucune place... Son maintien prolongé peut conduire à des déformations graves du crâne et du visage, entraînant – sur un enfant génétiquement prédisposé – un préjudice esthétique majeur ou des apnées obstructives graves avec retard de développement. Dans les deux cas, les gestes chirurgicaux qui deviendront nécessaires sont très lourds...

Et si j'étais tenue de conclure – cette sucette, la donner ou non? –, qu'aurais-je envie de dire?
Dans les premières semaines, je la conseillerais sûrement pour un bébé séparé de sa mère, pour celui qui est nourri au biberon, pour celui qui pleure beaucoup et se désorganise, pour celui qui souffre, pour les mères qu'une très grande proximité corporelle affole et qui demandent une distanciation. Pour les bébés au sein, mieux vaudrait leur laisser libre accès au sein de leur mère. Mais ça, c'est un choix des couples, à un moment donné de la vie, qui ne peut ni s'imposer ni s'interdire.

Dans les premiers mois jusque vers 6 mois environ, téter en dormant est probablement une très grande sécurité, une source d'apaisement, une transition douce. Mais il faudrait tenir compte de tant d'autres facteurs : otites répétées ou non, durée totale de succion dans la journée, allaitement au sein ou non, rigidité de la sucette ou non, antécédents familiaux, bébé calme ou facilement désorganisé... Cette liste n'est pas exhaustive et le dialogue avec les parents serait long pour débrouiller l'écheveau des avantages et inconvénients.

Au-delà de 1 an, c'est simple, la sucette devrait avoir disparu...

Pour la bibliographie correspondant à cet article de Marie Thirion, voir sur son site www.santeallaitementmaternel.com.

Bibliographie

◇ **Les livres**

Challamel M.-J., Franco P., Hardy M., *Le Sommeil de l'enfant*, Masson, « Pédiatrie au quotidien », 2009.

Ferber R., *Protéger le sommeil de votre enfant*, ESF, 1990.

Israël J., *Dodo, l'enfant do. Le sommeil du tout-petit*, Érès, *Spirale* n° 34, 2008.

Jouvet M., *Le Sommeil et le Rêve*, Odile Jacob, 2000.

Kahn A., *Le Sommeil de votre enfant*, Odile Jacob, « Santé au quotidien », 1998.

Klarsfeld A., *Les Horloges du vivant. Comment elles rythment nos jours et nos nuits*, Odile Jacob, 2009.

Lecendreux M., *Réponses à 100 questions sur le sommeil*, Solar, 2002.

Moro M.R., *Enfants d'ici, venus d'ailleurs*, Hachette Littératures, coll. « Pluriel », 2004.

Nemet-Pier L., Devillers F., *Peur du noir, monstres et cauchemars*, Albin Michel, 2008.

Royant-Parola S., *Comment retrouver le sommeil par soi-même*, Odile Jacob, 2000.

Stork H., *Les Rituels du coucher de l'enfant. Variations culturelles*, ESF, 1993.

Testu F., *Rythme de vie et rythmes scolaires. Aspects chronobiologiques et chronopsychologiques*, Masson, 2008.

◇ **Un DVD**

Sommeil de l'enfant et de l'adolescent, édité par l'Académie de Paris, le Réseau Morphée, l'Union nationale des associations familiales (UNAF) et l'INPES : http://www.dvdsommeil.fr.

◇ Articles scientifiques

Le développement du sommeil normal, les rythmes circadiens

Carskadon M.A., Dement W.C., «Sleepiness in the normal adolescent», in *Sleep and its Disorders in Children*, C. Guilleminault (ed.), Raven Press, New York, 1987, p. 53-66.

Challamel M.-J., «Ontogenèse des états de vigilance et de la rythmicité circadienne: de la période fœtale aux six premières années», *Médecine du sommeil*, 2005; 2: 5-11.

Challamel M.-J., Clarisse R., Levi F., Laumon B., Testu F., Touitou Y., *Rythmes de l'enfant de l'horloge biologique aux rythmes scolaires*, Inserm, «Expertises collectives», 2001, voir http://ist.inserm.fr/basisrapports/rythmeenf.html. De Leersnyder H., *L'Enfant et son sommeil*, Robert Laffont, 1998.

Claustrat B., «Mélatonine et troubles du rythme veille-sommeil», *Médecine du sommeil*, 2009; 6: 12-24.

Gronfier C., «Physiologie de l'horloge circadienne endogène: des gènes d'horloges aux applications cliniques», *Médecine du sommeil*, 2009; 6: 3-11.

Iglowstein I., Jenni O.G., Molinari L., Largo R.H., «Sleep duration from infancy to adolescence: reference values and generational trends», *Pediatrics*, 2003, 11: 302-307.

Louis J., «Maturation du sommeil pendant les deux premières années de la vie: aspect maturatif, structurel et circadien», *Neurophysiol. Clin.*, 1998; 28: 477-491.

Shimida M., Takahashi K., Segawa M., Higurashi M., Samejim M., Horiuchi K., «Emerging and entraining patterns of the sleep-wake rhythm in preterm and term infants», *Brain & Development*, 1999; 21: 468-473.

Les fonctions du sommeil, le manque de sommeil

Braconnier A., Pailhous E., Martin M., Benoît O., «Recherche sur le rêve de l'enfant. Action d'un traceur», *Neuropsychiatrie de l'enfance et de l'adolescence*, 1980; 28: 167-173.

Challamel M.-J., Franco P., «Nutrition, éveil et sommeil: physiopathologie et influences environnementales chez le nourrisson et l'enfant», *Médecine du sommeil*, 2008; 5: 12-18.

Challamel M.-J., Lalhou S., Debilly G., «Sourires spontanés et mimiques faciales du nouveau-né: une approche sur le rôle du sommeil paradoxal au cours du développement», *Médecine du sommeil*, 2010; 7: 45-54.

Fallone G., Acebo C., Seifer R., Carskadon M.A., « Experimental restriction of sleep opportunity in children : effects on teacher ratings », *Sleep*, 2005 ; 28 : 1561-1567.

Randazzo A.C., Muehlbach M.J., Schweitzer P.K., Walsh J.K., « Cognitive function following active sleep restriction in children ages 10-14 », *Sleep*, 1998 ; 21 : 861-868.

Les troubles du sommeil

Thompson Darcy A., Christakis Dimitri A., « The association between television viewing and irregular sleep schedules among children less than 3 years of age », *Pediatrics*, 2005 ; 116 : 851-856.

Desombre H., El Idrissi S., Fourneret P., Revol O., de Villard R., « Prise en charge cognitivo-comportementale des troubles du sommeil du jeune enfant », *Arch. pédiatr.*, 2001 ; 8 : 639-644.

Kahn A., Mozin M.J., Groswasser J., Sottiaux M., Scaillet S., Franco P., « Les relations entre l'alimentation et le sommeil de l'enfant », *Le Nid*, 2002, 12, 6-8.

Mindell J.A., Kuhn B., Lewin D.S., Leltzer L.J., Sadeh A., « Behavioral treatment of bedtime problems and night wakings in infants and young children », *Sleep*, 2006 ; 10 : 1263-1275.

Morgenthaler T.I., Owens J., Alessi C. *et al.*, « Practice parameters for behavioural treatment of bedtime problems and night wakings in infants an young children », *Sleep*, 2006 ; 10 : 1277-81.

Touchette É., Petit D., Paquet J. *et al.*, « Factors associated with fragmented sleep at night across early childhood », *Arch. Pediatr. Adolesc. Med.*, 2005, 159 : 242-249.

Patois E., Valatx J.L., Alpérovitch A., « Prévalence des troubles du sommeil et de la vigilance chez les lycéens de l'académie de Lyon », *Rev. Épidém. et Santé Publ.*, 1993 ; 41 : 383-388.

Van den Bulck J., « Television viewing, computer game playing, and Internet use and self-reported time to bed and time out of bed in secondary-school children », *Sleep*, 2004 ; 27 : 101-104.

Parasomnies

Challamel M.-J., Cochat P., « Enuresis : Pathophysiology and treatment », *Sleep Med. Rev.*, 1999 ; 4 : 313-324.

Laberge L., Tremblay R.E., Vitaro F., Montplaisir J., « Develop-ment of parasomnias from childhood to early adolescence », *Pediatrics*, 2000 ; 106 : 67-74.

Vecchierini M.F., « Quand et comment explorer une parasomnie ? », *Médecine du sommeil*, 2005 ; 4 : 33-39.

Les maladies du sommeil

American Academy of Pediatrics, Section on Pediatric Pulmonology, Subcommittee on obstructive Sleep Apnea syndrome, «Clinical practice guideline: diagnosis and management of childhood obstrutive sleep apnea syndrome», *Pediatrics*, 2002; 109: 704-712.

Franco P., Kugener B., Challamel M.-J., «Prévenir la mort subite», *Pour la science*, 2010; 391: 52-59.

Lecendreux M., Dauvilliers Y., Arnulf I., Franco P., «Narcolepsie avec cataplexie chez l'enfant: particularités cliniques et approches thérapeutiques», *Rev. Neurol.*, 2008; 164: 646-657.

◊ **Pour trouver des informations sur le sommeil et sur les centres de sommeil**

Hypnor: http://www.hypnor.fr

Institut national du sommeil et de la vigilance (ISV):
   http://www.institut-sommeil-vigilance.org

Prosom: http://www.prosom.org

Réseau Morphée: http://www.reseau-morphée.org

Société française de recherche et de médecine du sommeil (SFRMS):
   http://www.sfrms.org

Le sommeil des enfants:
   http://www.css.to/sleepsommeil_enfants.pdf

http://www.child-encyclopedia.com/documents

Les laboratoires

Liste des laboratoires qui en principe devraient enregistrer des enfants et/ou des adolescents et/ou des consultations de sommeil :

Dr Viot-Blanc
Hôpital Lariboisière
Explorations fonctionnelles
2, rue A.-Paré
75010 Paris
Tél : 01 45 22 11 67

Dr Brion
40-61, av. Beaumarchais
75011 Paris
Tél : 01 43 38 51 12

Dr Arnulf, Orvoen-Frija,
Konofal, Minz, Brion, Pottier
Hôpital de la Pitié-Salpêtriere
Fédération du sommeil
47, bd de l'Hôpital
75651 Paris 13
Tél : 01 42 17 69 04

Dr de Leersnyder
Hôpital Necker, service d'EEG
149, rue de Sèvres
75015 Paris
Tél : 01 44 49 51 85

Dr Vecchierini
Hôpital Bichat
Explorations fonctionnelles
46, rue H. Huchard
75877 Paris cedex 18
Tél : 01 40 25 84 01

Dr Denjean, Trang
Hôpital Robert Debré
Physiologie et Explo. fonct.
48, bd Sérurier
75019 Paris
Tél : 01 40 03 20 20

Dr Lecendreux
Hôpital Robert-Debré
48, bd Sérurier
75019 Paris
Tél : 01 40 03 22 89

Dr Escourrau, Nedelcoux,
Roisman, Depoortere,
Delaperche, Ogrizek
Hôpital Antoine-Béclère
Centre de Médecine
du Sommeil
157, av. de la Porte
de Trivaux
92141 Clamart
Tél : 01 45 37 46 40

Dr Quera-Salva,
Hartley
Hôpital Raymond-Poincaré
Service de réanimation
médicale
104, bd Raymond-Poincaré
92380 Garches
Tél : 01 47 10 77 81

Dr Royant-Parola
Clinique du Château
de Garches
Laboratoire d'exploration
du Sommeil
11 bis, rue de la Porte Jaune
92380 Garches
Tél : 01 47 95 63 00

Dr Frenkel
Hôpital Jean-Verdier
Av. du 14-Juillet
93140 Bondy
Tél : 01 48 02 65 61

Dr Herman, D'ortho
Hôpital Henri-Mondor
Explorations fonctionnelles
51, av. du Maréchal
de Lattre-de-Tassigny
94010 Créteil
Tél : 01 49 81 26 72

Dr Blaive, Pringuey,
Dolisi, Firly-Cherrey,
Kohl, Suisse, Tamisier
Hôpital Pasteur (CHU)
Fédération du sommeil
30, av. de la Voie-Romaine
BP 69
06002 Nice cedex
Tél : 04 92 03 85 93

Dr Genton
Centre Saint-Paul
300, bd Sainte-Marguerite
13009 Marseille
Tél : 04 91 75 13 40

Dr Rey
Hôpital de la Timone
Centre du Sommeil
264, rue St-Pierre
13385 Marseille
Tél : 04 91 38 58 33

Dr Cornus
2, av. des Déportés
de la Résistance
13100 Aix-en-Provence
Tél : 04 42 33 50 31

**Dr Huby, Girod, Didi,
Nicolleau**
Laboratoire de sommeil
CHS La Chartreuse
1, bd Chanoine-Kir
21033 Dijon BP 1514
Tél : 03 80 42 49 66

Dr Charbonneau, Bataillard
Centre Hospitalier
Service Pneumologie et EFSN
25200 Montbéliard
Tél : 03 81 91 61 97

Dr Esnault-Lavandier, Mabin
Hôpital Morvan (CHU)
Service d'Exploration
fonctionnelles neurologiques
29285 Brest cedex
Tél : 02 98 22 33 33

Dr Tiberge, Bourbon
Hôpital Rangueil (CHU)
Explorations fonctionnelles
neurologiques
31054 Toulouse Cedex
Tél : 05 61 32 26 98

**Dr Coste, Philip, Cugy,
Paty, Gorhayeb**
Hôpital Pellegrin
Clinique du Sommeil
33073 Bordeaux
Tél : 05 56 79 48 06

Dr Carlander, Dauvilliers
Hôpital Guy-de-Chauliac
Service de neurologie B
4, av. Bertin-Sans
34295 Montpellier
Tél : 04 67 33 72 40

Dr Autret, Lucas
Hôpital Bretonneau (CHU)
Centre de Sommeil
2, bd Tonnelé
37044 Tours cedex
Tél : 02 47 47 37 23

Dr Levy, Pepin
Hôpital Albert-Michallon
(CHU)
Laboratoire de
neurophysiologie
BP 217
38043 Grenoble cedex 9
Tél : 04 76 76 55 18

Dr Nogues
Hôpital Laennec (CHU)
Centre de sommeil
16, rue Maréchal-Foch
44093 Nantes cedex
Tél : 02 40 08 33 33

Dr Beudin
Hôpital Gabriel-Montpied
(CHU)
Service Explorations
fonctionnelles du système
nerveux
63003 Clermont-Ferrand
Tél : 04 73 31 60 36

Dr Franco, Kocher
Hôpital Mère-Enfant
Unité du sommeil
59, bd Pinel
69677 Bron cedex
Tél : 04 27 85 60 52

Dr Nicolas
Centre hospitalier Le Vinatier
Unité d'exploration
hypnologique
95, bd Pinel
69677 Bron cedex
Tél : 04 37 91 54 80

**Dr Chaltellain, de La Giclais,
Van Huppel**
Unité du Sommeil du centre
hospitalier intercommunal
d'Annemasse-Bonneville
17, rue du Jura
74107 Annemasse cedex
Tél : 04 50 87 40 40

Dr Mullens
Fondation du Bon Sauveur
d'Albi
Laboratoire du sommeil
1, rue de la Vazière
BP 94
81003 Albi cedex
Tél : 05 63 54 21 48

Dr Champion
Hopital Font-Pré
Explorations neurologiques
83100 Toulon
Tél : 04 94 61 60 66

**Dr Meurice, Neau,
Paquereau, Chavagnat,**
Hôpital La Milétrie (CHU)
Service d'explorations
fonctionnelles
350, av. Jacques-Cœur
BP 577
86021 Poitiers cedex
Tél : 05 49 44 43 87

Dr Tapie, Tuillas
Hôpital Dupuytren (CHU)
Centre d'étude Régionale
du Sommeil
2, av. Martin-Luther-King
87042 Limoges cedex
Tél : 05 55 50 61 23

Table des matières

- Dernier Biberon Tétée → en dehors de
la chambre - Au calme (no TV).
+ la laisser p/ une chance de se Rendormir seu
la nuit ?
+ écouler tétés , eviter qu'il ne s'endor
au sein .   09
06
66
4114664
2

- Trouver Doudou   / owl Mout).
+ Tissu ?

Impression : Normandie Roto s.a.s. en mars 2019
Éditions Albin Michel
22, rue Huyghens, 75014 Paris
www.albin-michel.fr
ISBN : 978-2-226-21782-0
N° d'édition : 09984/19
N° d'impression : 1901301
Dépôt légal : avril 2011
Imprimé en France